Leben gestalten 1

Unterrichtswerk für den
Katholischen Religionsunterricht am Gymnasium
5. und 6. Jahrgangsstufe

Herausgegeben von Dr. Markus Tomberg

Erarbeitet von
Edeltraud Gaus, Dr. Ralf Gaus, Peter Hipp, Dr. Christian Höger,
Dr. Guido Hunze, Dr. Rita Müller-Fieberg und
Dr. Markus Tomberg

Unterstützt von
Liesel Klug und Ruth Wolf

Ernst Klett Verlag
Stuttgart · Leipzig

Inhaltsverzeichnis

1 Mitten im Leben: Gott suchen – Gott erfahren

Wie Menschen sich Gott vorstellen	8
Den eigenen Weg gehen	10
Abraham bricht auf	12
Auf dem Weg mit Gott	14
Abrahams Gott ist anders	16
In der Wurzel vereint	18
Gott erfahren	20
Impulse zum Weiterdenken	**24**
Methode: Die großen Fragen	**25**
Rückblick und Ausblick	26

2 Beten: Mit Gott auf du und du?

Beten – ganz privat?	28
Beten: Schweigen und hören	30
Beten mit Kopf, Herz, Hand und Füßen	32
Gemeinsam beten: Grundgebete	34
Fremdsprache Beten?	36
Bittgebete	38
Impulse zum Weiterdenken	**40**
Methode: Lerntagebuch	**41**
Rückblick und Ausblick	42

3 „Wie lieb ist mir deine Weisung": das Judentum

Eine Religion, die uns fremd ist	44
Glauben – ganz alltäglich	46
Die Synagoge	48
Der Friedhof	49
Ein Tag der Ruhe: der Sabbat	50
Feste gestalten die Zeit: Pessach	52
Feste gestalten die Zeit: der jüdische Festkalender	54
Simchat Tora – Fest der Torafreude	55
Feste im Leben eines Juden	56
Juden und Christen – eine schwierige Geschichte	58
Impulse zum Weiterdenken	**60**
Methode: Plakate gestalten	**61**
Rückblick und Ausblick	62

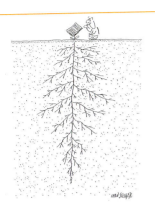

4 Die Bibel: Menschen erfahren Gott

Die Psalmen – eine Bibel im Kleinen	64
Buch der Erinnerung und der Hoffnung	66
Das Buch der Bücher	68
Wie die Bibel zu uns kam	70
Wo wir der Bibel heute begegnen	72
Die Bibel: Gotteswort in Menschenwort	74
Die Tora der Juden	76
Der Koran der Muslime	77
Impulse zum Weiterdenken	**78**
Methode: Sich in der Bibel zurechtfinden	**79**
Rückblick und Ausblick	80

5 Gut zu wissen, wo man herkommt: der Jude Jesus

Wer ist Jesus … für Juden und Christen?	82
Jesus – ein Kind jüdischer Eltern	84
Das Land, in dem Jesus lebte	86
Menschen in Palästina zur Zeit Jesu	88
Jesu Nähe spüren: damals und heute	90
Jesus – Gott in unserer Mitte	92
Dem Tod begegnen	94
Jesu Tod ist nicht das letzte Wort	96
Impulse zum Weiterdenken	**98**
Methode: Kirchliche Feste und Handlungen vorstellen	**99**
Rückblick und Ausblick	100

6 Was der Zeit den Rhythmus gibt: Feste, die wir feiern

Feste, die wir feiern	102
Holy Days	104
Advent: Warten – Hoffen – Sich erinnern	106
Weihnachten	108
Fastnacht und Fastenzeit	110
Zwei Seiten einer Medaille	111
Karfreitag: Dieser Mensch war Gottes Sohn	112
Ostern: Aufstehen zum Leben	114
Eucharistie feiern	116
Impulse zum Weiterdenken	**118**
Methode: Bilder sehen lernen	**119**
Rückblick und Ausblick	120

7 Christentum am Anfang: Viele lassen sich begeistern

Pfingsten: Gottes Geist kommt wie Sturm und Feuer	122
Petrus – ein begeisterter Christ	124
Paulus – zunächst Feind der Christen …	126
… später ihr begeisterter Botschafter	127
Paulus verbreitet die christliche Botschaft	128
Wer kann Christ werden?	130
Leben im Römischen Reich	132
Christen leben anders	134
Christen werden verfolgt	136
Impulse zum Weiterdenken	**138**
Methode: Rollenspiele durchführen	**139**
Rückblick und Ausblick	140

8 Kirche: eine lebendige Gemeinschaft

Kirche hat viele Gesichter	142
Kirche sein	144
Eine Gemeinschaft auf dem Weg durch die Zeit	146
Die christliche Gemeinschaft trennt sich …	148
… und legt unterschiedliche Schwerpunkte	149
Ökumene heute	150
Kirche – Heimat für die Christen	152
Die Kirche als Gebäude	154
Kirchen – Räume gelebten Glaubens	156
Gotteshäuser anderer Religionen und Konfessionen	158
Impulse zum Weiterdenken	**160**
Methode: Ein Interview führen	**161**
Rückblick und Ausblick	162

9 Religionen haben ihre eigene Sprache

Sprache kann Wirklichkeit verändern	164
Wörter, die über sich selbst hinauswachsen: Metaphern	166
Metaphern in der Bibel	168
Mehr als Wörter: Symbole	170
Symbole deuten	172
Symbolhandlungen - Symbolfiguren	174
Impulse zum Weiterdenken	**176**
Methode: Übertragen und symbolisieren	**177**
Rückblick und Ausblick	178

10 Ich und die Gruppe

Sich selbst und andere akzeptieren	180
Gefühle entdecken	182
Leben in der Gemeinschaft	184
Damit Gemeinschaft gelingt	186
Wenn es zum Streit kommt	188
Miteinander trauern	190
Mobbing – nicht mit mir!	192
Impulse zum Weiterdenken	**194**
Methode: Gesprächsregeln	**195**
Rückblick und Ausblick	196
Stichwortverzeichnis	197
Text-, Lied- und Bildnachweis	199

Vorwort

Liebe Schülerin, lieber Schüler,

aus der Grundschule kennst du die Geschichte von der Verheißung an Abraham. Das Bild rechts zeigt diese Szene. Abraham blickt ein wenig hilflos. Und zugleich steht er sehr selbstbewusst da. Jemand spricht zu ihm. Und womöglich weiß er nicht so recht, was er von dem halten soll, was er hört.

Zu Beginn eines neuen Schuljahres an einer neuen Schule erlebst du eine ähnliche Situation: neue Lehrerinnen und Lehrer, neue Mitschülerinnen und Mitschüler, ein neuer Schulweg, ein neues Schulgebäude, neue Fächer. Vieles stürmt auf einen ein, und manchmal möchte man sich am liebsten irgendwo verkriechen und an einem Ort sein, an dem man sich auskennt. Und zugleich ist man neugierig, weil es vieles zu entdecken gibt. So viel ist möglich. So viele Chancen. Ein Anfang ist wie ein großes Versprechen.

Mit einem großen Versprechen war auch Abraham unterwegs. Doch mit der Zeit kamen die Zweifel. Da spricht Gott zu ihm: „Ich bin auf deiner Seite. Ich bin bei dir. Mir darfst du vertrauen." Und Abraham glaubte Gott. Mit ihm ging er auf seinem Weg weiter.

Vieles ist am Anfang ein bisschen unheimlich. Bis einer kommt und sagt: „Ich bin bei dir." Zusammen in der Klasse und gemeinsam mit den Lehrerinnen und Lehrern und deinen Eltern wird es gelingen, ein Stück deines Lebensweges zu gestalten.

Leben gestalten heißt auch dieses Religionsbuch. Auch wir, die Autorinnen und Autoren, wollen dir helfen, Leben und Lernen zu gestalten. Und so kann man dieses Buch mit einem Brief vergleichen, den wir dir geschrieben haben, auch wenn wir nie eine Antwort von dir bekommen werden. Ein **Brief**, der dich immer wieder einladen will, über das eine oder andere nachzudenken, das sonst an der Schule oft keinen Platz (mehr) findet: über dich selbst, über die Welt, über andere Menschen, über Gott.

Wir sind davon überzeugt, dass sich solches Nachdenken lohnt. Und dass man mit ein wenig Übung gute Erfahrungen dabei machen kann.

Dazu haben wir Texte, Bilder und Lieder zusammengetragen und Arbeitsaufträge formuliert. Du findest immer wieder **Gebete** – zur Religion gehört auch das Gespräch mit Gott. Schwierige Wörter haben wir oft in **Info-Boxen** erklärt – das **Stichwortverzeichnis** hinten im Buch hilft, die Worterklärungen zu finden. Jedes Kapitel enthält einen Anhang mit **Impulsen zum Weiterdenken**. Und weil manchmal das eine mit etwas ganz anderem zusammenhängt, findest du immer wieder **Querverweise**, die dir helfen, ein Thema auch unter einem ganz anderen Blickwinkel zu sehen. Dazu gehört auch, dass immer wieder die christliche mit **anderen Religionen**, vor allem dem Judentum und dem Islam, in Beziehung gesetzt wird. Die **Methodenseite** in jedem Kapitel gibt dir eine Hilfestellung, die schwierigen Themen des Religionsunterrichts angemessen bearbeiten zu können.

Am Ende eines jeden Kapitels nehmen wir den Faden unseres Briefes an dich auf und geben dir einen **Rückblick und Ausblick**: Wir erklären dir noch einmal, was uns an den Themen wichtig gewesen ist und was du wissen solltest. Vielleicht bist du unserer Meinung. Manches siehst du möglicherweise anders, nachdem ihr in der Klasse über die Themen gesprochen habt.

Kaum ein Mensch kann behaupten, genau zu wissen, was im Leben richtig ist. Daher kommt es bei den **Arbeitsaufträgen** nicht immer zuerst auf eine richtige Lösung an, sondern darauf, dass es *deine* oder *eure* Lösung ist: manchmal muss man von einer Lösung überzeugt sein, damit sie ganz richtig ist. Das ist bisweilen vielleicht etwas ungewohnt. Die Botschaft Jesu bietet für unser Leben aber nicht eine einzige und richtige Lösung an. Sie lädt vielmehr dazu ein, das eigene Leben auf der Suche nach Gott mit ihrer Hilfe zu gestalten. Dass dieses Gestalten dir und deiner Klasse mit unserem Buch viel Spaß macht, wünschen sich und, vor allem, dir

deine Autorinnen und Autoren

Wiener Genesis, Die Verheißung an Abraham, um 500

1 Mitten im Leben:
Gott suchen – Gott erfahren

Kapitel 1

Wie Menschen sich Gott vorstellen

Im Fach Religion geht es um Gott, ganz klar. Aber wer ist das? Hier findest du Aussagen von Schülerinnen und Schülern in deinem Alter.

→ Mehr über Bilder und Symbole findest du auf den Seiten 172–177.

„Ich stelle mir Gott wie einen Wirbel von Farben vor. Er hat zwei Arme, durch die viele ‚Adern' laufen. Die roten stehen für Qual, Ungerechtigkeit, Misstrauen und Krieg. Sie sind nah an der Erde, da diese Sachen dort oft passieren. Die blauen ‚Adern' stehen für Liebe, Harmonie und Glück." (Philipp)

„Gott ist so etwas wie das Zeichen für Liebe, Geborgenheit, eine Waffe gegen das Böse. Gott kann vielleicht auch das Böse sein. Keiner weiß, was Gott wirklich ist." (Jennifer)

„Gott ist alles, was er geschaffen hat: Himmel, Erde, Tag, Nacht, Wasser, Land, Meeres- und Landtiere." (Laura)

„Gott ist der Träger der Welt." (Stefan)

„Ich stelle mir Gott wie eine Wolke mit Armen vor, die auf uns herabblickt." (Oliver)

Aufgaben

1. Welche Bilder fallen dir ein, wenn du über Gott nachdenkst?

2. Untersuche die Texte und Bilder auf dieser Seite. Welche Worte/Bilder benutzen die Schülerinnen und Schüler, um ihre Gottesvorstellung auszudrücken? Trage deine Untersuchungsergebnisse in einer Tabelle zusammen. Überlegt in Partnerarbeit, welche Überschrift jede Tabellenspalte/ Tabellenzeile haben sollte.

3. Du sollst dir kein Bild von Gott machen, so steht es im Dekalog (den Zehn Geboten). Wenn du dir die Texte und Bilder auf dieser Seite aufmerksam anschaust, kannst du etwas über den Sinn dieses Gebotes in Erfahrung bringen. Fasse das Ergebnis in einem Satz zusammen: „Der Dekalog warnt vor Gottesbildern, weil …"

4. Gott ist der Schöpfer der Welt, die Welt ist die Schöpfung Gottes. Gestaltet eine Fotoausstellung zum Thema: Gottes gute Schöpfung. Diskutiert über Bilder, die ihr nicht für diese Ausstellung verwenden wollt: Hat Gott nicht alles gut gemacht?

Anna ist ein kleines Mädchen, das der festen Überzeugung ist, dass Gott ein Mister Gott ist. Wie sollte es auch anders sein, wo er doch im Himmel mit den englischen Chören [Chöre der Engel] ist! Sie unterhält sich recht intensiv mit ihm und schreibt ihm Briefe. Darin erzählt sie auch von ihrem Freund Fynn.

> **Info**
>
> Das deutsche Wort „**Gott**" ist sehr alt. Man vermutet, dass es ursprünglich so viel bedeutet hat wie „der, den man ruft".

Lieber Mister Gott!
Ich hab Fynn gefragt, warum das Reh sein schönes Aussehen verlieren muss, bevor es in den Himmel kommt. Ich möcht' nicht so gern totgehen und auseinanderfallen und riechen und nachher Staub sein und mich vom Wind in den Himmel pusten lassen. Fynn hat gesagt, von irgendwas müssen die Würmer und Mistkäfer auch leben. Und dafür sind die toten Viecher da. Mister Gott nimmt dich auch dann noch, wenn mal ein Käfer an dir geknabbert hat. Für den Himmel brauchst du nicht aussehen. Mister Gott sieht ja auch nicht aus. Sonst würde er uns mit seinem Aussehen nämlich alle erdrücken. Hat Fynn gesagt. Ich glaube das auch. Die Erwachsenen wollen immer, dass Du aussiehst wie ein alter Mann mit Bart und Runzeln und so. Die wollen nicht, dass Du auch wie ein kleines Mädchen oder ein Reh aussehen kannst. Aber Mister Gott, Dir is' doch egal, was die Leute über Dich sagen, oder? Du siehst eben mal so und mal so aus. Toll, wenn man sich das so aussuchen kann. Aber deshalb bist Du ja Mister Gott. Ich stell mir vor, das ist wie mit der Holzkiste, wo Fynn seine Eisenbahn drin ist, die ist auch mal ein Bahnhof und mal ein Tunnel und mal ein Auto oder ein Schiff, wie's mir grade passt. Und so wie mit der Kiste ist das bei Dir auch, Mister Gott. Mal bist Du dies und mal bist Du das. Du bist eben alles zusammen und alles auf einmal. Und wenn Dich jemand grün sieht, dann bist Du eben grün, aber für jemand anderen biste vielleicht rot. Und beides bist Du. Oder Du bist groß und auch klein oder dick und wieder dünn.

Das ist wie mit den Schneeflocken. Jede ist gleich und doch ein bisschen verschieden, und alle zusammen sind eben Schnee, und so ist es auch mit Dir, meine ich. Man kann einfach nicht sagen, Du siehst so oder so aus, weil Du eben gar nicht aussiehst.

Ich finde, am besten gibt man Dir kein Aussehen und sagt nur einfach Mister Gott …

Deine Anna

---

1 Anna meint: Mister Gott ist „eben alles zusammen und alles auf einmal". Diskutiert diese Aussage: Was ist stimmig, wo wird es schwierig?

2 Man kann über Gott reden. Man kann versuchen, Bilder von Gott zu malen. Beispiele findest du auf dieser Doppelseite. Man kann aber auch versuchen, mit Geräuschen/Melodien/Tönen darzustellen, wer oder wie Gott sein könnte. Komponiert zu viert ein „Tonbild" von Gott und führt es der Klasse vor.

3 Wir brauchen Bilder von Gott. Was drücken wir mit ihnen über Gott und über uns selbst aus?

Den eigenen Weg gehen

Seinen Weg finden
Der erste Schultag in der neuen Schule. Vieles ist neu, fremd und ungewohnt. So viele unbekannte Gesichter. So weite Flure. So viele Räume. Ein riesiger Irrgarten. Fremde Gerüche. Neue Geräusche. Ein ungewohntes Durcheinander. All das ist spannend und aufregend.

Manchmal macht es aber auch Angst: Wo war noch mal der Musiksaal? Und die Toiletten? Schaffe ich es noch rechtzeitig zur Sporthalle?

Wenn etwas Neues beginnt, fühlt man sich dann und wann auch unsicher und fremd. Man muss lernen, sich neu zu orientieren, und findet sich erst langsam zurecht. Am Anfang darf man Fehler machen. Und man braucht jemanden, der einem hilft.

Ein Irrgarten: Wer findet den richtigen Weg?

> **Info**
>
> **Irrgarten und Labyrinth** unterscheiden sich: Irrgärten haben Sackgassen, Labyrinthe dagegen bestehen aus einem einzigen Weg zum Ziel. Weil sie daran erinnern können, dass Gott Menschen auch auf Umwegen zum Ziel führt, findet man in manchen christlichen Kirchen zum Teil sehr große Labyrinthe, so zum Beispiel in der Kathedrale von Chartres (siehe S. 32).

Aufgaben

1 Erzählt euch Anfangs-Geschichten: aus der Schule, von einer Freundschaft, aus der Familie.

2 Unsere Schule – ein Irrgarten? Beschreibt euch gegenseitig verschiedene Wege durch euer Schulgebäude. Kommen alle anhand eurer Beschreibung richtig an?

3 Diskutiert, welches Bild besser zu eurem Leben passt: der Irrgarten, das Labyrinth – oder noch etwas völlig anderes?

Kosmos und Neuner leben auf der Straße. Kosmos schon lange, Neuner erst seit ein paar Tagen. Die beiden brauchen dringend Geld: zum Überleben, aber auch, um ihr großes Ziel, den Kiosk am Meer, zu finanzieren. Als sie in einer Kneipe die sagenhafte Königin von Caracas treffen, sind sie ihrem Ziel ganz nah. Für das Wertvollste, das die beiden besitzen, will sie Kosmos und Neuner Geld geben. Und Kosmos weiß auch schon, was das Wertvollste ist.

„Manche bekommen das Geld einfach so", sagt Neuner. „Die müssen keinen Schutzengel verkaufen!" Er hält nach der Königin Ausschau, aber er kann sie nicht finden. Vielleicht hat sie ja nur einen Scherz gemacht. Vielleicht ist sie einfach nach Hause gegangen.
„Na, wenigstens sind wir satt geworden!", sagt Neuner und wendet sich wieder Kosmos zu. „Komm, lass uns gehen, Kosmos! Das ist doch genug für eine Glücksnacht!" Er klingt fast ein bisschen erleichtert.
„Was für eine Glücksnacht?", fragt die Königin hinter Neuners Rücken.
Neuner springt auf. Da steht sie tatsächlich und lächelt. „Na, was wollt ihr mir denn nun verkaufen? Kosmos, wie ich dich einschätze, ist dir doch bestimmt was eingefallen!"
„Was zahlen Sie denn?", fragt Kosmos.
„Genug, um ans Meer zu kommen!", sagt die Königin.
„Achthundert!", sagt Kosmos. „Unter achthundert läuft nichts!"
Das ist viel Geld, denkt Neuner, so viel Geld hab ich noch nie gehabt.
„Vielleicht verrätst du mir erst mal, wofür ich bezahlen soll!"

„Also", sagt Kosmos. „Die Sache ist so: Wir haben überlegt und wir finden, dass Sie eine ganz besondere Person sind, wenn Sie verstehen, was ich sagen will, also wir denken, so eine Person wie Sie, die braucht etwas ganz Besonderes …"
„Er will sagen, dass Sie die rote Baseballkappe wohl eher nicht kaufen würden!", sagt Neuner.
… „Ja, also", fährt Kosmos fort. „Also, wir meinen, zu Ihnen passt eher etwas Ausgefallenes. Etwas wirklich Wertvolles. Etwas Einmaliges …"
Er redet wie ein Autoverkäufer, denkt die Königin, und das macht er gut, ich hätte es mir denken können.
„Und da wir, wie Sie ja wissen, nicht eben zu denen gehören, die im Überfluss schwimmen … also wir haben uns gedacht, das wirklich Wertvollste und Einmaligste, das wir Ihnen anbieten könnten …"
„… wäre mein Schutzengel!", sagt Neuner.
„Der Engel ist gut, gnädige Frau", sagt Kosmos. „Fast neu, selten gebraucht, kein bisschen abgenutzt. So einen Engel finden Sie nicht alle Tage! Stimmt's, Neuner?"
Neuner nickt. Aber sagen kann er jetzt nichts mehr. Eigentlich will er seinen Schutzengel immer noch nicht verkaufen. … Neuner beißt sich auf die Unterlippe.
„Kosmos hat gesagt, wenn wir erst mal am Meer sind, dann geht es uns gut und dann kann nichts mehr passieren. Wer am Meer wohnt, der braucht bestimmt keinen Schutzengel, hat Kosmos gesagt."
„Gnädige Frau, ich selbst hab auch keinen Schutzengel und ich komm ganz gut klar", sagt Kosmos schnell. „Und außerdem ist Neuner ja nicht allein. Ich bin ja auch noch da!"
(Jutta Richter: Hinter dem Bahnhof liegt das Meer)

1 Haltet in Gruppenarbeit eine „Lesekonferenz".
   a) Jeder sucht sich einen Satz aus, der für die Geschichte besonders wichtig ist. Lest euch die Sätze vor und sprecht über eure Auswahl.
   b) Stellt in der Gruppe Vermutungen an: Warum will Neuner seinen Schutzengel eigentlich gar nicht verkaufen? Ihr könnt versuchen, die Geschichte aus Neuners Blickwinkel zu erzählen.
   c) „Ich bin ja auch noch da", sagt Kosmos. Was könnte Neuner darauf entgegnen?
   d) Welches Bild passt besser zu der Geschichte: der Irrgarten oder das Labyrinth?

2 Die Bibel spricht oft von (Schutz-)Engeln, wenn gemeint ist, dass Gott selbst sich um Menschen kümmert und sorgt. Welche Engelgeschichten kennt ihr?

Abraham bricht auf

Abram – Abraham

Eine wichtige Weggeschichte in der Bibel ist die Geschichte von Abram. Abram (auf Deutsch: der Vater liebt), den die Bibel später Abraham (auf Deutsch: Vater der Menge) nennt, war wahrscheinlich einer der *Halbnomaden*, die vor etwa 3500 bis 4000 Jahren in Kanaan lebten. Kanaan, das Land zwischen dem Mittelmeer und der syrischen Wüste, wurde später von den Römern auch Palästina genannt. Die Einwohner dieses Landes, die Kanaaniter, lebten in Städten und verehrten dort verschiedene Götter, die für unterschiedliche Bereiche des Lebens zuständig waren. Eine Hauptgottheit war der Gott Baal, von dem man Wachstum und Fruchtbarkeit erwartete.

Die Halbnomaden, die in Großfamilien zusammenlebten, verehrten meist einen Sippengott. Dieser hatte noch keinen festen Namen, sondern hieß nach dem Familienoberhaupt oder *Stammvater*, also zum Beispiel „der Gott Abrahams". Von diesem Gott Abrahams erzählt uns die Bibel. Abraham, der nach den Erzählungen des Alten Testamentes aus Ur in Chaldäa in *Mesopotamien* stammt, war zusammen mit seiner Frau Sara und seinem Neffen Lot von dort entlang des *fruchtbaren Halbmondes* nach Haran ausgewandert. Dort führte er ein gutes Leben. In dieses geruhsame Dasein brach die Stimme Gottes ein.

> [1]Der Herr sprach zu Abram: Zieh weg aus deinem Land, von deiner Verwandtschaft und aus deinem Vaterhaus in das Land, das ich dir zeigen werde. [2]Ich werde dich zu einem großen Volk machen, dich segnen und deinen Namen groß machen. Ein Segen sollst du sein. [3]Ich will segnen, die dich segnen; wer dich verwünscht, den will ich verfluchen. Durch dich sollen alle Geschlechter der Erde Segen erlangen.
> (Gen 12,1–3)

Aufgaben

1 Gefühle lassen sich in Farben darstellen. Schreibe den Text Gen 12,1–3 farbig in dein Heft. Verwende für jedes Wort die Farbe, die am besten ausdrückt, was in Abram/Abraham vorgeht, als er den Auftrag Gottes erhält.

2 Ein Aufbruch ins Ungewisse ist auch für reiseerfahrene Halbnomaden nicht einfach. Entwerft ein Gespräch zwischen Abram/Abraham, seiner Frau Sara und seinem Neffen Lot, in dem über das Für und Wider des Auftrages Gottes diskutiert wird.

Kapitel 1

> Er [Gott] führte ihn [Abram] hinaus und sprach: Sieh doch zum Himmel hinauf und zähl die Sterne, wenn du sie zählen kannst. Und er sprach zu ihm: So zahlreich werden deine Nachkommen sein. (Gen 15,5)

Gerhard Richter, Umgeschlagenes Blatt, 1965

Info

Halbnomaden: Wanderhirten, die für eine bestimmte Zeit des Jahres mit ihren Herden im Umkreis eines festen Wohnsitzes umherziehen

Stammvater (oder Patriarch): Gründer einer Sippe, meist mit Vorbildcharakter für spätere Generationen

Mesopotamien (griech.: das Zwischenstromland): Gebiet zwischen Eufrat und Tigris, im Altertum bedeutende Kulturlandschaft mit mächtigen Königsstädten und Tempeln

Fruchtbarer Halbmond: halbkreisförmiges, fruchtbares Gebiet, das den Nordsaum der Arabischen Halbinsel umschließt

Die Religionen Mesopotamiens: Anders als die Halbnomaden verehrten die Völker Mesopotamiens mehrere Götter, z. B. Utu, den Sonnengott, Nanna, den Mondgott, und viele andere Stadt- und Hausgötter, für die sie riesige Tempelanlagen bauten.

1 Betrachte das Bild von Gerhard Richter. Es kann dir helfen, Abram/Abrahams Erfahrungen mit Gott zu verstehen. Was befindet sich wohl auf der nächsten Seite? Überlege, welche Gedanken Abram/Abraham zu dem Bild haben könnte und notiere sie im Heft.

2 Diskutiert in der Klasse: Warum sehnen sich Abram/Abraham und Sara so sehr nach Kindern?

3 Und wie ist das heute? Welche Rolle spielen Kinder bei uns? Gestaltet Antworten mithilfe von Fotos oder Fotoserien.

Auf dem Weg mit Gott

Gott zu Gast bei Abraham und Sara
Abraham hatte das Risiko auf sich genommen und sich auf den Weg gemacht. Nachkommen, so zahlreich wie der „Staub der Erde" und wie „die Sterne am Himmel" hatte Gott ihm zugesagt – immer wieder. Doch nichts, gar nichts war geschehen. Abraham und Sara blieben kinderlos. Ob sie in die Irre gegangen waren?

> Der Herr erschien Abraham bei den Eichen von Mamre. Abraham saß zur Zeit der Mittagshitze am Zelteingang. ²Er blickte auf und sah vor sich drei Männer stehen. Als er sie sah, lief er ihnen vom Zelteingang aus entgegen, warf sich zur Erde nieder ³und sagte: Mein Herr, wenn ich dein Wohlwollen gefunden habe, geh doch an deinem Knecht nicht vorbei! ⁴Man wird etwas Wasser holen; dann könnt ihr euch die Füße waschen und euch unter dem Baum ausruhen. ⁵Ich will einen Bissen Brot holen und ihr könnt dann nach einer kleinen Stärkung weitergehen; denn deshalb seid ihr doch bei eurem Knecht vorbeigekommen. Sie erwiderten: Tu, wie du gesagt hast.
> ⁶Da lief Abraham eiligst ins Zelt zu Sara und rief: Schnell drei Sea feines Mehl! Rühr es an und backe Brotfladen! ⁷Er lief weiter zum Vieh, nahm ein zartes, prächtiges Kalb und übergab es dem Jungknecht, der es schnell zubereitete. ⁸Dann nahm Abraham Butter, Milch und das Kalb, das er hatte zubereiten lassen, und setzte es ihnen vor. Er wartete ihnen unter dem Baum auf, während sie aßen. ⁹Sie fragten ihn: Wo ist deine Frau Sara? Dort im Zelt, sagte er. ¹⁰Da sprach der Herr: In einem Jahr komme ich wieder zu dir, dann wird deine Frau Sara einen Sohn haben. Sara hörte am Zelteingang hinter seinem Rücken zu. ¹¹Abraham und Sara waren schon alt; sie waren in die Jahre gekommen. Sara erging es längst nicht mehr, wie es Frauen zu ergehen pflegt. ¹²Sara lachte daher still in sich hinein und dachte: Ich bin doch schon alt und verbraucht und soll noch das Glück der Liebe erfahren? Auch ist mein Herr doch schon ein alter Mann! ¹³Da sprach der Herr zu Abraham: Warum lacht Sara und sagt: Soll ich wirklich noch Kinder bekommen, obwohl ich so alt bin? ¹⁴Ist beim Herrn etwas unmöglich? Nächstes Jahr um diese Zeit werde ich wieder zu dir kommen; dann wird Sara einen Sohn haben. ¹⁵Sara leugnete: Ich habe nicht gelacht. Sie hatte nämlich Angst. Er aber sagte: Doch, du hast gelacht.
> **21** Der Herr nahm sich Saras an, wie er gesagt hatte, und er tat Sara so, wie er versprochen hatte. ²Sara wurde schwanger und gebar dem Abraham noch in seinem Alter einen Sohn zu der Zeit, die Gott angegeben hatte. ³Abraham nannte den Sohn, den ihm Sara gebar, Isaak.
> (Gen 18,1–15. 21,1–3)

Aufgaben

1 Wählt eine Szene aus der Geschichte aus und stellt sie in einem Standbild dar. Achtet auf eure Körperhaltungen und euren Gesichtsausdruck. Das fertige Standbild könnt ihr fotografieren und das Foto in euer Heft kleben.

2 Abraham und Sara hatten den Glauben an Gottes Verheißung beinahe aufgegeben und selbst nach einer Möglichkeit gesucht, doch noch Nachkommen zu bekommen (vgl. Gen 16,1–3). Die Fremden bringen sie dazu, sich zu erinnern: Erst lacht Sara. Dann wird sie nachdenklich. Schließlich lernt sie, neu an die alte Verheißung zu glauben.
a) Wer Fremden begegnet, reagiert oft ähnlich. Tauscht euch aus: Was geschieht, wenn Fremde kommen? Was können wir von Fremden lernen?
b) Wie verhalten wir uns Fremden gegenüber?
c) Stellt die Ergebnisse einander gegenüber und präsentiert sie mit einer Collage oder einem Lernplakat.

Abraham bewirtet die drei Gäste, Mosaik in Santa Maria Maggiore, Rom

1 Vergleicht eure eigenen Standbilder mit dem Mosaik aus der Kirche Santa Maria Maggiore. Versucht herauszufinden, was dem Künstler wichtig war. Was ist für euch wichtig?

2 Isaak heißt auf Deutsch: Er lacht. Es ist ein Name, der an die Geschichte vom Besuch Gottes bei Abraham und Sara erinnert. Welche Geschichten erzählt dein Name? Was bedeutet er? Wieso haben deine Eltern ihn für dich ausgewählt? Wie nennen dich deine Freunde? Schreibe (oder male) die Geschichte(n) deines Namens auf.

Abrahams Gott ist anders

Noch einmal steht die alte Verheißung auf dem Spiel. Abraham glaubt, dass er Gott seinen Sohn Isaak opfern muss. Er bricht mit ihm auf, um ihn fern von daheim zu töten. Was war geschehen? Wie konnte Abraham glauben, dass Gott von ihm ein Menschenopfer fordert? Ist Gott grausam? Die Geschichte aus dem Buch Genesis wirft viele Fragen auf.

> Er [Gott] sprach zu ihm [Abraham]: Abraham! Er antwortete: Hier bin ich. ²Gott sprach: Nimm deinen Sohn, deinen einzigen, den du liebst, Isaak, geh in das Land Morija und bring ihn dort auf einem der Berge, den ich dir nenne, als Brandopfer dar. ³Frühmorgens stand Abraham auf, sattelte seinen Esel, holte seine beiden Jungknechte und seinen Sohn Isaak, spaltete Holz zum Opfer und machte sich auf den Weg zu dem Ort, den ihm Gott genannt hatte. (…) ⁶Abraham nahm das Holz für das Brandopfer und lud es seinem Sohn Isaak auf. Er selbst nahm das Feuer und das Messer in die Hand. So gingen beide miteinander. ⁷Nach einer Weile sagte Isaak zu seinem Vater Abraham: Vater! Er antwortete: Ja, mein Sohn! Dann sagte Isaak: Hier ist Feuer und Holz. Wo aber ist das Lamm für das Brandopfer? ⁸Abraham entgegnete: Gott wird sich das Opferlamm aussuchen, mein Sohn. (…) ⁹Als sie an den Ort kamen, den ihm Gott genannt hatte, baute Abraham den Altar, schichtete das Holz auf, fesselte seinen Sohn Isaak und legte ihn auf den Altar, oben auf das Holz. ¹⁰Schon streckte Abraham seine Hand aus und nahm das Messer, um seinen Sohn zu schlachten. ¹¹Da rief ihm der Engel des Herrn vom Himmel her zu: Abraham, Abraham! Er antwortete: Hier bin ich. ¹²Jener sprach: Streck deine Hand nicht gegen den Knaben aus und tu ihm nichts zuleide! Denn jetzt weiß ich, dass du Gott fürchtest; du hast mir deinen einzigen Sohn nicht vorenthalten. ¹³Als Abraham aufschaute, sah er: Ein Widder hatte sich hinter ihm mit seinen Hörnern im Gestrüpp verfangen. Abraham ging hin, nahm den Widder und brachte ihn statt seines Sohnes als Brandopfer dar. (Gen 22,1b–13)

Forscher nehmen heute an, dass die Erzählung eine Erinnerung aus der frühen Zeit Kanaans aufbewahrt: Damals waren Kinderopfer vermutlich noch üblich. Die Götter sollten wohl durch die Opferung des wertvollsten Gutes, das man hatte, gnädig gestimmt werden. Das Wertvollste aber war der erstgeborene Sohn. Man glaubte, durch ein Menschenopfer sich selbst oder die Gemeinschaft von Sünden reinwaschen zu können; die Schuld sollte durch das Opfer getilgt werden. Manche Völker nahmen an, dass im Blut des Menschen besondere Lebenskräfte seien, die durch die Opferung freigesetzt würden. So sollten die Götter gleichsam durch die Opfer ernährt werden. Damit hoffte man den Bestand der Welt zu sichern.

Abraham lernt, dass Gott solche Opfer nicht will und dass sein Gott anders ist als die anderen Götter.

Später konnte man sich nicht so recht vorstellen, warum Abraham auf die Idee gekommen war, seinen Sohn zu opfern. Also erzählte man die Geschichte weiter. Daher kam die Idee, dass Gott Abraham auf die Probe stellt, in die Erzählung neu hinein.

Aufgaben

1 Die Geschichte von Abraham und Isaak erzählt nicht nur vom Gehorsam Abrahams, sondern auch von der Angst der Menschen, Gott könnte etwas Unmenschliches von ihnen fordern. Was hätte Abraham Gott entgegnen können, als er glaubte, er solle Isaak opfern? Schreibe eine kurze Klage oder Anklage.

2 Was ist eigentlich am Gott Abrahams anders? Du kannst ihn mit den Gottesvorstellungen von S. 8/9 oder mit den Gottesbildern der Kanaanäer vergleichen – oder mit der Gottesvorstellung anderer Religionen, die du kennst.

Rembrandt (Harmenszoon van Rijn, 1606–1669), Opferung Isaaks, 1636

1 Rembrandt hat das Bild 1636 nach dem Tod seines Sohnes gemalt. Schau dir Abraham, Isaak und den Engel in dem Bild ganz genau an. Was geht in ihnen vor? Formuliere kurze Sätze.

2 Die Opferung Isaaks ist von vielen Künstlern dargestellt worden. Suche in Kunstbüchern und im Internet eine weitere Darstellung dieser Geschichte. Überlege, was den Künstlern besonders wichtig gewesen sein könnte.

In der Wurzel vereint

Avram – Abraham – Ibrahim: Stammvater des Glaubens für Juden, Christen und Muslime
Nicht nur das Christentum kennt die Geschichte Abrahams, sondern auch das Judentum und der Islam. Man nennt diese drei Religionen deshalb die „Religionen Abrahams".

Eine Jüdin erzählt:

„Alte jüdische Überlieferungen sagen, dass Avram (= Abraham auf Hebräisch) Ben-Terach (= das heißt „Sohn des Terach") im Jahr 2040 vor unserer Zeit geboren wurde. Seine Eltern, so heißt es, besaßen ein Geschäft, in welchem sie Götzenbilder verkauften. Man erzählt sich, dass Avram, als er eines Tages alleine im Laden seines Vaters war, die Statuen der Götzen zerstörte. Sein Vater war deshalb sehr zornig und fragte, was geschehen sei. Avram antwortete, der größte der Götzen habe die kleineren zerstört. Sein Vater geriet jetzt erst recht in Zorn: „Du weißt ganz genau, dass die Götzen sich nicht bewegen können."
– „Wenn diese sich nicht selbst helfen können, dann sind wir ihnen doch überlegen – weshalb also sollten wir uns vor ihnen niederwerfen?"
Avram gelangte schon früh zu der Überzeugung, dass es nur einen einzigen ewig-einen Gott gebe und dass dieser Gott allgegenwärtig sei. In diesem ewigen Gott sah er den Schöpfer des Himmels und der Erde. So konnte er an einem Götzenkult mit verschiedenen Göttern nicht mehr teilhaben. Es konnte einfach nicht stimmen, dass man in verschiedenen Situationen verschiedene Götter anzurufen hatte. So verließ er Haran, seine Eltern, seine Heimat und seine Kultur samt deren Religion. Gott schloss mit ihm einen Bund und wir als seine Nachkommen übernehmen seine Religion.
Deshalb kann man auch sagen, er ist der Stammvater unserer jüdischen Religion."

Im heiligen Buch des Islam, dem Koran, kann man einiges über Ibrahim (so heißt Abraham auf Arabisch) erfahren. Dort steht:

Als Ibrahim die Nacht einhüllte, sah er einen Stern. Er sagte sich: „Das ist wohl mein Herr." Doch als dieser unterging, sagte er: „Ich liebe die Untergehenden nicht." Als er dann den Mond sah, der hell leuchtete, sagte er sich: „Das ist wohl mein Herr." Als dieser aber auch unterging, sagte er: „Würde mein Herr mich nicht führen, ich würde zu den Leuten gehören, die umherirren." Als er dann die Sonne sah, die hell strahlte, sagte er sich: „Das ist wohl mein Herr; das ist das Größte!" Als sie jedoch unterging, sprach er: „Mein Volk, ich bin frei von allem, was ihr an Gottes Stelle setzt. Ich wende mein Angesicht dem zu, der Himmel und Erde erschaffen hat, und ich gehöre nicht zu den Götzendienern." (Sure 6,76–80)

Der Apostel Paulus schreibt im Brief an die Galater im Neuen Testament:

„Ihr seid alle durch den Glauben Söhne Gottes in Christus Jesus … Wenn ihr aber zu Christus gehört, dann seid ihr Abrahams Nachkommen, Erben kraft der Verheißung." (Gal 3,26–29)

Info

Der **Davidstern** (✡) gilt seit dem frühen Mittelalter als Symbol des Judentums, seine genaue Bedeutung ist unklar. Das christliche **Kreuz** (✝) erinnert an Tod und Auferstehung Jesu. Die **Mondsichel (meist mit Stern:** ☪) ist seit dem 14. Jahrhundert das Symbol für den Islam.

Aufgaben

1 Informiere dich über die wichtigsten Religionen der Menschen, die heute im Gebiet des „fruchtbaren Halbmondes" wohnen.
2 Welche Gemeinsamkeiten und welche Unterschiede findest du in den drei Texten im Bezug auf Abraham? Fertige eine Tabelle an.
3 Entwickle zu dem Bild des Baums der Abraham-Religionen einen Kurzvortrag für die Klasse. Haltet eure Vorträge und sprecht darüber, was gut war und was man verbessern kann.
4 Du weißt nun viel über Abraham. Fertige ein Leporello an, in dem du die Abraham-Geschichte erzählst. Schneide dazu ein DIN-A4-Blatt in zwei gleich breite Streifen und klebe sie aneinander. Falte die Streifen so, dass sechs Seiten entstehen. Gestalte jede Seite entweder mit einem Bild zur Abraham-Geschichte oder mit einem Elfchen – wie du es oben siehst. Ein Elfchen ist ein kurzes Gedicht aus nur elf Wörtern, bei dem die erste Zeile aus einem Wort, die zweite aus zwei, die dritte aus drei, die vierte aus vier Wörtern und die fünfte wieder aus einem Wort besteht.

Gott erfahren

Von Gott sprechen

Abrahams Weg mit Gott geht weiter. In den Glaubensbekenntnissen aus den Religionen Abrahams wird dieser Glaube entfaltet. Wer Gott erfahren hat, versucht, diese Erfahrung in Worte zu fassen.

✡ Aus dem Glaubensbekenntnis des Moses Maimonides

Maimonides (gest. 1204), ein großer jüdischer Gelehrter des Mittelalters, versuchte, seinen Glauben kurz zu formulieren:

> Ich glaube …, dass der Schöpfer alle Geschöpfe erschaffen hat und lenkt …
> … dass der Schöpfer … einzig ist …
> … dass der Schöpfer kein Körper ist und Körperliches ihm nicht anhaftet. … dass der Schöpfer … der Erste und der Letzte sein wird. … dass der Schöpfer … allein Anbetung verdient … … dass alle Worte des Propheten wahr sind. … dass das Prophetentum unseres Lehrers Mose wahr ist …
> … dass die ganze Tora … unserem Lehrer Mose – Friede sei mit ihm – gegeben wurde.
> … dass der Schöpfer … alle Handlungen der Menschen und alle ihre Gedanken kennt …
> … dass der Schöpfer … Gutes erweist denen, die seine Gebote beachten, und diejenigen bestraft, die seine Gebote übertreten. … an das Erscheinen des Messias … … dass eine Auferstehung der Toten zu der Zeit stattfinden wird, die dem Schöpfer wohlgefallen wird.

✝ Das christliche Glaubensbekenntnis

> Ich glaube an Gott, den Vater, den Allmächtigen, den Schöpfer des Himmels und der Erde, und an Jesus Christus, seinen eingeborenen Sohn, unsern Herrn, empfangen durch den Heiligen Geist, geboren von der Jungfrau Maria, gelitten unter Pontius Pilatus, gekreuzigt, gestorben und begraben, hinabgestiegen in das Reich des Todes, am dritten Tage auferstanden von den Toten, aufgefahren in den Himmel; er sitzt zur Rechten Gottes, des allmächtigen Vaters; von dort wird er kommen, zu richten die Lebenden und die Toten.
> Ich glaube an den Heiligen Geist, die heilige katholische Kirche, Gemeinschaft der Heiligen, Vergebung der Sünden, Auferstehung der Toten und das ewige Leben. Amen.

☪ Fatiha

Die Fatiha (= Eröffnung) ist die erste Sure (Kapitel) im Koran. Jeder Muslim soll diese Sure, die eigentlich ein Gebet ist, fünfmal am Tag beten.

> Lob sei Gott, dem Herrn der Menschen in aller Welt, dem Barmherzigen und Gnädigen, der am Tag des Gerichts regiert! Dir dienen wir, und dich bitten wir um Hilfe. Führe uns den geraden Weg, nicht den Weg derer, die dem Zorn verfallen sind und irregehen! (1. Sure)

Aufgaben

1 Vergleicht das Glaubensbekenntnis des Moses Maimonides, die erste Sure des Koran und das christliche Glaubensbekenntnis miteinander.
  a) Welche Gemeinsamkeiten bzw. Unterschiede könnt ihr feststellen?
  b) Welche Vorstellungen von Gott werden jeweils besonders betont?
  c) Welche Spuren des Glaubens Abrahams findet ihr in den Texten?

2 Was ist in den Bekenntnissen neu gegenüber dem, was Abraham erfahren hat?

3 Im Hintergrund dieser Bekenntnistexte stehen Erfahrungen und Gottesgeschichten. Sammelt Geschichten, die zum christlichen Glaubensbekenntnis gehören, übertragt dessen Text ins Heft und erläutert am Heftrand, welche Gottesgeschichten zu diesem Text gehören.

Gott glauben

Am Fenster ist ein Brummer,
der brummt durchs ganze Haus,
er klettert an der Scheibe
und kommt doch nicht hinaus.
Er kann es nicht begreifen,
was da mit ihm geschieht:
Seit wann gibt's Hindernisse,
die unsereins nicht sieht?
Noch einmal nimmt er Anlauf,
der schwarzberockte Tropf,
bumst an das Unsichtbare
mit seinem dicken Kopf.
Er zappelt auf dem Rücken:
Fürwahr, da ist was dran –
es gibt in unserm Leben
mehr, als man sehen kann!

(Rudolf Otto Wiemer: Das Unsichtbare)

Bei Augustinus (354–430), einem wichtigen Theologen, findet sich folgende Unterscheidung: *credere deum, credere deo, credere in deum* (dt.: den Gott glauben – dem Gott glauben – an Gott glauben).

Sandro Botticelli, Der heilige Augustinus (Ausschnitt), um 1480

1 a) Überlege, ob es sich um ein Bild von einem Ende oder ein Bild von einem Anfang handelt. Begründe deine Entscheidung.

b) Wie könnte der „zweite Teil" aussehen?

2 „Mehr, als man sehen kann": Erkläre den Satz mithilfe der Unterscheidung von Augustinus. Was bedeutet es, an Gott zu glauben?

Kapitel 1

Gott erfahren

Mit Gott sprechen

Über Gott nachdenken und Gottesgeschichten zu erzählen ist das eine. Das andere: mit Gott sprechen. Der Gott, an den Juden, Muslime und Christen glauben, ist ein Gott, mit dem man sprechen kann. Wir nennen ein solches Sprechen mit Gott Beten.

Dabei helfen Gebetstexte: Wörter und Sätze, die helfen, mit Gott ins Gespräch zu kommen. Gebete, die man sprechen kann, wenn man keinen Ausweg mehr weiß. Jubelrufe, in die man alle Freude der Welt legen kann. Bitten auch für Menschen, die man sonst vergisst. Lieder, die man gemeinsam mit anderen singen kann. Sätze, die man sagen kann, wenn einem die Worte fehlen.

> Einiges davon merkt man auch in der Alltagssprache. Wer genau hinhört, begegnet hier immer wieder Gott: „Herrje!" rufen Menschen, die erstaunt oder überrascht sind – eine abgekürzte Sprechweise für den Satz: „Jesus ist der Herr". „Ade", „Adieu" oder „Tschüss" sagen viele, wenn sie sich verabschieden: Dahinter steht der lateinische Ausspruch *ad deum*, den man sinngemäß mit „Gott befohlen" übersetzen kann. „Oh Gott!" ruft man, wenn man freudig überrascht wird, genervt ist oder in großer Gefahr. Ein „Gott sei Dank" entfährt Menschen auch, wenn etwas gut ausgegangen ist. „Vergelt's Gott" sagt man, wenn man jemandem dankbar ist.

→ Mehr zum Thema Beten findest du in Kapitel 2.

Beten – ganz einfach? Viele Menschen finden es sehr schwierig, über das Beten zu sprechen. Die Bibel erzählt, wie Jesus gebetet hat:

> [9] So sollt ihr beten: Unser Vater im Himmel, dein Name werde geheiligt, [10] dein Reich komme, dein Wille geschehe wie im Himmel, so auf der Erde. [11] Gib uns heute das Brot, das wir brauchen. [12] Und erlass uns unsere Schulden, wie auch wir sie unseren Schuldnern erlassen haben. [13] Und führe uns nicht in Versuchung, sondern rette uns vor dem Bösen.
> (Mt 6,9–13)

Geheiligt werde dein Name – was bedeutet das?
Dieses Gebet Jesu ist das Grundgebet der Christen. In jedem Gottesdienst wird es gebetet, viele Menschen sprechen es täglich. Es ist ein Gebet um das, was wir Menschen am dringendsten brauchen: Nahrung, Vergebung und die Erfahrung Gottes selbst.

Die Wurzeln dieses Gebetes reichen weit zurück in den Teil der Bibel, den Christen und Juden gemeinsam lesen, in das Alte Testament. „Du sollst den Namen Gottes nicht missbrauchen", so heißt es im Dekalog: Gott ist kein Ding, das man beliebig gebrauchen kann. „Dein Name werde geheiligt", sagt Jesus. Gottes Name ist kein Name wie jeder andere, sondern ist Programm: Gott offenbart sich dem Mose im brennenden Dornbusch als *Jahwe*, das heißt: „Ich bin da", „ich bin mit dir". „Dein Name werde geheiligt" – es geht darum, dass wir nicht nur über Gott reden, sondern lernen, ihn zu finden und zu erfahren: Du bist da. Manchmal dort, wo wir ihn am wenigsten erwarten.

Aufgaben

1 Du kennst das Gebet, das Jesus formuliert hat, wahrscheinlich in einer etwas anderen Übersetzung. Notiere es auf einer freien Heftseite ins Heft.

2 Wozu braucht man eigentlich vorformulierte Gebete? Jeder Mensch kann doch so mit Gott sprechen, wie er mag. Sucht in einer Kleingruppe nach Gründen oder Situationen, in denen Menschen vorformulierte Gebete wie das Vaterunser beten könnten. Formuliert euer Arbeitsergebnis in ganzen Sätzen.

3 Diskutiert in der Gruppe: Kann man das Beten lernen?

Gott feiern

Gemeinsame Feiern sind so etwas wie die „Hoch-Zeiten" einer Religion. Viele Menschen erfahren, was Gott für sie bedeutet, wenn sie zu Gott beten oder Gottesdienst feiern. Hier findest du Bausteine für das Beten und den Gottesdienst, die zu Abrahams Weg mit Gott passen.

Im Namen des Vaters und des Sohnes und des Heiligen Geistes. Amen.

⁴Da zog Abram weg, wie der Herr es ihm gesagt hatte, und mit ihm ging auch Lot. Abram war fünfundsiebzig Jahre alt, als er aus Haran fortzog. ⁵Abram nahm seine Frau Sarai mit, seinen Neffen Lot und alle ihre Habe, die sie erworben hatten, und die Knechte und Mägde, die sie in Haran gewonnen hatten. Sie wanderten nach Kanaan aus und kamen dort an.
(Gen 12,4–5)

→ Mehr zur Bedeutung von Festen für die Religion findest du im Kapitel 6, v.a. S. 102/103.

Ein irischer Segen:
Mögen die Regentropfen sanft auf dein Haupt fallen.
Möge der weiche Wind deinen Geist beleben.
Möge der sanfte Sonnenschein dein Herz erleuchten.
Mögen die Lasten des Tages leicht auf dir liegen.
Und möge unser Gott dich hüllen in den Mantel seiner Liebe. Amen.
(Möge das Glück dich begleiten, Herder 2005, S. 58)

Guter Gott, wir wissen nicht, ob Abraham Angst hatte, als er seine Heimat verließ, um noch einmal etwas Neues zu entdecken. Aber wir haben gehört: Du bist bei ihm und seiner Familie gewesen, wo er auch hinging. Wir bitten dich: Begleite auch uns, wo immer unser Weg uns hinführt. So bitten wir mit Jesus, unserem Bruder: Amen.
Gott, wir bitten dich:
– für alle Menschen, die unterwegs sind:
– für alle, die kein Zuhause haben:
– für alle, die irgendwo neu anfangen müssen:
– für uns selbst:
Bleibe immer bei uns!
Amen.

---

1 Ein ganzer Zettelkasten mit Texten!
a) Bringe die Zettel in eine sinnvolle Reihenfolge, sodass man sie in einem Gottesdienst verwenden könnte.
b) Vergleiche deinen Vorschlag mit den Vorschlägen aus der Klasse.
c) Ergänze deinen Gottesdienstplan um Lieder, weitere Fürbitten und Gebete.

2 Gottesdienste in der Schule: Welche kennt ihr? Sammelt weitere Ideen, wann und wozu eine Gottesdienstfeier in der Schule sinnvoll sein könnte, und bereitet eine solche Feier vor. Einige passende (Bibel-)Texte und Lieder findet ihr auch hier im Religionsbuch.

Kapitel 1 Impulse zum Weiterdenken

Können Götter sterben?
Ein germanischer Mythos

Urzeit war es, da nichts noch war:

Nicht war Sand noch See noch Salzwogen, nicht Erde unten noch oben Himmel.

Gähnung grundlos, doch Gras nirgends.

So erzählt eine alte Dichtung der Germanen, die Edda. Dieser gähnende Abgrund war erfüllt mit Finsternis. Es gab noch keine Sonne, keinen Mond und keine Gestirne; sie wussten noch nichts von ihrer strahlenden Macht. Ein Bereich aber im Norden war kalt, eisig und neblig, Niflheim (Nebelheim), während im Süden, in Muspelheim, das heiße Reich der Flammen lag. Von dort flogen Feuerfunken durch die Finsternis. Sie fielen auf Nebelheim, mitten hinein in das starrende Eis, und die nun entstehenden Tropfen wurden lebendig.

Aus den Tropfen ein Riese wuchs;
unsre Sippen stammen dort alle her,
drum ist's ein schlimmes Geschlecht.

So berichtet ein Nachfahre des Urriesen Ymir. Auch ein zweites Lebewesen entstand in diesem Chaos: Die Kuh Audhumla, deren Milch Ymir nährte. Die Kuh leckte am salzigen Eis und allmählich kam die Gestalt eines Mannes zum Vorschein.

Es war Buri. Im Gegensatz zu Ymir, dem bösartigen Riesen, war Buri freundlich. So wurden sie Feinde. Kein Wunder also, dass die Enkel von Buri in Streit mit Ymir gerieten und diesen schließlich töteten. Diese Enkel waren die drei ersten Götter: Odin, Vili und Ve. Aus dem Riesenleib errichteten die drei Brüder unsere Welt.

Aus Ymirs Fleisch ward die Erde geschaffen, aus dem Blut das Brandungsmeer, das Gebirg aus den Knochen, die Bäume aus dem Haar, aus der Hirnschale der Himmel.

> **Info**
>
> Bei einem **Mythos** handelt es sich um eine Erzählung, die versucht, auf die uralten Erfahrungen und Fragen der Menschen eine Antwort zu geben, auf Fragen wie die nach dem Anfang und Ende der Welt, dem Weiterleben nach dem Tod und der Abhängigkeit des Menschen vom Göttlichen. Mythen sind deshalb keine Tatsachenberichte, sondern Erzählungen, die wichtige Erfahrungen verarbeiten.

Aus dem sterbenden Leib des Urriesen entströmten Unmengen an Blut, doch Odin und seine Brüder wussten die Überschwemmung zu beseitigen, indem sie das feste Land aus den Meeresfluten heraushoben. Seither umgab das Meer die Erde wie ein Ring. Den Schädel des Ymir aber, aus dem sie den Himmel geschaffen hatten, setzten sie mit seinen vier Enden über die Erde und unter jede Ecke stellten sie einen Zwerg. Die Zwerge hießen Oster, Vester, Norder und Suder. So gaben sie der neuen Schöpfung eine Ordnung.

Nach der Vorstellung der Germanen entstanden somit zunächst Riesen und erst dann die Götter. Die Götter selbst waren an der Entstehung der Welt unbeteiligt, das schon Entstandene wurde jedoch von ihnen geordnet. Die Riesen blieben für die Götter eine Gefahr, die ständig bekämpft werden musste. Vor allem Thor, der Donnergott, der auch Donar genannt wurde, beschützte die Götter und die später geschaffenen Menschen mit seinen gewaltigen Kräften.

Die Götter der Germanen sind keine unsterblichen Wesen. Eine Seherin hatte ihnen den Untergang in einem schrecklichen Kampf mit den Riesen prophezeit. Dieser Kampf in der Endzeit würde auch zum Untergang der ganzen Welt führen. Die Germanen glaubten, dass nach dieser sogenannten Götterdämmerung eine neue bessere Welt entstehen werde.

Die großen Fragen

Wenn Anna über Mister Gott nachdenkt und Briefe schreibt, dann nimmt sie kein Blatt vor den Mund. Sie probiert verschiedene Sätze, Aussagen über Gott, aus. Sie überlegt, welche mehr, welche weniger passen.
Das, was Anna da macht, haben viele Menschen immer wieder getan. Es gehört eben zu unserer „Grundausstattung" als Menschen: das Nachdenken über Gott und die Welt.

Dieses Nachdenken nennt man auch Philosophie (das bedeutet: Liebe zur Weisheit). Da, wo sich das Nachdenken ausdrücklich auf Gott bezieht, den die Christen verehren, und wo es um die letzte Wahrheit über den Menschen geht, spricht man von Theologie, der „Lehre von Gott". Philosophie und Theologie sind nichts, was nur Erwachsene, ausgebildete Denker und studierte Philosophen tun können. Philosophieren und nachdenken über Gott kann jeder. Du auch! Sicher hast du es sogar schon einmal getan.

Es gibt viele Wege, um zu philosophieren. Einer davon ist das Staunen. Wo wir anfangen, über etwas zu staunen, und beginnen, darüber nachzudenken, fangen wir an zu philosophieren. Früher oder später landet man dann bei den ganz großen Fragen.

Der bedeutende Philosoph Immanuel Kant hat sie so formuliert:
Was kann ich wissen?
Was soll ich tun?
Was darf ich hoffen?
Was ist der Mensch?

Direkt in die Religion und damit in die Theologie können die Fragen führen, wenn man sie so stellt:
Woher komme ich?
Wohin gehe ich?
Wozu bin ich auf der Welt?
Wer bin ich?

Die vielleicht wichtigste Methode im Religionsunterricht ist, diese großen Fragen zu stellen. Das ist ganz schön anstrengend. Immer wieder bemerkt man im Gespräch mit anderen, dass die eigene Lösung eines Problems auch noch ganz andere Seiten hat und die Frage ganz anders beantwortet werden kann. Die großen Fragen kann man nicht allein beantworten. Und manchmal überhaupt nicht. Oder doch?

Probiere es einfach aus. Suche dir Gesprächspartner und fang mit den großen Fragen an. Und vergiss nicht: Wichtiger als die Antworten sind oft die Fragen selbst.

Wieso sind Menschen böse?

Warum gibt es Menschen?

Wieso kann Gott nicht alle Menschen zur Vernunft bringen?

Wie lange dauert es, bis es auf der ganzen Welt Frieden gibt?

Kommen wir wirklich in den Himmel?

Wieso müssen wir sterben?

Wieso heißt Gott „Gott"?

Wie ist es, wenn man die Erde geschaffen hat und noch nie auf ihr stand?

Wie ist es, wenn man stirbt?

Wie ist es im Himmel?

Wieso gibt es verschiedene Religionen?

Mag Gott auch Menschen, die nicht an ihn glauben?

Wie ist es für Gott, dass ihn fast alle Menschen kennen, ihn aber noch nicht gesehen haben?

Gott suchen – Gott erfahren – Gott begegnen

Wer über sich selbst nachdenkt, kann dabei auf Gott stoßen. Wer über Gott nachdenkt, erfährt immer auch etwas über sich selbst.

Gott ist größer als unsere größten Gedanken – und trotzdem versuchen wir immer wieder, uns ein **Bild von Gott** zu machen. Wir brauchen solche Bilder, müssen aber wissen, dass es sich eben um Bilder für Gott handelt, nicht um Gott selbst. Die Bibel kennt deshalb das Bilderverbot: Wer sich ein Bild von Gott macht, läuft Gefahr, irgendwann das Bild für Gott zu halten.
Aber deshalb ist Gott uns nicht fremd. Wir haben unsere vielen Vorstellungen von Gott auch deshalb, weil die Bibel viele Gottesgeschichten erzählt: **Gottesgeschichten**, die uns helfen, uns im Irrgarten der Gottesgedanken zurechtzufinden.
Die Geschichte **Abrahams** ist eine solche Geschichte. Abraham erfährt, dass Gott Großes mit ihm vorhat – und er wagt es, sich auf einen weiten, abenteuerlichen Weg zu machen. Immer wieder zweifelt er, ob dieser Weg richtig ist – sogar sein Sohn Isaak soll, wie das bei den fremden Göttern der Menschen ringsum üblich gewesen sein mag, geopfert werden. Doch immer wieder erfährt er auch, dass sein Gott es gut mit ihm meint. Dieser Glaube Abrahams ist für viele Menschen bis heute wichtig. Für Juden, Christen und Muslime ist Abraham der **Stammvater des Glaubens**. Judentum, Christentum und Islam sind die Religionen, die auf Abraham zurückgehen.
Oft nennt man sie deshalb die **abrahamitischen Religionen**.
In ihnen beten Menschen zu dem einen Gott. Ihm können wir nicht nur Lob, Dank und Bitte, sondern auch unsere Klage anvertrauen. Ja, sogar der verzweifelte Schrei nach Gott kann eine Form des Betens sein. Und auch im Alltag kann man, wenn man genau hinhört, immer wieder Kurzformen des Betens entdecken.
Und schließlich brauchen wir **Gebete**, in denen wir unsere Verbundenheit untereinander deutlich spüren können: Für uns Christen ist das Vaterunser, das Gebet Jesu, das wichtigste Gebet der Gemeinschaft.
Eine religiöse Gemeinschaft braucht auch das gemeinsame Feiern. **Gottesdienste** sind solche Feiern. Der gemeinsame Ritus hilft wie die Melodie eines Liedes, dass aus dem Gebet eine Gemeinschaft entstehen kann.
Abraham begegnet Gott. Begegnet Gott auch uns? Die Gottesgeschichten der Bibel erzählen, wie nahe Gott uns sein will. Manchmal kann man diese Nähe tatsächlich spüren. Wer sich mit den **großen Fragen** beschäftigt, dem kann schwindelig werden. Beim Nachdenken über Gott verspürt so mancher Ehrfurcht – ein altes Wort, das das Gefühl der Nähe Gottes beschreibt.
Man kann Gottes Nähe manchmal förmlich anschauen. Wer ein Kind sieht, sieht „die eben noch tätigen Hände Gottes", so hat es einer der ersten Christen, der Bischof Cyprian von Karthago (gest. 258), einmal gesagt. Warum ist das wohl so? Warst du selbst einmal jemand, an den Gott selbst Hand angelegt hat? Bist du selbst eine Gottesgeschichte im Kleinen?

Man walking to the sky,
Jonathan Borofsky, Kassel 1992

2 Beten:
Mit Gott auf du und du?

Beten – ganz privat?

→ Informationen zum Vaterunser findest du auf S. 22.

Über das Beten sprechen

Über das Beten spricht kaum jemand gern. Das gilt für die meisten Christen, die sich nicht gewissermaßen berufsmäßig mit dem Beten beschäftigen. Anders ist es bei Priestern und Bischöfen oder bei deinem Religionslehrer oder deiner Religionslehrerin.

In anderen Religionen geht man anders damit um. Viele Muslime beten zum Beispiel in aller Öffentlichkeit den Tasbih (s. Abb.) – das ist eine Gebetskette mit 99 Gebetsperlen, die dem Rosenkranz (s. Abb.) ähnelt – oder verrichten ihre Pflichtgebete.

Die Zurückhaltung in Sachen Beten ist nichts Neues im Christentum. Bereits in der Bibel findet sich diese Aufforderung Jesu:

> Du aber geh in deine Kammer, wenn du betest, und schließ die Tür zu; dann bete zu deinem Vater, der im Verborgenen ist. Dein Vater, der auch das Verborgene sieht, wird es dir vergelten.
> (Mt 6,6)

Beten scheint etwas sehr Privates zu sein. Jesus selbst hat sich häufig zum Beten an einen einsamen Ort zurückgezogen. Wer betet, mag dabei nicht beobachtet werden. Schnell ist sonst die Grenze zum Peinlichen überschritten. Trotzdem braucht man, um das Beten zu lernen, eine Art Vorbeter: jemanden, von dem man lernen kann, wie man betet.

So gibt auch Jesus seinen Freunden wichtige Hinweise, wie sie richtig beten sollen. Und da ist – merkwürdig genug – vom heimlichen Beten in der stillen Kammer gar nicht mehr die Rede. Das Gebet Jesu, das Vaterunser (Mt 6,9–13), ist einer der wichtigsten Texte der Christenheit geworden: das Gebet einer großen Gemeinschaft.

Es lohnt sich, über das Beten nachzudenken. In der Schule bedeutet das: Reden über das Beten. Doch keine Sorge: Es geht auch ohne Peinlichkeiten. Denn neben vielem anderen kann man beim Sprechen über das Beten auch lernen, wie man über solche schwierigen Themen sprechen kann.

Rosenkranz

Tasbih

Aufgaben

1 Beim Thema Beten geht es um etwas sehr Persönliches. Deshalb ist dein Heft sehr wichtig (siehe S. 41). Gestalte darin eine Überschrift für das Thema Beten. Notiere dir fünf Sätze dazu: Was bedeutet Beten für dich? Wie betest du?

2 Untersuche Texte des Neuen Testamentes (Mk 6,41; Lk 6,12; Mt 14,23; Hebr. 5,7; Mt 26,36–44; Mt 27,45 f.; Joh 17,20 f.). Erforsche, wann, wie, wo, weshalb … Jesus betete. Fasse deine Ergebnisse in einem kurzen Sachtext zusammen.

Kapitel 2

Muslimisches Kind beim Gebet

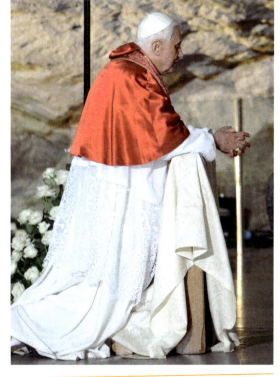

Papst Benedikt XVI. beim Gebet

Juden beim Gebet an der Klagemauer in Jerusalem

1 a) Betrachte die Fotos. Bei einigen findest du Hinweise auf die Religion der Menschen. Was ist typisch für diese Religion? Was ist bei allen ähnlich?

b) Schau dir die betenden Menschen genau an. „Übersetze" ihre Körpersprache in Wortsprache.

29

Beten: Schweigen und hören

Ist man ein Schaf, wenn man betet?

> Der Herr ist mein Hirte, *
> nichts wird mir fehlen.
>
> ²Er lässt mich lagern auf grünen Auen *
> und führt mich zum Ruheplatz am Wasser.
>
> ³Er stillt mein Verlangen; *
> er leitet mich auf rechten Pfaden, treu seinem Namen.
>
> ⁴Muss ich auch wandern in finsterer Schlucht, *
> ich fürchte kein Unheil;
>
> denn du bist bei mir, *
> dein Stock und dein Stab geben mir Zuversicht.
>
> ⁵Du deckst mir den Tisch *
> vor den Augen meiner Feinde.
>
> Du salbst mein Haupt mit Öl, *
> du füllst mir reichlich den Becher.
>
> ⁶Lauter Güte und Huld werden mir folgen mein Leben lang *
> und im Haus des Herrn darf ich wohnen für lange Zeit.
> (Ps 23)

→ Mehr zum Thema Psalmen findest du auf S. 64/65.

→ Zum Thema Metaphern findest du wichtige Hinweise auf S. 166–169.

Gott und Mensch – das ist das Thema der Psalmen, Liedern aus der Bibel. Hier ist vieles von dem gesammelt, was Menschen über Jahrhunderte hinweg vor Gott getragen haben, alleine oder auch im gemeinsamen Gottesdienst. Weil es sich dabei um höchst unterschiedliche Anliegen handelte, gibt es auch ganz verschiedene Arten von Psalmen: Lieder zum Lobpreis Gottes, Vertrauenslieder, Danklieder, aber auch Texte voller Unverständnis und Ratlosigkeit, ja sogar Klage- und Fluchpsalmen. Wer einen Psalm liest, erfährt etwas von den Gedanken und Gefühlen von Menschen, die lange vor uns gelebt haben.

Von Gefühlen ist aber auch in diesen Sätzen die Rede:
– „Ich möchte springen und hüpfen vor Freude!"
– „Mir ist, als hätte ich Schmetterlinge im Bauch!"
– „Am liebsten würde ich mich eingraben lassen!"
– „Zerspringen könnte ich vor lauter Wut!"

Und niemand kommt auf die Idee, jemandem ein dickes Seil um den Bauch zu binden, um ihn am Zerplatzen zu hindern. Die Beispiele zeigen vielmehr, wie menschliche Gefühle durch Bilder oder Vergleiche sprachlich besonders eindringlich ausgedrückt werden können. Deshalb sind die Psalmen voll von bedeutungsvollen Bildern.

Braucht man beim Beten eine Pause?
Psalmen sind Lieder. Wer glücklich ist, singt, summt oder pfeift oft ein Lied. Es gibt Liebeslieder, Klagegesänge, Lieder voller Sehnsucht, traurige Lieder. Musik hilft, Gefühlen Ausdruck zu geben. Manchmal ist Musik so laut, dass sie alles andere übertönt.
Psalmen wurden schon immer als Sprechgesang gebetet, früher oft von Saiteninstrumenten wie Harfe oder Leier begleitet. Bis heute verwendet man häufig ganz einfache Melodien, um Psalmen zu singen. Meist geschieht das, von Vers zu Vers abwechselnd, in zwei Gruppen: Während die eine betet, hört die andere zu. An der Stelle, wo im Text im Gesangbuch „Gotteslob" ein Sternchen steht, macht man eine kurze Pause.
Und diese Pause ist sehr wichtig. Beten heißt nämlich nicht, gedankenlos einen Text abzuspulen und immer dieselben Worte zu wiederholen. Beten ist im Kern etwas ganz anderes als Sprechen. **Beten ist zuerst Zuhören**. Beim Psalmgebet wird das besonders deutlich: Die meiste Zeit sagt oder singt man gar nichts. Man schweigt. Nur zwischendrin versucht man, seinen Gefühlen eine Stimme zu geben. Zum Beispiel mit den Worten eines Psalms.

Haben Herzen Ohren?

In Taizé, einem kleinen Ort in Mittelfrankreich, treffen sich Jugendliche aus vielen Ländern, um gemeinsam mit den Brüdern der Gemeinschaft von Taizé zu beten und zu leben. Das Bild zeigt einen Gottesdienst in der Kirche von Taizé.

Schwei-ge und hö-re, nei-ge dei-nes Her-zens Ohr! Su-che den Frie-den!

Aufgaben

1 Informiere dich über die Gemeinschaft von Taizé und die Lieder, die dort gesungen werden.

2 Welche Rolle spielt Musik in deinem Leben? Welche Musik magst du? Welche kannst du kaum ertragen? Wann hörst du Musik? Warum? Schreibe darüber einem Freund oder einer Freundin in einem kurzen Brief.

3 Nimm dir Zeit zu hören. Achte genau auf die verschiedenen Geräusche, die du unterscheiden kannst. Welche hörst du? Wenn ihr die Übung in der Klasse gemeinsam macht und versucht, keine Geräusche mehr zu produzieren, wirst du sicher vieles hören, was dir noch nie aufgefallen ist. Gestalte zu dem, was du gehört hast, ein (Hör-)Bild.

4 Fällt es dir schwer, still zu sein? Spürst du, wie dein Körper ganz unruhig wird? Musst du lachen? Versuche, in der Ich-Form genau zu beschreiben, was geschieht, wenn du still sein sollst.

5 Notiere dir einige Tage lang, wie du deine Pausen gestaltest. Wofür nimmst du dir Zeit? Was ist dir wichtig?

6 Diskutiert in der Klasse, ob ihr das Psalmbeten im Wechsel einmal ausprobieren wollt. Es genügt, wenn ihr den Text sprecht.

Beten mit Kopf, Herz, Hand und Füßen

In vielen Lebenssituationen drücken wir uns nicht nur durch Worte aus, sondern auch durch unseren Gesichtsausdruck, unsere Körperhaltung und durch Gesten. Die Körpersprache muss dabei mit dem, was wir sagen, zusammenpassen. Wenn sie etwas anderes signalisiert, wird sich der Gesprächspartner auch von noch so schönen Worten nicht beeindrucken lassen.

Was für den Umgang mit unseren Mitmenschen gilt, gilt in ganz besonderer Weise auch für das Sprechen mit Gott. Gerade beim Beten sagt die Körperhaltung besonders viel aus:

→ Zum Labyrinth erfährst du mehr auf S. 10/11.

Das **Sitzen** zeigt: Ich will mich sammeln, nehme mir Zeit, ich bin bereit zu hören, was Gott mir zu sagen hat.

Das **Stehen** ist eine Haltung der Bereitschaft: Gott, ich stehe vor dir. Sieh mich an. Ich will dein Wort annehmen und in die Tat umsetzen.

Das **Knien** drückt eine intensive Bitte aus: Gott, ich bin klein vor dir, höre mein Gebet! Diese Haltung haben wir aus früheren Zeiten übernommen. Der Untergebene zeigte durch Kniefall an, dass der Herrscher Verehrung und Unterwerfung verdient.

Das **Kreuzzeichen** macht deutlich, dass wir Christen sind. Damit bekennen wir in Kurzform den Glauben an den dreieinigen Gott.

Die **Hände** sagen manchmal mehr aus als das Gesicht eines Menschen. Die Haltung der Hände beim Gebet kann ganz verschieden sein. Ob man die Hände faltet oder sie zum Himmel streckt – immer sollen sie das unbedingte Vertrauen zu Gott ausdrücken.

Beten kann man aber auch mit den Füßen: das **Laufen** kann auch eine Form des Betens sein. Viele Menschen erfahren das auf einer Pilgerreise. Viele Kirchen sind deshalb als Wegekirchen gebaut worden, in denen man von der Eingangstüre auf den Altar, die Mitte des Gotteshauses, zugeht. Jesus hat seine Freunde oft aufgefordert: „Kommt!" Laufen ist Beten!

Und das **Liegen**? Auch das bewusste Sich-Niederwerfen ist eine Form des Betens. Sie kommt – selten! – im Gottesdienst vor. Am Karfreitag legen sich Priester und Ministranten vor das Kreuz. Bei der Feier des Weihesakramentes werfen sich die Weihekandidaten, die zum Diakon, Priester oder Bischof geweiht werden, ebenfalls nieder. In manchen Kirchen – wie in der Kathedrale von Chartres – sind große Labyrinthe auf den Boden gezeichnet: Wer betet, findet seinen Weg zum Ziel!

Info

Eine Kirche ist eine **Wegekirche**, wenn man vom Eingang zum Altar vorn einen (langen) Weg zurücklegen muss. Oft gibt es einen zweiten Weg rechtwinklig dazu, sodass die Kirche die Form eines Kreuzes abbildet.

Lied der Trommel (ein Gebet aus Ghana)

Merkt auf, ihr Menschen! Merkt auf den Trommler aus altem Ursprung:

Er ist erregt, hat sich bereitet vor Gott –

vor dem Freund-auf-den-wir-uns-stützen-und-nicht-fallen, vor dem Schöpfer-aller-Dinge, hört sein Gebet!

Du Freund-auf-den-wir-uns-stützen-und-nicht-fallen, wir rufen dich an! Mächtiger König, wir rufen dich an!

Du Schöpfer-und-Spender-ewigquellender-Wasser, wir rufen dich an! Wir rufen dich an, du Ende-der-Tage! Darum komm, komm, komm! Du Korb-der-nicht-leer-wird,

du Den-wir-rufen-in-Zeiten-der-Not;

du Prekese-Frucht[1], Freund-der-uns-speist,

du Den-wir-spüren-zu-Hause-und-in-der-Fremde, ohne dich – nichts, nichts könnten wir tun.

Du bist heilig, heilig, heilig! Du Heiliger, gib uns deinen reichen Segen!

Lass unsere Gemeinschaft gut für uns sein.

Unser Flehen hat er schon gehört. Unser Bitten hat er schon erhört.

Darum danken wir dir. Wir danken dir, du Gnädiger. Wir danken dir,

Amen.

Du Gott, du Dem-man-nicht-genug-danken-kann, König der Könige, Fürst der Fürsten,

wir danken dir, ja wir danken dir.

---
1 tropische Frucht

Aufgaben

1 Körperhaltungen, Gesten und Gesichtsausdruck sind so etwas wie eine eigene Sprache. Probiert das aus, indem ihr Adjektive wie wütend, froh, glücklich, traurig, entspannt, verzweifelt, hungrig, satt, zufrieden … durch Körperhaltungen ausdrückt und gegenseitig ratet, was gemeint ist.

2 Recherchiere typische Gebetshaltungen der Religionen Abrahams. Suche Bilder, klebe sie ins Heft und beschrifte sie.

3 Das Lied der Trommel – könnt ihr es in der Klasse zum Klingen bringen? Probiert es aus. Vielleicht müsst ihr euch auch einen Ort suchen, wo ihr niemanden stört.

4 Erkundige dich bei deinen Eltern oder Großeltern oder im Gotteslob nach dem Rosenkranz und wie man ihn betet. Findest du Gemeinsamkeiten mit dem Psalmgebet?

Gemeinsam beten: Grundgebete

Im Gottesdienst treffen sich die verschiedensten Menschen, um miteinander ihren Glauben zu feiern: Kinder, Jugendliche, Erwachsene, Senioren, Menschen aus unterschiedlichen Ländern mit verschiedenen Muttersprachen, Altmodische und Moderne, Gebildete und Ungebildete, Bekannte und Unbekannte, du und ich und …

Weltkirche erleben: Jugendliche unterschiedlicher Länder feiern gemeinsam ihren Glauben

Auch wenn Christen sonst oft nicht viel verbindet, so können sie doch den Glauben an Gott, der sie zusammenführt, gemeinsam ausdrücken. Da ist es gut, Gebete zu kennen, die allen Christen vertraut sind. Selbst auf Reisen in andere Länder oder bei internationalen Treffen wie dem Weltjugendtag, bei Wallfahrten oder in Taizé kann das gemeinsame Gebet verbinden. So wird erlebbar, dass Christen nirgends auf der Welt allein sind und in jeder Kirche ein Zuhause haben. Wenn alle Christen auf der ganzen Welt die gleichen Gebete sprechen, wird deutlich, dass alle gemeinsam am Reich Gottes mitwirken. Neben dem Gebet Jesu gibt es einige weitere Texte, die jeder Christ kennen sollte.

→ Mehr zum Gebet Jesu findest du auf S. 22.

Mit diesen Worten beginnt oft das Beten, sowohl das persönliche als auch das gemeinsame Gebet:

Im Namen des Vaters
und des Sohnes
und des Heiligen Geistes.

Dieses Gebet preist den dreifaltigen Gott besonders feierlich:

Ehre sei dem Vater und dem Sohn
und dem Heiligen Geist,
wie im Anfang so auch jetzt
und alle Zeit und in Ewigkeit. Amen.

Vielen Christen ist das Ave Maria besonders wichtig geworden:

Gegrüßet seist du, Maria,
voll der Gnade,
der Herr ist mit dir,
du bist gebenedeit unter den Frauen
und gebenedeit ist die Frucht deines Leibes,
Jesus.
Heilige Maria, Mutter Gottes,
bitte für uns Sünder,
jetzt und in der Stunde unseres Todes.
Amen.

Info

Damit alle gemeinsam beten können, pflegt die katholische Kirche auch noch die **lateinische Sprache**. Bei festlichen Gottesdiensten mit Menschen aus vielen Ländern ist es manchmal üblich, dass die wichtigen Gebete auf Lateinisch gebetet werden, damit jeder mitsprechen kann.

„**Gebenedeit**" ist eine eingedeutschte Form des lateinischen Wortes ‚benedicare' und bedeutet: gesegnet. Das gleiche Wort steckt auch in dem Namen Benedikt.

Aufgaben

1 Die Grundgebete der Christen haben auch schon früher Menschen gebetet. Interviewe ältere Menschen, z. B. deine Großeltern, wie sie das Beten gelernt haben und welches Gebet ihnen wichtig geworden ist.

2 Übertrage eines der Grundgebete in lateinischer Sprache in dein Heft. Du findest die lateinischen Texte zum Beispiel im Gotteslob.

3 Wichtige Grundgebete haben ihren Ursprung in der Bibel. Das gilt nicht nur für das Vaterunser! Weitere Gebete findest du z. B. in Lk 1,46–55; Lk 1,68–79 und Lk 2,29–32.

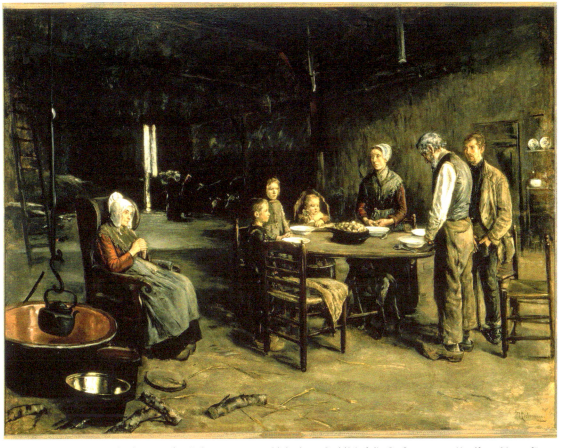

Max Liebermann, Das Tischgebet, 1875/77. Auf wen wartet wohl der leere Stuhl? Auf die Großmutter am Herdfeuer? Ist er für einen besonderen Gast freigehalten worden? Wer könnte das sein?

Eine Form des gemeinsamen Betens ist das Tischgebet. Menschen, die gemeinsam essen, danken darin Gott für die Gaben der Mahlzeit und der Gemeinschaft. Sie erinnern sich der Menschen, die geholfen haben, dass der Tisch so reich gedeckt sein kann.

Die gemeinsame Mahlzeit ist eben eine wichtige Erfahrung. Kaum ein Fest, bei dem nicht gemeinsam gegessen und getrunken wird. Und umgekehrt gilt: Menschen, die einander feind geworden sind, wollen oft auch nicht mehr miteinander essen. Wer sein Essen mit anderen teilt, signalisiert: Ich mag dich. Man sagt sogar: Liebe geht durch den Magen.

Gemeinsames Essen und Beten haben viel miteinander zu tun. Das gilt im Judentum, das gilt auch im Christentum. In der Feier der Eucharistie beten und essen Christen gemeinsam, weil Jesus, der Christus, selbst anwesend ist.

→ Mehr zur Eucharistiefeier: S. 116/117

1 Überlege: Welche gemeinsamen Mahlzeiten kennt ihr? Wer isst mit wem? Isst jeder für sich oder fühlt ihr euch in einer Gemeinschaft?

2 Macht in eurer Klasse oder Jahrgangsstufe eine Umfrage über Tischrituale: Wie beginnt die gemeinsame Mahlzeit?

3 Sammelt Tischgebete und vergleicht sie. Worum wird gebetet?

Fremdsprache Beten?

Kyrie eleison, Gloria, Ave Maria?
Viele wichtige Wörter aus der christlichen Gebetssprache sind hebräischen, lateinischen oder griechischen Ursprungs. Sie erinnern an die Wurzeln des Christentums. Vor fast 2000 Jahren sprachen, sangen und beteten viele Christen **Griechisch**. Das „Kyrie eleison" im Gottesdienst geht auf ihre Gebete zurück. Später verdrängte das **Lateinische** das Griechische als Hauptkirchensprache, und auch davon sind Reste bis heute erhalten: Gloria, Ave Maria, Angelus sind lateinische Wörter. Das Weihnachtslied „In dulci jubilo" vereint sogar zwei Sprachen!

> **Info**
>
> Besondere **Sprachen** für den Gottesdienst gibt es nicht nur in der katholischen Kirche. Viele orthodoxe Kirchen pflegen in der Liturgie ebenfalls alte Sprachen wie z. B. das sogenannte Kirchenslawisch. Juden benutzen im Gottesdienst die hebräische Sprache, Muslime beten auf Arabisch.

Die ältesten Wörter in der Liturgie sind übrigens **hebräisch**: „Amen" heißt etwa: „Ja, so soll es sein", „Halleluja" bedeutet: „Lobet Gott!" Schließlich ist das Christentum aus dem Judentum hervorgegangen.

In den vielen Jahrhunderten, in denen es üblich war, dass die Eucharistiefeier der katholischen Christen auf Lateinisch gefeiert wurde, mussten nicht nur die Priester sich dazu mit der lateinischen Sprache gut auskennen – auch den Ministranten kam eine wichtige Aufgabe zu. Sie mussten die vielen Gebetsantworten im Gottesdienst lernen, selbstverständlich auf Lateinisch. Und das waren weit mehr als heute.

Fremdsprache Beten?
Viele Jahrhunderte wurde im Gottesdienst auf Lateinisch gebetet. Viele Menschen haben deshalb nicht verstanden, worum es ging. Das Gebet wurde so gewissermaßen zu einer Fremdsprache. Damit aber jeder den Gottesdienst mitfeiern kann, hat die katholische Kirche im 20. Jahrhundert den strengen Grundsatz aufgehoben, dass die Eucharistiefeier auf Latein gefeiert werden muss.

Eine eigene Sprache für Gott?
Das Beten sucht sich oft ganz eigene Worte. Das fängt schon damit an, wen man anspricht: *Mister Gott, lieber Gott, Herr, lieber Jesus, Vater unser, Gott.* Dann sind gerade die Gebete, die im Gottesdienst gesprochen werden, voll von schwer verständlichen, manchmal altertümlichen Worten. Schnell kann der Eindruck entstehen: Wer betet, ist mindestens von vorgestern.

> Der Vogel ist Vogel,
> wenn er singt,
> die Blume ist Blume,
> wenn sie blüht,
> der Mensch ist Mensch,
> wenn er betet.
> *(Sprichwort)*

Eine Sprache für die Menschen!
Das Sprichwort oben sagt aber etwas ganz anderes. Beten ist gewissermaßen die Muttersprache der Menschen. Erst da, wo wir beten, sind wir ganz und gar menschlich. Und tatsächlich: Kein anderes Lebewesen auf der Erde kann beten – nur der Mensch. Beten können ist so etwas wie eine Definition des Menschen. Wer betet, drückt damit aus, was Menschsein heißen kann. Kein Wunder, dass wir uns dann manchmal schwer tun mit dem Beten.

Aufgaben

1 Wer betet, benutzt dazu oft eine ganz eigene Sprache. Probiere aus, ob dieser Satz für dich stimmt: Schreibe ein kurzes Gebet. Würdest du die gleichen Wörter benutzen, um mit anderen Menschen zu sprechen?

2 Den Menschen erkennt man daran, dass er beten kann. Woran sonst noch?

3 Diskutiert in der Klasse: Was geschieht, wenn Menschen aufhören zu beten?

Ich steh vor dir mit leeren Händen

1. Ich steh vor dir mit lee-ren Hän-den, Herr; fremd wie dein Na-me sind mir dei-ne We-ge. Seit Men-schen le-ben, ru-fen sie nach Gott; mein Los ist Tod, hast du nicht an-dern Se-gen? Bist du der Gott, der Zu-kunft mir ver-heißt? Ich möch-te glau-ben, komm mir doch ent-ge-gen.

2. Von Zweifeln ist mein Leben übermannt, / mein Unvermögen hält mich ganz gefangen. / Hast du mit Namen mich in deine Hand, / in dein Erbarmen fest mich eingeschrieben? / Nimmst du mich auf in dein gelobtes Land? / Werd ich dich noch mit neuen Augen sehen?

3. Sprich du das Wort, das tröstet und befreit / und das mich führt in deinen großen Frieden. / Schließ auf das Land, das keine Grenzen kennt, / und lass mich unter deinen Kindern leben. / Sei du mein täglich Brot, so wahr du lebst. / Du bist mein Atem, wenn ich zu dir bete.

T: Huub Oosterhuis 1964 „Ik sta voor U in leegte en gemis", Übertragung Lothar Zenetti 1974/1987
M: Bernard Huijbers 1964

1 Male ein Bild zu dem Lied von Huub Oosterhuis, das möglichst viele Aussagen des Textes aufgreift und deutlich macht, was der Beter empfindet.

2 „Du bist mein Atem, wenn ich zu dir bete." Suche nach Erklärungen für diesen Satz.

3 Vergleiche das Lied mit der religiösen Einstellung der Römer (S. 132/133).

Bittgebete

Viele denken beim Beten zuerst an das Bitten. Und das ist sehr naheliegend. Wenn wir Gott vertrauen und ihm zutrauen, dass er es gut mit uns meint, dann können wir ihm unsere Bitten und Wünsche anvertrauen. So hat es auch Jesus selbst gesagt:

> Darum sage ich euch: Bittet, dann wird euch gegeben; sucht, dann werdet ihr finden; klopft an, dann wird euch geöffnet. Denn wer bittet, der empfängt; wer sucht, der findet; und wer anklopft, dem wird geöffnet. (Lk 11,9 f.)

Doch oft scheint es ganz anders zu sein: Die Bitten, die wir an Gott richten, bleiben unerhört. Gott antwortet nicht. Gott schweigt. Manche Menschen glauben sogar: Da ist gar kein Gott. Weil er nicht tut, was von ihm erbeten wird.

Antwortet Gott, wenn ich zu ihm bete?
Der Theologe Albert Biesinger hat versucht, diese Frage zu beantworten:

„Ich habe als Kind oft zu Gott gebetet, dass ich in Mathematik eine gute Note schreibe. Und immer wieder hat Gott auf dieses Gebet nicht gehört.

Aber er hat mich damit daraufgebracht, dass ich mich mehr mit Mathematik beschäftigen muss. Und dann habe ich auch gute Noten in der Schule bekommen.

Gott ist kein Zauberer, der alle Probleme für dich löst. Vielleicht will Gott, dass du selbst nach einer Lösung des Problems suchst. Beten aber kann dir Kraft geben, deine alltäglichen Aufgaben zu erledigen. Beten kann dir Kraft geben, selbst etwas in deinem Leben in die Hand zu nehmen und manches zu ändern. Beten kann dir helfen, weil du das, was dich belastet, Gott sagen kannst. Beten kann dir auch Kraft geben, wenn es in deinem Leben dunkel wird."

(Albert Biesinger)

Aufgaben

1 Sammelt Situationen, in denen man ein Bittgebet sprechen könnte.
a) In welchen von ihnen kannst du selbst eine Lösung finden?
b) Was machst du, wenn eine Bitte nicht erhört wird?

2 Diskutiert: Manche Situationen verändern sich auch durch Beten nicht. Aber: Wir verändern uns, wenn wir darüber mit Gott sprechen. Und damit ändert sich auch die Situation.

Für andere beten

Das buckliche Männlein

Will ich in mein Gärtlein gehn,
Will mein Zwiebeln gießen,
Steht ein bucklicht Männlein da,
Fängt als an zu niesen.

Will ich in mein Küchel gehn,
Will mein Süpplein kochen,
Steht ein bucklicht Männlein da,
Hat mein Töpflein brochen.

Will ich in mein Stüblein gehn,
Will mein Müslein essen,
Steht ein bucklicht Männlein da,
Hat's schon halber gessen.

Will ich auf mein Boden gehn,
Will mein Hölzlein holen,
Steht ein bucklicht Männlein da,
Hat mir's halber g'stohlen.

Will ich in mein Keller gehn,
Will mein Weinlein zapfen,
Steht ein bucklicht Männlein da,
Tut mirn Krug wegschnappen.

Setz ich mich ans Rädlein hin,
Will mein Fädlein drehen,
Steht ein bucklicht Männlein da,
Lässt mirs Rad nicht gehen.

Geh ich in mein Kämmerlein,
Will mein Bettlein machen,
Steht ein bucklicht Männlein da,
Fängt als an zu lachen.

Wenn ich an mein Bänklein knie,
Will ein bisslein beten,
Steht ein bucklicht Männlein da,
Fängt als an zu reden:

„Liebes Kindlein, ach, ich bitt,
Bet fürs bucklicht Männlein mit!"

(Clemens Brentano, Des Knaben Wunderhorn, Frankfurt a.M., 1976)

---

1 Das Lied, das Clemens von Brentano 1808 aufgeschrieben hat, ist ursprünglich ein Volkslied gewesen. Der Dichter Brentano hat den Text bearbeitet und stark verändert. Klärt in einer Lesekonferenz:
a) Wer oder was könnte das bucklicht Männlein sein? Wie sieht es aus? Warum belästigt es den Ich-Erzähler immer wieder?
b) Fasst eure Ergebnisse in einem kurzen Vorstellungstext zusammen, den das bucklicht Männlein selbst vorträgt (in der Ich-Form).
c) Diskutiert, warum das bucklicht Männlein nicht selbst betet.
2 Das Gedicht endet mit einer Bitte des bucklicht Männlein. Diskutiert mögliche Antworten des Ich-Erzählers.
3 Was bedeutet es, für einen anderen Menschen zu beten? Einen Freund? Einen, den ich nicht mag?

Kapitel 2 Impulse zum Weiterdenken

Braucht man Mut zum Beten?

In christlichen Gottesdiensten wird Gott gelobt, es wird gebetet und gedankt. Geklagt wird so gut wie nie. Das ist auch beim persönlichen Gebet oft so.

So unterscheiden wir Christen uns vom alttestamentlichen Beter, der Gott „ins Gebet nimmt", fragt und klagt, warum sein Beistand, seine Hilfe ausbleibt und Gott den von ihm selbst gegebenen Verheißungen nicht gerecht wird. Man lese nur die Psalmen.

„Mein Gott, mein Gott, warum hast du mich verlassen?" – Eine Darstellung des leidenden (und klagenden) Christus: Roland Peter Litzenburger, Der Rote, Universitätskirche Freiburg

² Mein Gott, mein Gott, warum hast du mich verlassen, bist fern meinem Schreien, den Worten meiner Klage?
³ Mein Gott, ich rufe bei Tag, doch du gibst keine Antwort; ich rufe bei Nacht und finde doch keine Ruhe.
⁴ Aber du bist heilig, du thronst über dem Lobpreis Israels.
⁵ Dir haben unsre Väter vertraut, sie haben vertraut und du hast sie gerettet.
⁶ Zu dir riefen sie und wurden befreit, dir vertrauten sie und wurden nicht zuschanden.
⁷ Ich aber bin ein Wurm und kein Mensch, der Leute Spott, vom Volk verachtet.
⁸ Alle, die mich sehen, verlachen mich, verziehen die Lippen, schütteln den Kopf: ⁹„Er wälze die Last auf den Herrn, der soll ihn befreien! Der reiße ihn heraus, wenn er an ihm Gefallen hat."
¹⁰ Du bist es, der mich aus dem Schoß meiner Mutter zog, mich barg an der Brust der Mutter. ¹¹Von Geburt an bin ich geworfen auf dich, vom Mutterleib an bist du mein Gott.
(Ps 22,2–11)

Wir Christen trauen uns wohl nicht, so zu beten. Höchstens kommt es mal zu einem Stoßseufzer: Oh j(aw)eh! Ach Gott!

„Dass mir keine Klagen kommen!" – das ist ein Satz, den die Bibel von Gott nicht überliefert. Warum also haben wir das Klagen verlernt? Aus Angst? Oder trauen wir ihm doch nicht so recht über den Weg?

Dabei hat Jesus selbst Gott sein Leid geklagt (Mk 15,34). Und Gott?

Gott hat auf ihn gehört.
(Text nach: Peter Weidemann)

Methode　Kapitel 2

Lerntagebuch

Über das Beten sprechen ist keine einfache Sache. Und manchmal viel zu persönlich, um es in der Klasse zu tun. Ein Thema bleibt für uns aber dann belanglos, wenn wir keine eigenen Erfahrungen und Gedanken damit verbinden.

Um solche Erfahrungen zu thematisieren, ist das Lerntagebuch ein gutes Hilfsmittel. Ein Lerntagebuch ist ein Mittelding zwischen einem – ganz privaten – Tagebuch und einem ganz normalen Schulheft, in das Lernergebnisse eingetragen werden und in das auch Mitschüler, Eltern, Lehrer regelmäßig hineinsehen. Hier notierst du, was du gelernt, woran du gedacht und wie du dich dabei gefühlt hast. Und nur du entscheidest, wer etwas daraus lesen darf.

Probiere selbst einmal ein Lerntagebuch in einer Unterrichtseinheit aus. Benutze dafür ein eigenes Heft. Notiere dir zunächst den Namen der Unterrichtseinheit.

Dein Tagebucheintrag sollte sich jeweils mit einigen Leitfragen auseinandersetzen:

1. Was habe ich gelernt?
2. Was habe ich verstanden?
   Wo habe ich noch Probleme?
3. Was hat mir dabei Spaß gemacht?
   Was stört mich dabei?
4. Was kann ich schon gut?
   Was will ich noch lernen?
5. Was nehme ich mir vor?

Du musst nicht immer ausführliche Texte schreiben. Manchmal genügt ein Smiley. Ein dickes Fragezeichen ist deutlicher als ein komplizierter Fragesatz.

Viele Arbeitsaufträge in diesem Kapitel sind so verfasst, dass du auch mit ihrer Hilfe den einen oder anderen Tagebucheintrag gestalten kannst.

Schreibe immer dann einen kurzen Tagebucheintrag, wenn du dich mit einem Thema beschäftigt hast, das zu dieser Unterrichtseinheit gehört. Halte dazu immer das Datum fest und notiere, was du zum Thema erfahren hast und welche Informationen du gesammelt hast. Bilder und Texte, die du findest, kannst du auch einkleben.

Notiere dir auch, wenn dir das Thema im Fernsehen, im Internet, in Büchern oder im Gespräch mit Freunden begegnet. Mit der Zeit entsteht so ein buntes, abwechslungsreiches Themenheft.

Tipp

Am Ende der Unterrichtseinheit wirst du dein Lerntagebuch vielleicht auch deinem Lehrer zeigen wollen. Wichtig dabei ist: Das Lerntagebuch ist immer zuerst dein privates Tagebuch. Wenn du Einträge findest, die niemand sonst lesen soll, überklebe sie, bevor jemand anderes in das Tagebuch schaut.

Don't call us – we´ll call you!

Rufen Sie uns nicht an – wir rufen Sie an! Diesen Satz bezeichnet man manchmal als das „Hollywood-Prinzip". Er soll den Kandidaten dort angeblich nach dem Casting mit auf den Weg gegeben worden sein. Man könnte ihn auch frei übersetzen mit: Nervt uns nicht weiter! Belästigt uns nicht! Vielleicht melden wir uns wieder!

Don't call us – ob Gott so etwas sagen würde? Was könnte er damit meinen? Die vielen kleinen Bitten um die gute Mathenote vielleicht?

Die Tradition des **Psalmgebetes** der Kirche gibt auf diese Fragen eine ganz andere Antwort. Im Schweigen hören Betende Gottes Botschaft. Im Beten antworten sie auf das, was sie erfahren haben. Dieses Antworten bezieht den ganzen Körper mit ein. Stehen und Liegen, Lachen und Weinen, Sprechen und Singen, Waschen und Essen – all das kann Gebet sein.

Grundgebete helfen uns, mit anderen gemeinsam zu beten. Sie helfen Menschen, vor Gott eine Sprache zu finden für das, was sie bewegt. Sie ermöglichen es, dass Menschen gemeinsam beten können. Damit Menschen ganz unterschiedlicher Herkunft und Muttersprache miteinander beten können, werden bei Großereignissen wichtige Gebete wie das Vaterunser manchmal in lateinischer Sprache gebetet.

Eine Fremdsprache soll das Beten deshalb aber gerade nicht sein. Beten ist vielmehr so etwas wie ein **Kennzeichen des Menschseins**. Im Gebet erfahren Menschen, was es heißen kann, ein Mensch zu sein.

Deutlich wird das besonders an einer großartigen Fähigkeit: Wer für andere, selbst **für seine Feinde beten** kann, zeigt, wozu Menschen fähig sind. Wer für andere betet, leiht ihnen seine Stimme für Gott.

Don't call us – we call you: Das Hollywood-Prinzip ist ganz sicher nicht das Prinzip des Gottes, der Menschen Atem gibt, damit sie beten können.

Lobpreis der Tora. Der hervorgehobene Text lautet: Wie lieb ist mir deine Weisung,/ich sinne über sie nach den ganzen Tag (Ps 119,97)

3 „Wie lieb ist mir deine Weisung": das Judentum

Eine Religion, die uns fremd ist

Die hebräische Sprache

Immer wieder sind im Religionsbuch Wörter in hebräischer Sprache abgedruckt. Schon deshalb ist es sinnvoll, ein wenig von dieser fremden Sprache zu wissen. Wer Menschen, die eine andere Sprache sprechen, verstehen will, muss versuchen, ihre Sprache zu verstehen. Für eine fremde Religion gilt das auch.

Das hebräische Alphabet hat 22 Buchstaben. Es gibt keine Vokale, sondern nur Konsonanten. Im Hebräischen unterscheidet man zwischen verschiedenen Arten, die Laute „s" und „ch" auszusprechen, sie lassen sich nicht leicht wiedergeben. Zwei dieser Konsonanten können wir im Deutschen sogar gar nicht schreiben – aussprechen können wir sie trotzdem. Bei einem Wort wie „Seeigel" machen wir zwischen „See-" und „-igel" eine kurze Pause, die wir nicht aufschreiben. Weil im Hebräischen die Vokale nicht notiert werden, ist es besonders wichtig, die Pausen zwischen den Vokalen zu kennzeichnen. Dafür gibt es die Buchstaben „Aleph" (א) und „Ajin" (ע). Wenn man die hebräischen Buchstaben mit unserem Alphabet wiedergibt, schreibt man für sie ein Apostroph (').

א	Aleph	'	ם,מ	Mem	m
ב	Beth	b (oder v)	ן,נ	Nun	n
ג	Gimel	g	ס	Samech	s
ד	Daleth	d	ע	Ajin	'
ה	He	h	ף,פ	Pe	p
ו	Waw	w	ץ,צ	Sade	s
ז	Zajin	z	ק	Qoph	q
ח	Chet	ch	ר	Resch	r
ט	Tet	t	ש	Sin/Schin	sch (s)
י	Jod	j	ת	Taw	t
ך,כ	Kaph	k			
ל	Lamed	l			

Wörter erzählen Geschichten

Unsere Sprache ist nicht nur ein Mittel, um mit anderen über etwas zu sprechen. Unsere Sprache ist auch eine Schatzkiste, die Erinnerungen an Menschen, die mit uns unsere Sprache sprechen oder gesprochen haben, aufbewahrt. Manche Wörter erzählen sogar lange Geschichten von diesen Menschen. Eine dieser Geschichten berichtet vom Judentum.

Man muss nicht lange suchen, um Wörter zu finden, die uns mit dem Judentum verbinden. Zum Beispiel sagen wir in scheinbar ausweglosen Situationen „Was für ein Schlamassel!". Dabei machen sich nur die wenigsten klar, dass dieser Ausdruck jüdischen Ursprungs ist. Aus dem Wort masal („Glück") wird in Kombination mit der hebräischen Verneinung sche-lo-masal („was nicht Glück ist") das Wort Schlamassel, das sich längst im Deutschen eingebürgert hat.

> **Info**
>
> Das **Jiddische** ist eine eigentümliche Form der deutschen Sprache, die sich aus altdeutschen, hebräisch-aramäischen, romanischen und slawischen Elementen zusammensetzt und bis heute weltweit von ca. 3 Millionen Menschen, meist Juden, gesprochen wird.

Es gibt noch viele andere Beispiele für Worte und Wendungen im Deutschen, die ursprünglich aus dem Hebräischen oder dem Jiddischen stammen. Auch der eigenartige Wunsch „Hals- und Beinbruch" lässt sich ganz leicht verstehen, wenn man weiß, dass dahinter ein jiddischer Segenswunsch steht: „hazloche we broche" heißt auf deutsch „Glück und Segen". Unser Wort „malochen" ist Hebräisch: „m'lachá" heißt „einen Dienst verrichten". Im Jiddischen sagt man „melóche": „Handwerk, Kunstwerk, Meisterstück". Oder das Wort „koscher" vom hebräischen Wort „kaschér", d. h. „angemessen, erlaubt" (gemeint sind ursprünglich die angesichts der strengen jüdischen Speisevorschriften zugelassenen Nahrungsmittel). Und ganz spannend ist, was „pleite sein" bedeutet: das hebräische Wort pelejtá heißt „Flucht" (ein „Pleitegeier" ist dann übrigens jemand, der pleite gejt, wie es im Jiddischen heißt). Der „gute Rutsch" schließlich, den wir uns zum Jahreswechsel wünschen, leitet sich vom hebräischen Wort rosch (Anfang) ab.

Kapitel 3

Hebräische Wörter bei uns

Einige Wörter der hebräischen Sprache sind uns sehr vertraut geworden. Das gilt besonders für das Wort „Amen" (אמן). Amen bedeutet soviel wie „So soll es sein". Auch das hebräische Wort „Schalom" (שלום) kennen viele Menschen. Dieses Wort beschreibt das Glück und Wohlergehen des Friedens.

Juden lernen Hebräisch, um die Tora zu verstehen

Die Tora (תורה, auf deutsch: Weisung), die fünf Bücher Mose, ist ursprünglich auf Hebräisch geschrieben worden. Um sie lesen und verstehen zu können, lernen Jüdinnen und Juden die hebräische Sprache. Um beim Lesen der Tora ihre Ehrfurcht vor Gott und seiner Weisung auszudrücken, benutzen sie einen Lesestab („Jad", deutsch: Hand, siehe S. 56), um die Zeile nicht zu verlieren. Auch auf anderen religiös gebrauchten Gegenständen wie der Mesusa, die am rechten Türpfosten jüdischer Häuser befestigt ist, finden sich oft kurze hebräische Sätze aus der Tora.

☞ Wie sind die hebräischen und jiddischen Wörter nach Deutschland gelangt? Diskutiert in der Klasse eure Vermutungen und haltet sie in Thesen fest. Ihr habt später (S. 58) Gelegenheit, diese Thesen zu überprüfen.

Mesusa

Volkslied aus Israel

Sha-lom cha-ve-rim, sha-lom cha-ve-rim! Sha-lom, sha-lom! Le hit-ra-ot, le hit-ra-ot, sha-lom, sha-lom.

Aufgaben

1 Gestalte das hebräische Wort שלום im Heft als Überschrift für das Kapitel zum Judentum.

2 Singt das Lied, recherchiert eine Übersetzung ins Deutsche und tauscht euch darüber aus, wie Melodie und Rhythmus auf euch wirken.

3 Übernimm die hebräischen Buchstaben unten auf der Mesusa ins Heft. Notiere darunter die entsprechenden Laute aus unserem eigenen Alphabet. Achtung: das Hebräische wird von rechts nach links geschrieben und gelesen. Die deutsche Übersetzung findest du auf der nächsten Seite.

Glauben – ganz alltäglich

Sich erinnern ...

Das ganze Leben gläubiger Juden ist religiös geprägt. Beim Betreten und Verlassen der Wohnung berühren viele Juden die Mesusa mit den Worten: „Gott schütze mich bei meinem Fortgehen und bei meinem Ankommen, jetzt und in Ewigkeit." Die **Mesusa** erinnert immer wieder an die Taten und an die Gebote Gottes. Sie ist aus Holz oder aus Metall und enthält eine kleine Pergamentrolle mit einem handgeschriebenen Text aus der Heiligen Schrift, vor allem aus dem wichtigsten Bekenntnis des Glaubens, dem שמע ישראל (**Sch'ma Israel**). Man nennt es auch die „Liebeserklärung Israels". Die ersten beiden Worte dieses Textes sind – in hebräischen Buchstaben – auch auf der Mesusa zu erkennen, die auf der vorigen Seite abgebildet ist. Auf Deutsch wird der Text oft als „Höre Israel" bezeichnet.

... im Gebet ...

Ein jüdisches Sprichwort sagt: „Der Jude weckt den Tag, nicht der Tag weckt den Juden!" Gleich nach dem Aufstehen und Waschen legen sie den Gebetsmantel, den **Tallit** (s. links), an, um zu zeigen, dass sie bei Gott geborgen sind wie unter diesem großen Schal.

Betender Jude mit Kippa, Tallit und Gebetsriemen (Tefillin)

Auch legen sie die Gebetsriemen, die **Tefillin**, an, zuerst um den Arm mit dem Kästchen zum Herzen hin, dann um den Kopf mit einem zweiten Kästchen über der Stirn. In den Kästchen liegen kleine Pergamentstücke mit Worten aus der Tora. Neben dem Sch'ma Israel legt man Ex 13,1–16 und Dtn 11,13–21 hinein.

Sch'ma Israel

⁴Höre, Israel! Jahwe, unser Gott, Jahwe ist einzig. ⁵Darum sollst du den Herrn, deinen Gott, lieben mit ganzem Herzen, mit ganzer Seele und mit ganzer Kraft. ⁶Diese Worte, auf die ich dich heute verpflichte, sollen auf deinem Herzen geschrieben stehen. ⁷Du sollst sie deinen Söhnen wiederholen. Du sollst von ihnen reden, wenn du zu Hause sitzt und wenn du auf der Straße gehst, wenn du dich schlafen legst und wenn du aufstehst. ⁸Du sollst sie als Zeichen um das Handgelenk binden. Sie sollen zum Schmuck auf deiner Stirn werden. ⁹Du sollst sie auf die Türpfosten deines Hauses und in deine Stadttore schreiben.
(Dtn 6,4–9)

¹³Und wenn ihr auf meine Gebote hört, auf die ich euch heute verpflichte, wenn ihr also den Herrn, euren Gott, liebt und ihm mit ganzem Herzen und mit ganzer Seele dient, ¹⁴dann gebe ich eurem Land seinen Regen zur rechten Zeit, den Regen im Herbst und den Regen im Frühjahr, und du kannst Korn, Most und Öl ernten; ¹⁵dann gebe ich deinem Vieh sein Gras auf dem Feld und du kannst essen und satt werden. ¹⁶Aber nehmt euch in Acht! Lasst euer Herz nicht verführen, weicht nicht vom Weg ab, dient nicht anderen Göttern und werft euch nicht vor ihnen nieder! ¹⁷Sonst wird der Zorn des Herrn gegen euch entbrennen; er wird den Himmel zuschließen, es wird kein Regen fallen, der Acker wird keinen Ertrag bringen und ihr werdet unverzüglich aus dem prächtigen Land getilgt sein, das der Herr euch geben will. ¹⁸Diese meine Worte sollt ihr auf euer Herz und eure Seele schreiben. Ihr sollt sie als Zeichen um das Handgelenk binden. Sie sollen zum Schmuck auf eurer Stirn werden.

> ¹⁹Ihr sollt sie eure Söhne lehren, indem ihr von ihnen redet, wenn du zu Hause sitzt und wenn du auf der Straße gehst, wenn du dich schlafen legst und wenn du aufstehst. ²⁰Du sollst sie auf die Türpfosten deines Hauses und in deine Stadttore schreiben. ²¹So sollen die Tage, die ihr und eure Söhne in dem Land lebt, von dem ihr wisst: der Herr hat euren Vätern geschworen, es ihnen zu geben, so zahlreich werden wie die Tage, die der Himmel sich über der Erde wölbt.
> (Dtn 11,13–21)

Die **Kippa**, das Käppchen, das beim Gebet getragen wird, soll zeigen, dass Juden als Kinder Gottes frei sind, denn früher durften nur freie Menschen einen Hut tragen. Außerdem zeigt man damit auch die Ehrfurcht vor Gott, der über den Menschen steht.

Gebetet wird mindestens dreimal am Tag. Dazu gibt es eine große Auswahl an Gebeten. Besonders viele findet man im Buch der Psalmen.

... und bei jeder Mahlzeit

Viele Gebote, die von gläubigen Juden streng beachtet werden, beziehen sich auf die Auswahl und Zubereitung von Speisen. Es wird genau zwischen reinen und unreinen Speisen unterschieden, um der Heiligkeit des Lebens gerecht zu werden. In ritueller Hinsicht „rein" (hebr.: koscher) sind Obst, Getreide, Gemüse, Milch und Milchprodukte; all diese Produkte können bei ordnungsgemäßer Zubereitung bedenkenlos gegessen werden. Bei Tieren wird zwischen zugelassenen und nicht zugelassenen Arten unterschieden (vgl. dazu Lev 11). Gegessen werden dürfen alle wiederkäuenden Tiere mit gespaltenen Hufen (also zum Beispiel Rinder, nicht jedoch Schweine und Hasen); Meerestiere dürfen gegessen werden, wenn sie Flossen und Schuppen haben, weshalb Schalentiere ausgeschlossen sind. Der Genuss von Blut ist generell verboten, denn das Blut steht für das Leben, das eine heilige Gabe Gottes ist. Deshalb müssen die Tiere auch durch Schächten getötet werden; dabei wird die Halsschlagader durchtrennt, damit die Tiere ganz ausbluten. In Ex 23,19 heißt es: „Das Junge einer Ziege sollst du nicht in der Milch seiner Mutter kochen." Daraus wird die Vorschrift abgeleitet, dass Fleisch- und Milchgerichte niemals miteinander in Berührung kommen dürfen, weshalb für diese Gerichte in einem koscheren Haushalt auch jeweils eigenes Geschirr verwendet wird.

→ Auch Christen beten Psalmen: S. 64/65

Gebet am Toraschrein

Koschere Speisen sind nicht leicht erhältlich: israelisches Geschäft in Berlin

1 Tallit, Tefillin, Kippa: Erkläre in einem Satz, was diese Wörter bezeichnen.

2 Die Speisegebote wirken auf viele Nichtjuden kompliziert und merkwürdig. Für Jüdinnen und Juden, die ihre Religion bewusst leben wollen, sind sie sehr wichtig. Suche Gründe, warum das so ist.

Die Synagoge

Ein Gottesdienst in einer Synagoge. Die Gesetzestafeln sind über dem Toraschrein zu erkennen.

> **Info**
>
> Der Gottesdienst in der Synagoge erinnert in seinem Aufbau bis heute an den Gottesdienst im Tempel in Jerusalem. Dieser Tempel wurde im Jahr 70 n. Chr. durch die Römer zerstört und nicht wieder aufgebaut.

→ Mehr über die Synagoge erfährst du auf S. 158.

Zum Gottesdienst versammeln sich Juden in der Synagoge. In vielen Synagogen sitzen Männer und Frauen getrennt. Aber nur, wenn mindestens zehn männliche Beter zusammen sind, die das 13. Lebensjahr vollendet haben, kann der Gottesdienst gefeiert werden. Es gibt keinen Priester, der die Feier leitet. Jeder kann das Vorsingen der Gebete übernehmen, auf das die Gemeinde antwortet. Gewöhnlich übernimmt aber ein Chasan (Vorbeter) diese Aufgabe.

An die Lesung aus der Tora kann sich eine Predigt des Rabbiners (Gelehrter) anschließen. Die Gebetssprache ist Hebräisch. Da das Wort Gottes im Mittelpunkt des Synagogengottesdienstes steht, kommt den Schriftrollen eine besondere Bedeutung zu. Diese werden in einer „Heiligen Lade", dem Toraschrein, aufbewahrt und zu den Gottesdienstzeiten auf ein erhöhtes Lesepult, die *Bima*, gelegt, das sich im Zentrum der Synagoge befindet. Als Zeichen dafür, dass in der Synagoge die Tora aufbewahrt wird, leuchtet das „Ewige Licht".

Zwei Tafeln mit den Zehn Geboten in hebräischer Sprache rufen Gottes Weisung ins Gedächtnis.

Die Synagoge ist auch ein wichtiger Versammlungsort. Hier lernen jüdische Kinder oft die hebräische Sprache, hier trifft sich die Gemeinde, um über die Tora und ihre Bedeutung für den heutigen Alltag zu sprechen.

Aufgaben

1 Beschreibt mithilfe des Sachtextes das Bild aus dem jüdischen Gottesdienst so genau wie möglich. Achtet auch auf die Kleidung der Betenden.

2 Fertige im Heft eine Grundrissskizze einer Synagoge an und beschrifte sie. Helfen kann dir auch das Bild auf S. 158.

3 Informiert euch über eine Synagoge in eurer Nähe.

Der Friedhof

Ein „guter Ort"

Der Friedhof wird im Judentum oft als „guter Ort" bezeichnet: hier warten die Verstorbenen auf die Ankunft des Messias. Anders als auf anderen Friedhöfen gilt deshalb, dass die Verstorbenen hier eine dauerhafte Ruhestätte haben sollen. Gräber werden nicht eingeebnet – so kommt es, dass man auf jüdischen Friedhöfen oft sehr, sehr alte Grabstellen finden kann. Familiengräber gibt es kaum. Auch ein besonderer Blumenschmuck ist nicht üblich. Vielmehr legt, wer ein Grab besucht, als Zeichen des Gedenkens an den Verstorbenen einen

Stein auf das Grabmal – ein Brauch, der an den Auszug der Israeliten aus Ägypten erinnert, als die Menschen, die unterwegs gestorben waren, mit Steinen bedeckt wurden, um ihre Leichen vor dem Gefressenwerden durch wilde Tiere zu schützen.

Oft schmückt der Davidsstern das Grabmal, niemals das Kreuz. Denn Jesus, der am Kreuz gestorben und auferstanden ist, wird von Jüdinnen und Juden nicht als der Messias verehrt, auch wenn er als Jude aufgewachsen ist.

→ Juden glauben an ein Weiterleben nach dem Tod (siehe Seite 20). Wie dieses Weiterleben geschieht, ist aber umstritten.

Ein Grabstein auf dem jüdischen Friedhof in Gailingen (Südbaden). Die hebräischen Buchstaben פ und נ kürzen die Worte „po nitman" ab, auf Deutsch: Hier ist begraben.

---

1 Diskutiert: Wozu brauchen wir Friedhöfe?

2 Vergleiche den jüdischen Grabstein mit der Zeichnung auf S. 21. Welche Gemeinsamkeiten findest du?

3 Erkundigt euch nach jüdischen Friedhöfen in eurer Gegend. Gibt es eine jüdische Gemeinde, die den Friedhof nutzt? Warum nicht mehr?

Ein Tag der Ruhe: der Sabbat

Der siebte Tag der Woche hat eine besondere Bedeutung.

Das hebräische Wort Schabbat bedeutet wörtlich „Pause", „aufhören, (das Werkzeug) niederlegen". Wie Gott am siebten Tag nach Vollendung der Schöpfung geruht hat, so sollen auch Menschen und Tiere am siebten Tag der Woche alle Arbeit ruhen lassen: „Und Gott segnete den siebten Tag und erklärte ihn für heilig; denn an ihm ruhte Gott, nachdem er das ganze Werk der Schöpfung vollendet hatte." (Gen 2,3)

Der Sabbat beginnt am Freitagabend und endet am Samstagnachmittag.

Rachel, ein jüdisches Mädchen, erzählt ihrer Schulfreundin Ines, wie sie zuhause den Sabbat feiern:

„Ich freue mich jede Woche auf den Sabbat, weil es ein ganz besonderer Tag ist, der besonders gefeiert wird.

Wenn ich nach der Schule nach Hause komme, helfe ich meiner Mutter, alles für den Sabbat vorzubereiten. Denn am Sabbat darf nicht gearbeitet werden. Orthodoxe Juden benutzen nicht einmal Elektrizität. Auch bei uns soll vorher alles fertig sein. Der Sabbat beginnt schon am Freitagabend, weil nach jüdischer Vorstellung jeder neue Tag bereits am Vorabend beginnt.

Wir putzen gemeinsam das Haus. Während ich den Tisch mit unserem besten Geschirr decke und ihn mit Blumen und Kerzen schmücke, backt Mama zwei Sabbatbrote. Das sind geflochtene Weißbrote, die es nur am Sabbat gibt. Sie erinnern uns an das Manna. Davon ernährten sich die Israeliten in der Wüste, nachdem sie aus Ägypten ausgezogen waren.

Wenn alles vorbereitet ist, ziehen wir unsere besten Kleider an, mein Vater setzt eine besonders schöne Kippa auf.

Eine Stunde vor Beginn des Sabbats zündet meine Mutter die Sabbatkerzen an.

Mein Vater geht in die Synagoge, um den Sabbat zu begrüßen. Wenn er zurückkommt, segnen mich meine Eltern. Danach gehen wir zu Tisch. Mein Vater füllt zunächst ein Glas mit Wein und spricht darüber den Segen. Auch das Sabbatbrot wird gesegnet und geteilt. Dann beginnt das eigentliche Abendessen. Zwischen den einzelnen Gängen singen wir Sabbatlieder. Nach dem Essen bleiben wir beisammen. Wir unterhalten uns, lesen oder spielen miteinander.

Ich mag diesen Abend so gern, weil meine Eltern Zeit für mich haben und niemand uns stört. Zum Schluss beten wir das Dankgebet.

Am Samstagmorgen besuchen wir den Gottesdienst in der Synagoge. Meine Mutter und ich gehen in den Bereich, in dem sich die Frauen aufhalten dürfen. Dort wird gebetet und in den heiligen Schriften gelesen. In unserer Synagoge sind die Frauen auf der Empore. Unten sind die Männer. Sie beten und lesen aus der Tora vor – alles auf Hebräisch.

Das Wort Gottes steht im Mittelpunkt des Synagogengottesdienstes. Deswegen wird aus den heiligen Schriften nur vom Lesepult vorgelesen, das sich im Zentrum der Synagoge befindet.

An diesem Tag können wir ganz zur Ruhe kommen und Zeit füreinander finden. Viele Juden halten sich streng an die Sabbatvorschriften. Sie fahren am Sabbat nicht einmal weg. Wir gehen oft am Sabbat spazieren. Am Nachmittag lese ich.

Am Abend zünden wir eine besonders geflochtene Kerze an und mein Vater segnet einen Becher mit Wein und eine kunstvoll verzierte Dose mit wohlriechenden Kräutern. Jeder riecht einmal daran. Der Duft soll uns an den schönen Sabbat erinnern. Schließlich löscht mein Vater die Kerze. Der Alltag beginnt wieder und wir wünschen uns gegenseitig eine gute Woche."

Jüdische Familie beim Sabbatmahl

Feste gestalten die Zeit: Pessach

Das Fest der Befreiung

Info

Den Auszug aus Ägypten bezeichnet man oft mit dem griechischen Wort **Exodus.** In unserer Bibel trägt auch das Buch, in dem die Exodus-Geschichten gesammelt sind (bes. Ex 12,1–18,27), den Namen Exodus.

Im Frühling, am Abend des 14. Nisan (März/April), feiern Juden ein großes Fest. Das Pessachfest, das Fest der ungesäuerten Brote, erinnert an den Auszug aus Ägypten und die Befreiung aus der Sklaverei. Damals war aufgrund des überstürzten Aufbruchs keine Zeit mehr, Sauerteig für das Brot anzusetzen. Deshalb wird während der gesamten Festzeit nur ungesäuertes Brot gegessen (die sog. Mazzen).

Dem Fest geht ein gründlicher Hausputz voraus, bei dem alle Spuren von gesäuerten Nahrungsmitteln beseitigt werden. Das Fest beginnt mit einem besonders feierlichen Gottesdienst. Er wird nicht in der Synagoge, sondern zuhause gefeiert. Sein Ablauf ist in allen Einzelheiten genau vorgeschrieben; deshalb nennt man diese Feier auch Sederabend (Seder: Ordnung).

Die Familie versammelt sich mit ihren Gästen am festlich gedeckten Tisch um die Sederschüssel, die mit ihren symbolischen Speisen an das Leben in Ägypten erinnert.

In der Pessach-Haggada (Haggada: Erzählung), die im Laufe des Abends vorgetragen wird, werden die damaligen Ereignisse nacherzählt und symbolisch nachvollzogen. Jeder Mensch soll sich so fühlen, als sei er selbst aus Ägypten ausgezogen.

Aufgaben

1 Welche Speisen erkennst du auf dem Bild? Recherchiere ihre Bedeutung beim Sedermahl. Präsentiert euren Mitschülerinnen und Mitschülern eure Ergebnisse.

2 Viele Feste brauchen Geschichten. Sammelt Festgeschichten zu religiösen und nichtreligiösen Festen.

Die vier Fragen

Es ist üblich, dass beim Sedermahl das jüngste Kind dem ältesten Teilnehmer vier Fragen stellt:

> Warum wird diese Nacht von allen anderen Nächten unterschieden – denn in allen anderen Nächten essen wir Gesäuertes und Ungesäuertes, aber in dieser Nacht nur Ungesäuertes; in allen anderen Nächten essen wir verschiedene Arten von Kräutern, in dieser Nacht aber nur bittere, in allen anderen Nächten tauchen wir nicht ein einziges Mal Kräuter ein, aber in dieser Nacht tauchen wir zweimal ein, in allen anderen Nächten sitzen wir aufrecht oder angelehnt, aber in dieser Nacht nur angelehnt?

Die Antwort:

> Unsere Geschichte beginnt mit Demütigung; sie endet mit Ruhm. Einst waren wir Sklaven des Pharao in Ägypten. Aber der Ewige, unser Gott, hat uns von dort mit starker Hand und mit machtvollem Arm herausgeführt. Hätte Gott – Gottes Heiligkeit sei gepriesen! – unsere Vorfahren nicht aus Ägypten herausgeführt, würden wir immer noch dem Pharao aus Ägypten versklavt sein, – wir, unsere Kinder und unsere Enkelkinder. Selbst wenn wir alle weise, einsichtig, erfahren und Thora-kundig wären, wäre es unsere Pflicht, vom Auszug aus Ägypten zu erzählen. Und alle, die vom Auszug aus Ägypten erzählen, werden Gewinn davon haben.

Info

Das **Salzwasser** symbolisiert die Traurigkeit der versklavten Israeliten, bittere Kräuter erinnern an die Leiden in Ägypten. Das **angelehnte Sitzen** erinnert daran, dass im Altertum die Sklaven bei Tisch bedienen mussten, die Freien jedoch liegen durften.

Die Erinnerung an die Befreiung aus der Sklaverei in Ägypten blieb im Volk Israel immer wach. Bis heute ist sie für das eigene Leben bedeutsam: Gott ist ein Gott der Befreiung.

Raffael, Durchgang der Israeliten durch das Rote Meer, 1515

---

1 Was erfährst du aus den Texten auf dieser Doppelseite über den Sederabend? Erzähle es deinem Banknachbarn/deiner Banknachbarin kurz in eigenen Worten.

2 Das Pessachfest will Menschen immer wieder an Gottes großes Werk erinnern: Jeder soll sich so fühlen, als sei er selbst aus Ägypten ausgezogen.
a) Wie versucht der Maler des Bildes dies deutlich zu machen?
b) Sammelt Ideen: Wie kann ein modernes Exodus-Bild aussehen?

Feste gestalten die Zeit: der jüdische Festkalender

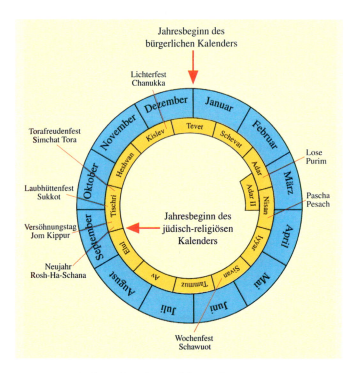

> **Info**
>
> Das **jüdische religiöse Jahr** orientiert sich an den Mondphasen und ist kürzer als das Sonnenjahr. Zum Ausgleich wird in einem komplizierten Rhythmus ein Schaltmonat, der Adar II, eingefügt.

Neben dem **Pessachfest** gibt es weitere wichtige Feste im Jahresablauf:

Schawuot, das „Wochenfest", erinnert an die Übergabe des Dekalogs an Mose auf dem Berg Sinai. Damit wurde der Bund zwischen Gott und dem Volk Israel besiegelt.

Rosch ha-Schana, das „Neujahrsfest", ist im Judentum ein Tag der Besinnung, Reue und Umkehr – Voraussetzung für einen Neuanfang.

Jom Kippur, der „Versöhnungstag", schließt die zehn Bußtage ab, die auf den Neujahrstag folgen. Jom Kippur ist das wichtigste religiöse Fest im jüdischen Festkalender. Als Zeichen der Reue und Buße wird 24 Stunden lang streng gefastet. Im Mittelpunkt des Gottesdienstes steht ein großes Sündenbekenntnis.

Sukkot, das „Laubhüttenfest", war früher neben Pessach und Schawuot ein Wallfahrtsfest. Heute erinnert es an die lange Wüstenwanderung nach dem Exodus, weshalb man möglichst viel Zeit in Laubhütten verbringt.

Simchat Tora, das „Fest der Torafreude", schließt das Sukkot-Fest ab. An Simchat Tora endet der jährliche Lesezyklus aus der Tora.

Chanukka, das „Lichterfest", erinnert an die Tempelweihe des Jahres 164 v. Chr.

Purim, das „Losfest", ist ein freudiges Fest, das an die Rettung der Juden in Persien erinnert, die im Buch Esther beschrieben ist.

Aufgabe

Übernimm den Festkalender ins Heft. Trage in einen weiteren Ring christliche Feste und Festkreise (siehe S. 104/105) ein. Suche Gemeinsamkeiten und Unterschiede der beiden Festkalender.

Simchat Tora – Fest der Torafreude

Simchat Tora ist das Fest der Freude über die Tora. Alle Torarollen der Synagoge werden feierlich durch den Raum getragen. Der jährliche Lesezyklus ist beendet, die ganze Tora im Laufe eines Jahres vorgelesen worden.

Man unterscheidet die *schriftliche Tora*, also die fünf Bücher des Mose, und die *mündliche Tora*: Weisungen Gottes an Mose, die aber erst später schriftlich niedergelegt wurden. In der mündlichen Tora findet sich auch die Aufzählung der 613 Vorschriften der Tora – es handelt sich um 248 Gebote und 365 Verbote. Sie spielen im Leben der strenggläubigen Juden bis heute eine wichtige Rolle. Wenn zum Beispiel in den Zehn Geboten, dem sogenannten Dekalog, davon die Rede ist, dass der Mensch am Sabbat keine Arbeit verrichten darf, so legt die mündliche Tora genau fest, welche Tätigkeiten als Arbeit anzusehen und deshalb am Sabbat verboten sind. Das Leben nach den Weisungen der Tora bringt den Menschen in umfassendem Sinne Heil.

Lobpreis auf die Tora

> 97 Wie lieb ist mir deine Weisung; ich sinne über sie nach den ganzen Tag.
> 98 Dein Gebot macht mich weiser als all meine Feinde; denn immer ist es mir nahe.
> 99 Ich wurde klüger als all meine Lehrer; denn über deine Vorschriften sinne ich nach.
> 100 Mehr Einsicht habe ich als die Alten; denn ich beachte deine Befehle.
> 101 Von jedem bösen Weg halte ich meinen Fuß zurück; denn ich will dein Wort befolgen.
> 102 Ich weiche nicht ab von deinen Entscheiden, du hast mich ja selbst unterwiesen.
> 103 Wie köstlich ist für meinen Gaumen deine Verheißung, süßer als Honig für meinen Mund.
> 104 Aus deinen Befehlen gewinne ich Einsicht, darum hasse ich alle Pfade der Lüge.
> (Ps 119,97–104)

Auf der ersten Seite dieses Kapitels seht ihr die erste Zeile aus dem Lobpreis auf die Tora. Er stammt aus dem Buch der Psalmen:

Die Tora ist nach jüdischem Verständnis das entscheidende Bindeglied zwischen Gott und Mensch. Die Lebensweisungen, die in ihr enthalten sind, helfen, das Leben am Willen Gottes auszurichten.

→ Die hebräische Bibel enthält nicht nur die Tora: S. 76

---

1 Schlagt die folgenden Bibelstellen nach und verschafft euch einen Überblick über die Tora: Gen 1; Gen 12; Gen 37; Ex 2; Ex 12; Ex 20; Lev 1; Num 13,1–4; Num 13,21–24; Dtn 12,1; Dtn 30, 15–20. Gestaltet zu den einzelnen Torastellen Plakate und macht eine Tora-Ausstellung. Welche weiteren Informationen oder Bilder wollt ihr geben? Welchen Titel gebt ihr der Ausstellung?

2 Welche Bedeutung hat die Tora für Jesus? Lies Mk 3,1–6 sowie Mk 12,28–34.

Feste im Leben eines Juden

Die Beziehung zu Gott prägt das ganze Leben jüdischer Gläubiger. Besonders deutlich wird das an den großen Knotenpunkten des menschlichen Lebens: der Geburt, dem Erwachsenwerden und der Hochzeit.

Berit Mila: die Beschneidung
Jedes Kind einer jüdischen Mutter gilt von Geburt an als Jude. Wie Gott es einst Abraham als Zeichen des Bundes zwischen Gott und Mensch befohlen hat, wird der jüdische Junge durch die Beschneidung der Vorhaut am achten Tag nach seiner Geburt in diesen Bund aufgenommen.

→ Einen Bat-Mizwa-Bericht findest du auf S. 76.

Der **Mohel**, der diese kleine Operation vornimmt, gibt dem Kind dabei auch seinen Namen. Beim Mädchen verkündet der Vater am ersten Sabbat, der auf die Geburt folgt, ihren Namen in der Synagoge. Dazu spricht er auch ein besonderes Gebet.

Die Bar Mizwa
Im Alter von dreizehn Jahren wird der jüdische Junge zum **Bar Mizwa**, d. h. zum „Sohn des Gebotes" (entsprechend wird das Mädchen mit zwölf Jahren zur **Bat Mizwa**). Junge und Mädchen sind von da an in religiöser Hinsicht volljährig und an die Vorschriften der Tora gebunden. Am ersten Sabbat nach Vollendung des 13. Lebensjahres wird der Junge zum ersten Mal dazu aufgerufen, während des Gottesdienstes in der Synagoge den Segen zu sprechen und den Tagesabschnitt aus der Tora vorzutragen. Danach wird in der Familie ein großes Fest gefeiert, bei dem der Junge auch eine kurze Ansprache hält.

Aufgaben

1 Jüdische und auch christliche Kinder erhalten nicht selten einen Namen aus dem Alten Testament.
a) Stelle eine Liste solcher Namen zusammen.
b) Diskutiert, warum Eltern ihren Kindern solche alten Namen geben.
c) Welche Geschichte gehört zu dem Namen, den du trägst?

2 Christ wird man durch die Taufe. Wie ist das im Judentum?
a) Recherchiere den Ablauf einer Tauffeier und stelle ihn der Klasse vor (siehe Methode S. 99).
b) Sucht Gemeinsamkeiten und Unterschiede zwischen Berit Mila und Taufe.

Kapitel 3

Eine Bar-Mizwa-Ansprache
In dem Jugendbuch „Damals war es Friedrich" erzählt Hans Peter Richter von der Bar Mizwa des jüdischen Jungen Friedrich Schneider im Jahr 1938:

Bevor (…) das Festmahl begonnen hatte, hielt Friedrich eine Rede, wie ein erwachsener Redner sie hält. „Lieber Vater, liebe Mutter, liebe Verwandte", fing er an. „Der Herr hat uns befohlen, wir sollen Vater und Mutter ehren, damit wir lange in seinem Lande leben, das er uns geschenkt hat. Er möge mir verzeihen, wenn ich seinem Gebot bisher nicht genügend gefolgt bin.

Dreizehn Jahre, durch gute und schlimme Zeiten, liebe Eltern, habt ihr mich aufgezogen und geführt im Gebot des Herrn. Euch und allen, die euch beigestanden haben, verdanke ich es, dass ich heute in die Gemeinde aufgenommen worden bin. Durch mein Denken und Handeln will ich mich dieser Ehre und Pflicht würdig erweisen.

Möge euch, liebe Eltern und Verwandte, der Herr einhundertundzwanzig Jahre eines gesunden und frohen Lebens schenken, damit ich die Zeit finde, den Dank abzutragen, den ich euch schulde (…)."

(…) Als Friedrich endete, klatschten ihm alle Beifall.
(Hans Peter Richter, Damals war es Friedrich)

Die Hochzeit
Bei der Hochzeit steht das Brautpaar unter einem Baldachin (Chuppa), während der Rabbiner die Segenssprüche singt.

Vor zwei Zeugen, die nicht mit dem Brautpaar verwandt sein dürfen, übergibt der Bräutigam der Braut einen Ring mit den Worten: „Du seist mir geheiligt mit diesem Ring nach dem Gesetz von Mose und Israel." Daraufhin liest der Rabbiner den Ehevertrag (Ketubba) vor, der von beiden Zeugen unterschrieben wurde und besonders die Rechte der Frau im Falle einer Scheidung schützt. Zum Abschluss tritt der Bräutigam in Erinnerung an die Zerstörung des Tempels von Jerusalem auf ein Glas.

---

1 Beschreibe die Bilder auf dieser Doppelseite so genau wie möglich. Benutze dabei Fachbegriffe.

2 Kannst du dir vorstellen, eine Ansprache an deine Eltern zu halten? Zu welchem Anlass? Was würdest du ihnen sagen?

3 Recherchiert im Internet oder in Lexika den Ablauf einer Bar-Mizwa-Feier.

Juden und Christen – eine schwierige Geschichte

Juden und Christen haben Abraham als Stammvater und glauben an denselben Gott. Und obgleich das Christentum ohne den Juden Jesus undenkbar wäre, haben Christen Juden immer wieder ungerecht behandelt, verfolgt und sogar getötet. Wie konnte es dazu kommen?

Die Juden und die ersten Christen
Die ersten Christen verstanden sich als Teil der jüdischen Religionsgemeinschaft. Sie besuchten die Synagoge und den Tempel, hielten sich an die Tora, feierten die jüdischen Feste. Bald aber kam es zu Spannungen. Es ging um die Tora: Sollte sie in allen Einzelheiten auch für die Christen Geltung haben? Und es ging um Jesus: War er der Messias, gar der Sohn Gottes?
Dann verständigten sich die Christen darauf, dass nicht alle Gebote für die Anhänger Jesu verbindlich sein konnten. So kam es zum Bruch mit den Juden. Spuren davon finden sich im Neuen Testament: Immer wieder versuchten dessen Autoren, sich von den Juden abzugrenzen.

→ Mehr zu diesem Streit und seiner Lösung findest du auf S. 130/131.

Vertreibung der Juden
Diese Abgrenzung blieb nicht folgenlos. Die Juden hatten im Konflikt mit den Römern, die das Land Israel besetzt hatten, schwere Niederlagen einstecken müssen. Im Jahr 70 n. Chr. wurde der Tempel in Jerusalem zerstört, ein zweiter Aufstand scheiterte im Jahr 135 n. Chr. Viele Juden verloren ihre Heimat und lebten von da an weltweit verstreut. Die Tora ermöglichte ihnen aber auch in der Fremde ein Leben im Bund mit Gott. Dieses jüdische Leben war vielen Christen ein Dorn im Auge. Sie hatten wohl vergessen, dass sie selbst einer Religion jüdischen Ursprungs anhingen, und nahmen an den jüdischen Gesetzen Anstoß. Die Speisegebote, fremden Feste und Bräuche erregten ihre Aufmerksamkeit. Des Weiteren erlaubten besondere Gesetze Juden nur bestimmte Formen der Berufstätigkeit. Daher wurden viele Juden Händler oder Geldverleiher und kamen zu Reichtum. Damit zogen sie den Neid der Christen auf sich, die oft Schulden bei ihnen hatten. Nur zu gern beschimpfte man dann die Juden als „Gottesmörder", die Jesus ans Kreuz geschlagen hatten. Manche sannen auf Rache. So kam es auch in Europa im Lauf der Jahrhunderte immer wieder zu Gewalttaten gegen Juden.

→ Mehr zu Ansätzen eines guten Dialogs zwischen Christen und Juden kannst du auf S. 98 nachlesen.

Juden auf dem Scheiterhaufen. Holzschnitt aus der Schedelschen Weltchronik, 1493

Die Benachteiligung der Juden wurde nur nach und nach aufgehoben. Doch immer noch gab es Menschen, die Juden hassten. Als in Deutschland 1933 Adolf Hitler an die Macht kam, setzte eine Judenverfolgung unvorstellbaren Ausmaßes ein. Innerhalb weniger Jahre wurden mehr als 6 Millionen Juden grausam ermordet. Wir nennen dies die „**Shoah**" – das hebräische Wort bedeutet auf Deutsch etwa „die große Katastrophe".
Papst Johannes Paul II. war der erste Papst, der eine Synagoge besuchte und für die Verbrechen, die Christen an Juden verübt hatten, um Vergebung bat: „Wir sind zutiefst betrübt über das Verhalten aller, die im Laufe der Geschichte deine Söhne und Töchter leiden ließen. Wir bitten um Verzeihung und wollen uns dafür einsetzen, dass echte Brüderlichkeit herrsche mit dem Volk des Bundes."

Aufgaben

1 Welche Gründe für die Judenverfolgungen werden im Text genannt?

2 Auch heute kommt es immer wieder zu judenfeindlichen Straftaten in Deutschland. Sammelt Zeitungsausschnitte und sucht darin nach Gründen für ein solches Verhalten.

3 Überprüft eure Thesen von S. 45 (Mitte) und klärt, wie hebräische und jiddische Wörter in die deutsche Sprache gelangt sind.

Kapitel 3

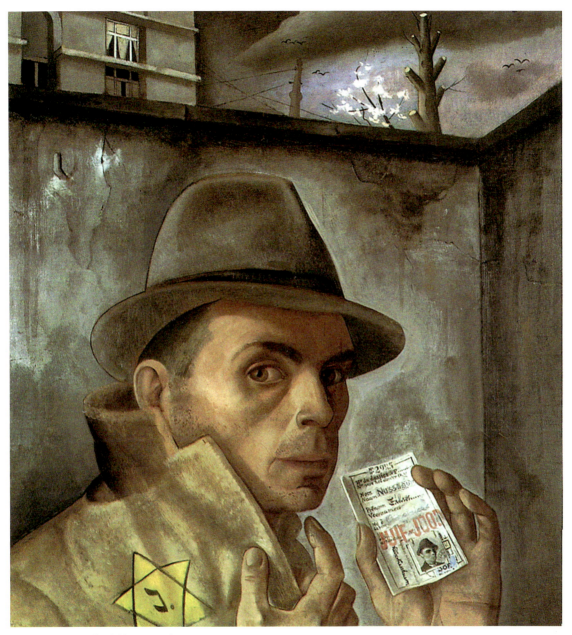

Felix Nussbaum, Selbstbildnis mit Judenpass, 1943

→ Mehr zum Verhältnis zwischen Juden und Christen erfährst du im Kapitel 5 ab S. 81.

1 Betrachte das Bild in Ruhe. Achte auf Farben und Einzelheiten. Welche Gedanken und Gefühle bewegen den Mann?

2 Informiert euch z. B. mithilfe eines Lexikons über die Verfolgung der Juden in der Zeit des Nationalsozialismus in Deutschland. Sammelt Dokumente und Materialien und gestaltet eine Ausstellung.

3 Es gibt zahlreiche Jugendbücher, die die Geschichte der Judenverfolgung erzählen. Recherchiert einige Titel, lest die Bücher und erstellt für eure Klasse eine Liste mit Lesetipps.

Schwerer Gang

Um ihre Kinder vor der Ermordung durch die Nationalsozialisten zu bewahren, haben jüdische Eltern versucht, sie bei Helfern zu verstecken. Oft war das ein Abschied für immer.

Die junge Mutter wartet, bis es dämmert. So ist es besprochen, denn bei Tageslicht darf man so etwas nicht tun. „Wir gehen zum Kasperletheater", jauchzt das helle Stimmchen neben ihr immer wieder. Wie kommt das Kind nur darauf? Sie hat es ihm nicht gesagt, sie hat nicht lügen wollen. „Ja", murmelt sie. „Nun Vater auf Wiedersehen sagen und ein Küsschen geben, weil wir ausgehen."

Als das Kind auf den Zehenspitzen vor dem Vater steht und die Lippen spitzt, blickt der Mann hilflos zu der jungen Frau hinüber, die ihm tapfer zunickt. Ihr Lächeln bedeutet: Nicht Abschied nehmen! Haben wir uns nicht versprochen, dass sie wie zu einem Fest von uns gehen soll? „Auf Wiedersehen, Schätzchen! Viel Vergnügen." „Wir gehen zum Kasperletheater!" ist das letzte Wort, das er von der kleinen Tochter hört. Unterwegs in den düsteren Gassen plappert das Kind ohne Unterlass.

„Warum ist es so dunkel auf der Straße?"
„Weil der Mond noch schläft."
„Aber im Kasperletheater ist es hell, nicht?"
„O ja."

Während sie antwortet, jagen ihr die Gedanken durch den Kopf … Sie ist blond und ein Mädchen. Sonst wäre es unmöglich … Ich muss froh sein, dass sie blond und ein Mädchen ist. Ich muss froh sein, dass sie von mir wegkommt …

„Und ich brauche noch lange nicht ins Bett, nicht wahr?"
„Noch lange, lange, lange nicht!"
„Weil ich so lieb gewesen bin, ja?"
„Weil du so lieb gewesen bist."

Ihre Gedanken fragen: Bleibst du so lieb, auch wenn du unter Fremden bist, die ich nicht kennenlernen darf, weil es gefährlich ist? Wirst du auch noch lieb sein, wenn ich dich zurückbekomme? Oder sehe ich dich niemals wieder?

„Ist das Kasperletheater weit?"
„Ich weiß nicht. Ich bringe dich zu einer Tante, und die geht mit dir hin."
„Ist es weit bis zu der Tante?" „Nein, wir sind gleich da." „Warum gehst du nicht mit mir zum Kasperletheater?" „Ich habe keine Zeit." „Aber ein andermal?" „Ja, ein andermal."

Sie denkt: Lügner … Lügner sind wir! Der Koffer wird immer schwerer in der einen Hand, die andere umkrampft die Kinderfinger. Dann erreichen sie das Haus, wo die Übergabe stattfinden soll. Während sie mit dem Kind die Treppen hinaufsteigt, will sie an das Kasperletheater denken. Die Kleine hat ihr den Gedanken an ein festliches Ereignis wie einen hellen Ball zugespielt, nun muss sie ihn auffangen.

Oben auf der Treppe kann sie wirklich mitlachen. Das junge Mädchen, das schon viele Sternkinder vermittelt hat und das ernst und von ihrer gefährlichen Aufgabe erfüllt auf sie wartet, muss sich einen Augenblick an die Mutter gewöhnen, die lächelnd ein Kind weggibt, vielleicht für das ganze Leben. Dann aber spielt es mit, geht auf den Kasperle-Einfall ein und nimmt sich vor, ihn wahr zu machen, sobald die Kleine in dem neuen Hafen angekommen ist.

„Gehst du jetzt mit mir?", fragt das Kind ungeduldig, weil es das fröhliche Abenteuer nicht erwarten kann. „Ja", antwortet das Mädchen. „Aber erst musst du deiner Mutter auf Wiedersehen sagen."

Das Mädchen ist gewohnt, dass nun ein Anklammern und Losreißen beginnt. Oft bricht ihr dabei selber fast das Herz. Das Kind gibt der Mutter einen flüchtigen Kuss.

„Wiedersehen! Brauche ich noch lange nicht ins Bett?" „Nein", sagt die Mutter und findet an dem Kasperle-Spiel keinen Halt mehr. „Auf Wiedersehen, mein Herz, viel Vergnügen!"

Das Kind blickt sie aufmerksam an. „Bist du traurig, dass du nicht mit darfst?" Die Mutter nickt nur, blickt ohnmächtig auf das junge Mädchen und denkt mühsam, dass sie jetzt gehen muss und die Qual nicht verlängern darf. Da sagt das Kind, indem es die Mutter noch einmal küsst und jedes Wort betont: „Wenn du nicht weinst, darfst du nächstes Mal mit, ja?"

(Clara Asscher-Pinkhof)

Methode Kapitel 3

Plakate gestalten

Über Religionen und Gott sprechen – das ist nicht immer ganz einfach. Manche Methoden, die du auch aus anderen Unterrichtsfächern kennst, können dir helfen, religiöse Themen und Fragestellungen zur Sprache zu bringen.

Plakate eignen sich dazu, Informationen, die du dir erarbeitet hast, anderen zu vermitteln. Ein Plakat ist so etwas wie ein Brief, den ein Forscher oder eine Forscherin aus einem fremden Land heimschickt. Er/sie hat etwas Neues entdeckt und überlegt, wie das, was er/sie neu in Erfahrung gebracht hat, den Menschen daheim verständlich machen kann.

Was soll präsentiert werden?
Um ein Plakat zu gestalten, genügt es nicht, Bilder und Texte möglichst bunt auf einem Bogen Papier zu verteilen. Bevor du mit der Plakatgestaltung beginnst, solltest du über mehrere Fragen nachdenken:

- Was will ich darstellen?
- An wen richtet sich meine Präsentation?
- Was sollen die anderen lernen?
- Wie kann ich den anderen helfen, etwas Neues zu lernen? Welche Bilder, Texte oder anderen Materialien kann ich dafür zu Hilfe nehmen?
- Was wissen sie vielleicht bereits?

Wichtig:
Ein Plakat soll nicht alles enthalten, was du weißt. Es soll vielmehr das, was du mitteilen willst, kurz und einprägsam darstellen.

Wenn du alle Materialien beisammen hast, überlege, welches Bild oder welcher (kurze) Text sich besonders eignet, das Thema deines Plakates darzustellen. Dieses Bild bzw. dieser Text bekommt dann eine Position, die besonders auffällt. Die weiteren Materialien ordnest du so an, dass die Leser deines Plakates einen guten Einblick in das Thema bekommen.

Wichtig:
Die Gestaltung des Plakates soll deine Aussage unterstützen.

Das Wichtigste auf einen Blick
Plakate müssen gut lesbar sein. Sie sollten deshalb mindestens das Format DIN A3 haben. Die Schrift muss so groß sein, dass man sie auch noch aus einiger Entfernung lesen kann. Signalfarben helfen, sich zu orientieren.

Wichtig:
Ein Plakat ist kein ausführlicher Sachtext, sondern soll gewissermaßen „im Vorbeigehen" informieren.

Beispiel: Plakat zum Judentum
Bei Plakaten zum Thema Judentum bietet es sich beispielsweise an, die Themen soweit wie möglich auf Hebräisch anzugeben oder zumindest ein Wort. So machst du andere neugierig. Man nennt das dann einen Blickfang, Hingucker oder Eyecatcher. Natürlich musst du eine Übersetzung hinzufügen.

Kapitel 3 Rückblick und Ausblick

„Wie lieb ist mir deine Weisung; ich sinne über sie nach den ganzen Tag"

So beten Juden und Christen im Psalm 119. Die Tora, in der diese Weisung, von der der Psalm spricht, zu finden ist, begleitet gläubige Juden Tag für Tag. Sie regelt ihren Alltag und das menschliche Zusammenleben. Der Tora verdanken Juden ihr Überleben in den Jahrhunderten der Zerstreuung. Sie gibt Orientierung inmitten einer andersgläubigen Umwelt. Sie ruft Gottes Bund in Erinnerung – inmitten von Menschen, die anders glauben. Sie gibt Trost und Hoffnung, verbindet mit Gott und untereinander. Sie ist das große Dokument der Liebe Gottes. Man kann auch sagen: Sie ist wie ein Liebesbrief, den die Juden mit ihrem ganzen Leben beantworten.

In der **Tora** stehen die Geschichten von Abraham und Sara, von Josef und seinen Brüdern, von Mose und Mirjam. Es sind Geschichten, die bis heute unsere Kultur prägen. Die Erzählungen und Gebote der Tora werden im jüdischen wie im christlichen Gottesdienst immer wieder vorgelesen und ausgelegt: Die Tora ist das gemeinsame **Glaubensbuch von Juden** und **Christen**. Sie enthält die Glaubensüberlieferungen, nach denen Jesus gelebt hat.

Trotz dieser **gemeinsamen Wurzel** war das Zusammenleben von Juden und Christen in der Vergangenheit immer wieder belastet. Erst in den letzten Jahrzehnten haben die Christen eingestanden, welche Schuld sie gegenüber den Juden auf sich geladen haben.

Vielen Christen sind ihre „älteren Brüder" – wie sie Papst Johannes Paul II. genannt hat – fremd geworden. Das mag an der **hebräischen Sprache** liegen, die die Juden in ihrer Religion pflegen oder auch an fremden Bräuchen wie der **Beschneidung**.

Die Treue, mit der Juden an der Tora festhalten, erscheint manchen merkwürdig, weil sie das Leben von der Kleidung bis zu den Essgewohnheiten regelt. Papst Benedikt XVI. ermuntert die Christen, immer auch **von den Juden zu lernen**; denn nur so können sie den **Juden Jesus** verstehen. Der jüdische Schriftsteller Schalom Ben-Chorin hat das Gemeinsame und das Unterscheidende zwischen Juden und Christen in einem Satz formuliert: „Der Glaube Jesu eint uns, der Glaube an Jesus trennt uns."

Das Leben – ein Liebesbrief an Gott. Und ein Liebesbrief Gottes an uns. Vielleicht nicht das Schlechteste, was man von Juden lernen kann.

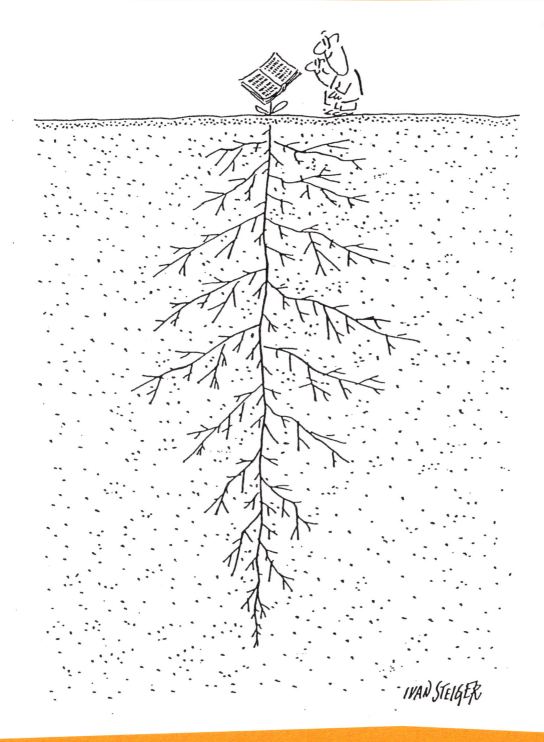

4 Die Bibel:
Menschen erfahren Gott

Die Psalmen – eine Bibel im Kleinen

Psalmen – ein heißer Draht zu Gott

→ Sich in der Bibel zurechtfinden: siehe Methode auf S. 79.

²Hilf mir, o Gott! Schon reicht mir das Wasser bis an die Kehle.
³Ich bin in tiefem Schlamm versunken und habe keinen Halt mehr;
ich geriet in tiefes Wasser, die Strömung reißt mich fort.
(Ps 69,2f.)

Herr, du hast mich erforscht, und du kennst mich.
²Ob ich sitze oder stehe, du weißt von mir. Von fern erkennst du meine Gedanken. Ob ich gehe oder ruhe, es ist dir bekannt;
³du bist vertraut mit all meinen Wegen.
(Ps 139,1–3)

²Mein Gott, mein Gott, warum hast du mich verlassen, bist fern meinem Schreien, den Worten meiner Klage?
³Mein Gott, ich rufe bei Tag und bei Nacht, doch du gibst keine Antwort;
ich rufe bei Nacht und finde doch keine Ruhe.
(Ps 22,2f.)

→ Mehr Informationen zu den Psalmen (und wie man sie beten kann) findest du auf S. 30.

²Wie lange noch, Herr, vergisst du mich ganz? Wie lange noch verbirgst du dein Gesicht vor mir?
³Wie lange noch muss ich Schmerzen ertragen in meiner Seele, in meinem Herzen Kummer Tag für Tag? Wie lange noch darf mein Feind über mich triumphieren?
(Ps 13,2f.)

²⁹Du, Herr, lässt meine Leuchte erstrahlen, mein Gott macht meine Finsternis hell.
³⁰Mit dir erstürme ich Wälle,
mit meinem Gott überspringe ich Mauern.
(Ps 18,29f.)

¹²Da hast du mein Klagen in Tanzen verwandelt, hast mir mein Trauergewand ausgezogen und mich mit Freude umgürtet.
(Ps 30,12)

Das Buch der Psalmen

Unsere Bezeichnung „Psalmen" leitet sich vom griechischen Wort ψαλμός *(psalmós)* ab. So wurden Gebete bezeichnet, die vor allem mit Saiteninstrumenten begleitet gesungen wurden. Auf Hebräisch werden die Psalmen oft תהלים *(tehillim,* dt. Lobpreisungen) genannt. Im biblischen Psalter, einer Sammlung von 150 Psalmen, hören wir die Stimmen vieler Frauen und Männer, die sich vor ungefähr 2500 Jahren trauten, alles, was ihnen wichtig war, vor Gott zu tragen: Sie priesen die Schöpfung, dankten für den Frieden, beteten für den König. Sie lobten Gott, dankten oder baten. Ob Angst, ob Klage oder sogar Anklage – kein Gedanke war zu gering oder zu schlimm, als dass man ihn nicht vor Gott hätte aussprechen können. Viele Psalmen wurden im Nachhinein dem großen König David zugeschrieben – bis heute beginnen viele Psalmen mit den Worten: „Ein Psalm Davids" (z. B. Ps 3). Ihn kannte man als Musiker und als jemanden, der die Licht- und Schattenseiten des Lebens, Siege und Niederlagen kennengelernt hatte. Den Psalter kann man auch eine **„Bibel im Kleinen"** nennen, denn in den Psalmen kommt das zum Ausdruck, was auch die Bibel insgesamt ausmacht: Gott und Mensch haben einen „heißen Draht" zueinander!

Aufgaben

1 Welche Gefühle bringen Menschen in diesen Psalmversen vor Gott? Sucht euch in einer kleinen Gruppe eines der Zitate aus und bringt die Stimmung der Psalmworte in einer Pantomime oder einem Standbild zum Ausdruck.

2 Nicht nur im Psalter, in der gesamten Bibel stoßen wir immer wieder auf Gebete und Lieder. Welche berühmten „Psalmbeter" trefft ihr in Jona 2,3–10; Lk 1,46–55 und Mk 15,34? In welcher Situation rufen sie zu Gott?

David: König und Psalmensänger

David (um 1000 v. Chr.) ist eine wichtige Gestalt der Bibel: Vom Hirtenjungen und Zitherspieler aus Betlehem stieg er zum König des gesamten Volkes Israel auf. Er machte Jerusalem zum politischen und religiösen Zentrum seines Reiches. Noch Jahrhunderte später hofften die Menschen in schwieriger Lage immer wieder auf einen Nachfolger Davids als Retter. Auch Jesus wird der „Sohn Davids" genannt.

Selbst ein so großer Herrscher wie König David wird in der Bibel schonungslos mit seinen menschlichen Stärken und Schwächen beschrieben: Großzügigkeit und Machthunger, Freundschaft und Verrat, Trauer und Zorn, Liebe und Skrupellosigkeit, Schuld und Reue – all das gehört zu David. Die alte Zusage Gottes bleibt bei alledem bestehen: „Ich bin mit dir, wohin du auch gehst." (Gen 28,15). Aus dieser Zusage haben die Menschen schon in biblischer Zeit gelebt. Von ihr erzählen die Texte der Bibel auf ganz verschiedene Weise.

In den Psalmen, z. B. im Psalm 139, wird dies auf besondere Weise deutlich. Sie haben – wie die gesamte Bibel – *ein* großes Thema: Wer sind wir Menschen vor Gott? Wer ist Gott für uns Menschen?

Immer wieder haben Menschen diese Fragen gestellt und immer wieder haben sie im Gebet der Psalmen Antworten gefunden. Auch wenn manchmal die Antwort aus einer neuen Frage besteht: „Was ist der Mensch, dass du an ihn denkst?" (Ps 8,5)

Marc Chagall, König David, 1950/51

1 Beschreibt David, wie ihn der Maler Marc Chagall in seinem Bild darstellt. Was sieht David, was bewegt ihn?

2 Betrachtet die einzelnen Szenen des Bildes. Lest 1 Sam 16,14–23; 2 Sam 6,12–22; 11,1–12,14 und überlegt gemeinsam: Welche (Psalm-)Worte könnte David singen?

Buch der Erinnerung und Hoffnung

Ein Buch voller Leben

Wenn Erinnerung lebendig wird
In ihrem Buch „Tintenherz" erzählt Cornelia Funke von dem Buchhändler Mo, der Buchfiguren beim Lesen lebendig werden lassen kann. Mo hat seiner Tochter Meggie eine Reise-Schatzkiste für ihre Lieblingsbücher gebastelt, denn:

„„Wenn du ein Buch auf eine Reise mitnimmst, […] dann geschieht etwas Seltsames: Das Buch wird anfangen, deine Erinnerungen zu sammeln. Du wirst es später nur aufschlagen müssen und schon wirst du wieder dort sein, wo du zuerst darin gelesen hast. Schon mit den ersten Wörtern wird alles zurückkommen: die Bilder, die Gerüche, das Eis, das du beim Lesen gegessen hast … Glaub mir, Bücher sind wie Fliegenpapier. An nichts haften Erinnerungen so gut wie an bedruckten Seiten." Vermutlich hatte er damit Recht. Doch Meggie nahm ihre Bücher noch aus einem anderen Grund auf jede Reise mit. Sie waren ihr Zuhause in der Fremde – vertraute Stimmen, die sich nie mit ihr stritten, kluge, mächtige Freunde, verwegen und mit allen Wassern der Welt gewaschen, weit gereist, abenteuererprobt. Ihre Bücher munterten sie auf, wenn sie traurig war, und vertrieben ihr die Langeweile …

Wie aus Erinnerung Hoffnung wächst
Babylon, im 6. Jh. v. Chr.
Daniel: „Da weinen wir nun in der Fremde, verschleppt nach Babylon. Jerusalem, unsere heilige Stadt: verwüstet. Der Tempel: eine Ruine. Hat Gott unser Land nicht dem Abraham und seinen Nachkommen zugesichert? Und dem Hause Davids ewige Königsherrschaft? Und uns allen seine Gegenwart im Tempel mitten unter uns? Gott ist größer als die anderen Götter. Oder hat Gott uns etwa im Stich gelassen? Was sollen wir noch glauben?"
Mirjam: „Ja, manchmal denke ich, unser Volk ist wie tot. Aber andererseits: Konnte nicht auch Jakob nach Jahrzehnten in der Fremde zurückkehren? War nicht auch Josef ein Verschleppter in Ägypten? Und erinnere dich erst, wie Mose Israel aus der Gewalt des Pharao führte! Vielleicht ist Gott noch größer, als wir bisher von ihm gedacht haben. Vielleicht müssen wir unsere alten Schriften noch einmal neu lesen. Denn ich glaube fest daran: Gott wird uns auch dieses Mal befreien!"

Eine Stadt im Römischen Reich, 2. Hälfte des 1. Jh. n. Chr.:
Lydia: „Wenn ich die vielen Geschichten höre, die sich die Menschen von Jesus erzählen – wie er Kranke heilte oder den Ausgestoßenen Gottes Reich zusprach – dann wünschte ich, ich wäre selbst mit dabei gewesen. Wie gerne wäre ich ihm nach seiner Auferstehung begegnet oder hätte seine frohe Botschaft mit Paulus und den anderen Aposteln in die Welt hinausgetragen! Manchmal habe ich Angst, all das könnte in Vergessenheit geraten."
Simon: „Nein, Lydia, das kann ich mir nicht vorstellen. Was durch Jesus Christus geschehen ist, ist wichtig für alle, wo und wann sie auch leben mögen. Komm, lass uns sammeln, was wir von ihm erfahren haben. Lass uns aufschreiben, wer er für uns ist – und unsere Hoffnung auf ein neues Leben in ihm mit allen Menschen teilen!"

Aufgaben

1. Wozu können Bücher gut sein? Sammelt Beispiele und berichtet von Erfahrungen, die ihr mit Büchern gemacht habt.
2. a) Schreibe einen Steckbrief zu deinem Lieblingsbuch. Gib zunächst Autor, Titel und das Erscheinungsjahr an. Verfasse dann eine kurze Inhaltsangabe.
   b) Beantworte für dich folgende Fragen: Woran erinnert dich dieses Buch? Und was macht es auch heute noch wichtig für dich? Wie passen der Inhalt des Buches und deine Erinnerungen zusammen?
   c) Stelle deine persönliche Geschichte mit deinem Lieblingsbuch deiner Klasse vor.

Der Weg des Gottesvolkes Israel durch die Geschichte

Um die zweitausend Jahre biblische Geschichte umfasst diese Zeichnung. Die Bibel entstand nach und nach auf diesem Weg und war zugleich Begleitung: als Wort Gottes, das die Erinnerung gegenwärtig macht, das ein Zuhause in der Fremde sein kann und Trost und Verheißung spendet.

→ Auf S. 58 erfährst du mehr darüber, wie leidvoll sich die Geschichte weiterentwickelt hat, weil Christen nicht verstehen wollten, dass die Juden ihre Geschwister im Glauben sind.

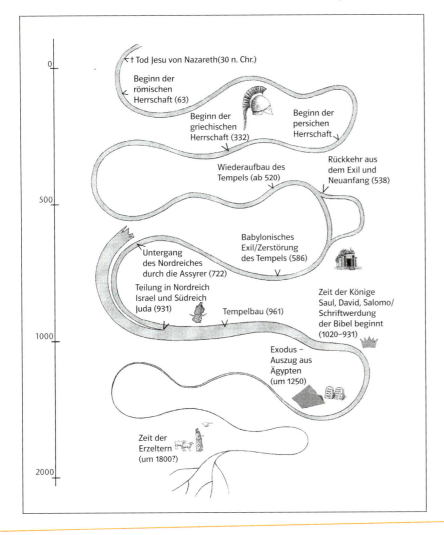

1 An welches Ereignis in deinem eigenen Leben erinnerst du dich, das dir auch heute noch Mut macht? Tausche dich mit einem Mitschüler/einer Mitschülerin deiner Wahl darüber aus.

2 Ordne die Situationen und Personen, die in den Gesprächen auf S. 66 genannt werden, in die Geschichtszeichnung ein. Bildet Forschergruppen, die jeweils eine der dort erwähnten Erfahrungen des Gottesvolkes auf seinem Weg durch die Zeit recherchieren. Hinweise dazu findet ihr in 2 Kön 24,10–16; 25,1–12 bzw. Lk 1,1–4. Präsentiert eure Ergebnisse der Klasse.

3 Warum ist die Bibel für Juden und Christen so wichtig? Warum wohl wurde sie geschrieben und immer wieder neu gelesen? Versuche eine Antwort mithilfe der Stichworte „Erinnerung" und „Hoffnung".

Kapitel 4

Das Buch der Bücher

Info
Die endgültige Zusammenstellung der biblischen Bücher, des sogenannten **Kanons**, dauerte mehrere Jahrhunderte. Die des Alten Testaments wurde im 2. Jh. n. Chr. abgeschlossen, die des Neuen erst im 4. Jh. n. Chr. Erst während des Konzils von Trient (1546) wird der Kanon kirchlich festgelegt.

Eine ganze Bibliothek!
Wer die christliche Bibel von der ersten bis zur letzten Seite durchliest, entdeckt einen großen Erzählbogen von der Schöpfung der Welt über den Weg des Gottesvolkes durch die Zeit bis hin zu der Verheißung, dass Gott einmal alles neu schaffen und alle Tränen trocknen wird. Man kann sagen: Die Bibel erzählt die *eine* Heilsgeschichte der Menschen mit Gott. Innerhalb dieses großen Zusammenhangs findet sich eine bunte Vielfalt an Schriften: mal lang, mal sehr kurz; manche von einem einzigen Verfasser geschrieben, manche regelrechte Sammelwerke vieler Unbekannter. So zählen für katholische Christen insgesamt 73 Schriften zur Bibel. Dass unsere Heilige Schrift eigentlich eine ganze Bibliothek ist, lässt sich schon an ihrem Titel ablesen: Das griechische Wort τά βιβλία (*ta biblia*) heißt übersetzt „die Bücher". Erst im Lateinischen wurde diese Pluralform als Singular, als die eine „Bibel" verstanden.

Eine Bibel – zwei Testamente
Die Bibel der Christen besteht aus zwei großen Teilen: dem Alten und dem Neuen Testament. Das lateinische Wort *testamentum* bedeutet hier „Bund". Von diesem Bund Gottes mit den Menschen zeugen beide Teile der Bibel auf ihre eigene Weise – in geschichtlichen, Lehr- und prophetischen Büchern.

> Nicht du trägst die Wurzel, sondern die Wurzel trägt dich.
> (Röm 11,18)

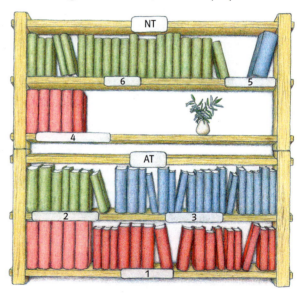

6. Lehrbücher: Briefe
5. Prophetisches Buch: Johannesoffenbarung
4. Geschichtliche Bücher: Evangelien und Apostelgeschichte
3. Prophetische Bücher: Propheten
2. Lehrbücher: Psalmen und Weisheitsliteratur
1. Geschichtl. Bücher: Pentateuch und geschichtl. Bücher

NT = Neues Testament
AT = Altes Testament

Aufgaben

1 Vergleicht die Anordnung im alt- und neutestamentlichen Teil des Regals miteinander: Was unterscheidet die beiden Teile der Bibel, was ist ihnen gemeinsam?

2 Diejenigen Schriften, die in einer Glaubensgemeinschaft allgemein anerkannt sind, bezeichnet man auch als „kanonisch". Was ist anders, wenn man eine evangelische Bibelausgabe kauft? Informiert euch über den Bibelkanon der evangelischen Christen, z. B. im Austausch mit der evangelischen Religionsgruppe.

Das Alte Testament: der bleibende Bund Gottes mit Israel

Über 1000 Jahre hat es gedauert, bis die 46 Schriften des Alten Testaments fertig waren. Von Generation zu Generation wurden die Erzählungen, Lieder und Gebote mündlich weitergegeben, bis man im 9. Jh. v. Chr. begann, die Überlieferungen aufzuschreiben. Mehrfach hat man die Traditionen neu überdacht und überarbeitet. Im Pentateuch sind sie zusammengestellt. Er erzählt von den Ursprüngen der Welt und des Volkes Israel und vom Bund Gottes mit Noah, Abraham und Moses. Andere geschichtliche Bücher treten hinzu. Sie erzählen, wie die Israeliten im verheißenen Land heimisch werden und Könige wie Saul, David und Salomo bekommen; wie das Land geteilt wird und erst das Nordreich (722 v. Chr.) durch die Assyrer und schließlich auch das Südreich (586 v. Chr.) durch die Babylonier untergeht. Nach dieser „Krise des Exils" wurden viele Bücher nochmals gründlich überarbeitet und erhielten ihre heutige Gestalt. Die jüngeren Bücher erzählen aus der Zeit nach dem Exil, von der Fremdherrschaft der Perser, Griechen und Römer.

In den Psalmen und den Büchern der Weisheit fanden die Menschen eine Gebets- und Lebensschule. Immer wieder rufen Propheten Gottes Willen ins Bewusstsein zurück und zeigen Zukunftsmöglichkeiten auf. Der Ausdruck „Altes Testament" verweist darauf, dass hier die Anfangserzählungen jüdischen und christlichen Glaubens zu finden sind. Deshalb sprechen manche auch von einem „Ersten Testament".

> **Info**
>
> **Pentateuch:** Das griechische Wort πεντάτευχος bedeutet „Fünfgefäß" und erinnert daran, dass Schriftrollen damals in Gefäßen aufbewahrt wurden. Es bezieht sich auf die ersten fünf Bücher der Bibel, die zugleich die Tora der Juden sind, und ist ein Sammelbegriff für die Bücher Genesis, Exodus, Levitikus, Numeri und Deuteronomium.

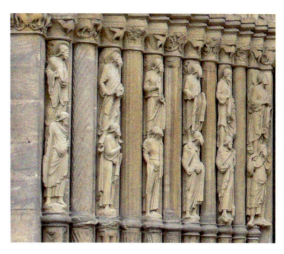

Die Propheten tragen die Apostel: Das Fürstenportal am Dom zu Bamberg, um 1230

Auch Jesus hat als gläubiger Jude viele dieser Schriften von Kind an gehört.

Das Neue Testament: der erneuerte und erweiterte Bund durch Jesus Christus

Die 27 Schriften des Neuen Testaments haben einen einzigen Dreh- und Angelpunkt: Jesus Christus. Entstanden ungefähr zwischen 50 und 120 n. Chr., sprechen sie davon, wie Gott seinen Bund durch Jesu Leben, Tod und Auferstehung erneuert und auf alle Menschen ausgeweitet hat. Die Briefe des Apostels Paulus sind die ältesten Dokumente des Neuen Testaments. Sie enthalten Belehrungen, Ermutigungen und manchmal auch Kritik – je nachdem, was die angeschriebene Gemeinde gerade benötigte. Später kamen noch eine Reihe weiterer Briefe hinzu. Je mehr die Augenzeugen ausstarben, desto wichtiger wurde es aber auch, Ereignisse und Glaubenszeugnisse aus der Zeit Jesu schriftlich festzuhalten. Ihr findet sie heute in den Evangelien (ab ca. 70 n. Chr.). Deren „Fortsetzung" ist die Apostelgeschichte, die das Wachsen, die Freude und das Leid der jungen christlichen Gemeinden wiedergibt. Am Ende des Neuen Testaments steht mit der Johannesoffenbarung die Vision von der Vollendung der Welt und der endgültigen Gemeinschaft der Menschen mit Gott.

---

1 Erzählt euch biblische Geschichten, an die ihr euch noch aus eurer Grundschulzeit erinnert.
  a) Ordnet die Geschichten tabellarisch: Gehören sie zum Alten oder zum Neuen Testament?
  b) Was erfahrt ihr in ihnen von Gott?

2 Das Bild des Bamberger Fürstenportals ist eigenartig. Warum stehen die Apostel auf den Schultern der Propheten? Suche eine Antwort mithilfe von Paulus (Röm 11,18).

Wie die Bibel zu uns kam

Sprachen der Bibel

Hebräisch: die Sprache Israels

> בְּרֵאשִׁית בָּרָא אֱלֹהִים אֵת הַשָּׁמַיִם וְאֵת הָאָרֶץ
>
> Bereschit bara Elohim et ha Schamajim we et ha Aretz.
> Am Anfang schuf Gott Himmel und Erde.
> (Gen 1,1)

→ Mehr zur hebräischen Sprache findest du auf S. 44.

Der größte Teil des Alten Testaments ist auf Hebräisch verfasst. Man schreibt von rechts nach links, und die Buchstaben bilden nur die Konsonanten ab. Lange musste man die Vokale aus dem Zusammenhang heraus erschließen. Erst später wurden die kleinen Punkte und Striche als eigene Vokalzeichen eingefügt. Aus dem alten Bibelhebräisch wurde seit dem 19. Jh. wieder eine lebendige Sprache: „Ivrit" ist heute eine der Amtssprachen Israels.

Griechisch: die „Weltsprache" zur Zeit Jesu

Seit dem 3. Jh. v. Chr. war Griechisch – ähnlich wie heute das Englische – eine vielgenutzte

> Ἐν ἀρχῇ ἦν ὁ λόγος, καὶ ὁ λόγος ἦν πρὸς τὸν θεόν, καὶ θεὸς ἦν ὁ λόγος.
>
> En arche en ho logos, kai ho logos en pros ton theon, kai theos en ho logos.
> Im Anfang war das Wort, und das Wort war bei Gott, und das Wort war Gott. (Joh 1,1)

Verkehrssprache. Bereits die jüngeren Schriften des Alten Testaments und auch das gesamte Neue Testament sind auf Griechisch verfasst. Gelesen wird wie bei uns von links nach rechts, und für Konsonanten und Vokale gibt es je eigene Buchstaben.

Von der Schriftrolle zur Bibel im Internet

Von keiner biblischen Schrift haben wir heute noch ein Original. Dafür aber ist die Bibel das am meisten abgeschriebene Buch der Welt: Über all die Jahrhunderte hinweg haben sich Schreiber in sorgfältiger Handarbeit bemüht, ihre Texte möglichst getreu wiederzugeben. Der Bibeltext, der unseren Übersetzungen zugrunde liegt, ist von Forschern aus der Fülle der Handschriften rekonstruiert worden.

Die Jesajarolle von Qumran

Hier siehst du eine der ältesten uns erhaltenen Bibelhandschriften überhaupt: eine Schriftrolle aus Leder mit dem Text des Jesajabuches, gefunden in den Höhlen von Qumran, einer kleinen Wüstensiedlung am Toten Meer. Sie entstand vermutlich im zweiten vorchristlichen Jahrhundert. Ganz ausgerollt ist sie über sieben Meter lang.

Papyrus P 52: das älteste Fragment des Neuen Testaments

Aufgaben

1 Wenn es im Deutschen wie im Hebräischen nur Konsonanten als Buchstaben gäbe, was könnte dann z. B. „SGN" oder „LST" alles bedeuten? Welche Probleme können sich daraus ergeben?

2 Auch im Deutschen gibt es Wörter hebräischen oder griechischen Ursprungs. Finde mithilfe eines Lexikons die Bedeutung der folgenden Begriffe heraus:
Hebr.: *Tohuwabohu, Jubiläum, Ganove*
Griech.: *Therapie, Theologie, Symbol*

Kapitel 4

Papyrusstauden

Viele alte Handschriften der Bibel sind aus Papyrus. Das Mark dieser Schilfpflanze wurde gekreuzt übereinandergelegt, gepresst und getrocknet. Man konnte die Blätter dann zu Rollen zusammenkleben. Wie brüchig und empfindlich dieses Material war, kannst du an diesem Papyrusfragment aus dem 2. Jh. n. Chr. entdecken: Lediglich einige Versteile aus dem Johannesevangelium sind uns erhalten.

Zeichnung eines Papyrusblattes

Ab dem 4. Jh. sind die meisten Handschriften auf Pergament geschrieben. Hergestellt aus Tierhäuten, ist dieses Material sehr viel beständiger als Papyrus – allerdings auch so teuer, dass man die Schrift manchmal auch wieder abschabte und das Pergament neu bearbeitete. Gegenüber den früheren Rollen setzt sich im Lauf der Zeit mit dem Codex immer stärker die handlichere Buchform durch.

Von der Gutenberg-Bibel zum Bestseller

Seit der Erfindung des Buchdrucks mit beweglichen Lettern durch Johannes Gutenberg im 15. Jh. wurden Bücher immer erschwinglicher. Heute ist die Bibel ein echter Bestseller. Kein Buch der Welt ist öfter übersetzt und gedruckt worden. Allein im Deutschen gibt es eine ganze Reihe verschiedener Bibelübersetzungen. Berühmt ist die Übersetzung Martin Luthers. In der katholischen Kirche gebräuchlich ist die Einheitsübersetzung, die erste einheitliche katholische Übersetzung für den gesamten deutschsprachigen Raum.

Die Bibel im Computerzeitalter

Bibelausgaben gibt es heute auch digitalisiert und natürlich auch online.

Ein Pergamentcodex in Buchform

Codex Sinaiticus, Ägypten, Mitte 4. Jh., Textseite aus dem Johannesevangelium

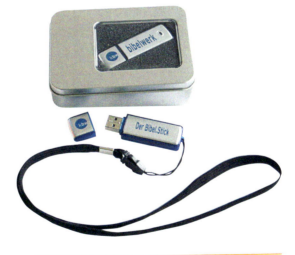

1 Suche den Text der Einheitsübersetzung im Internet unter: http://alt.bibelwerk.de/bibel/ Nenne deinem Partner/deiner Partnerin drei Bibelstellen, die er aufrufen soll.

2 a) Bringt verschiedene Bibelausgaben mit in den Unterricht und veranstaltet eine kleine Bibelausstellung.
b) Vergleicht die Ausgaben: In welcher Sprache sind sie geschrieben? Welche Übersetzung liegt vor? Wenden sie sich an Erwachsene oder an Kinder?

Wo wir der Bibel heute begegnen

Die Bibel im Leben der Kirche

In jedem Gottesdienst werden Texte aus der Bibel gelesen. Hier siehst du, wie der Priester nach dem Vortrag des Evangeliums das Evangeliar hochhält mit den Worten: *Evangelium unseres Herrn Jesus Christus.* Die Gemeinde antwortet darauf: *Lob sei dir, Christus.*

Lorscher Evangeliar (Faksimile), um 810

In der Bibelgalerie in Meersburg gibt es viel zu entdecken.

Aufgaben

1 Bringe ein Wochenprogramm oder einen Pfarrbrief aus der Gemeinde mit, in der du wohnst. Gibt es darin Hinweise auf Aktivitäten rund um die Bibel? Erkennst du etwas wieder, das sich auch auf den Fotos dieser Seite findet?

2 Gibt es ein Bibelmuseum in deiner Umgebung? Recherchiere eine Ausflugsmöglichkeit im Internet.

3 a) Beschreibe das Deckblatt des Lorscher Evangeliars. Über seine Geschichte kannst du dich im Internet informieren.
b) Erkundigt euch nach den Evangeliaren, aus denen in euren Gemeinden das Evangelium verkündet wird.

Wurzeln und Früchte entdecken: Bibelspuren in unserem Alltag

1 Gibt es „Bibelfrüchte", die dich neugierig gemacht haben? Worüber würdest du gerne mehr erfahren?

2 Greift einige der „Bibelfrüchte" heraus (z. B. Bibelfilme, Bibel in der Kunst …). Recherchiert Beispiele und bereitet in kleinen Gruppen eine Präsentation für die Klasse vor.

3 Male einen eigenen „Wurzelbaum". Zeichne ein, wo dir die Bibel in deinem Leben bereits begegnet ist. Du kannst dich auch an der Zeichnung von S. 63 orientieren.

Kapitel 4

Die Bibel: Gotteswort in Menschenwort

Gottes Sohn ist Mensch geworden

→ Weitere Hintergrundinformationen zu den Weihnachtserzählungen, v.a. nach Lukas, erhältst du auf S.108/109.

Alle Jahre wieder?
Eine biblische Geschichte kennt ihr ganz sicher: Es ist die Erzählung von der Geburt Jesu: die „Weihnachtsgeschichte". Vielleicht erzählt ihr sie euch zunächst einmal selbst gegenseitig, bevor ihr weiterlest.

Lena (21. Jh.):
„Weihnachten ist für mich eines der schönsten Feste des Jahres. Jedes Jahr bauen wir unter dem Weihnachtsbaum die Krippe auf: den Stall, Maria und Josef mit dem Jesuskind in der Krippe, Ochs und Esel im Hintergrund, die Hirten mit ihren Schafen und schließlich die Heiligen Drei Könige. Und über dem Stall strahlt der Weihnachtsstern und die Engel singen ihr Gloria."

Matthäus (ca. 80 n. Chr.):
„Wie Jesus selbst und wie meine Leser komme ich aus dem Judentum. Wir lesen die Tora und die Propheten und entdecken in ihnen, dass die gesamte Geschichte Israels sich in Jesus als dem verheißenen Messias erfüllt. Auch die anderen Völker, die ‚Heiden', können an dem Heil, das Gott uns in Jesus schenkt, teilhaben. So ziehen in meiner Erzählung auch die Magier aus dem Osten zum Jesuskind und huldigen ihm.
Allerdings bekommen wir auch zu spüren, dass die meisten aus unserem Volk nicht so denken wie wir. Da gibt es oft sehr harte und schmerzhafte Auseinandersetzungen. Und deshalb möchte ich zeigen, dass auch das Leben Jesu, das am Kreuz endete, schon von Anfang an bedroht war."

Lukas (ca. 90 n. Chr.):
„Als gebildeter Städter ist es mir wichtig, die Geschichte Jesu wie ein griechischer Geschichtsschreiber in die große Weltgeschichte einzubetten. Wobei für mich eines klar ist: Jesus ist bedeutender als alle Kaiser dieser Welt, selbst als der große Augustus. Auch wenn das Kind in der Krippe so gar nichts gemeinsam zu haben scheint mit dem mächtigen Herrscher des römischen Weltreiches.
In Jesus erfüllen sich für mich die großen Verheißungen der Geschichte Gottes mit seinem Volk Israel – er ist der Retter aus der Stadt Davids für alle, auch für die Armen und Ausgestoßenen.
Diese frohe Botschaft will ich vertrauenswürdig weitergeben."

Aufgaben

1 Legt jeweils zwei Bibeln nebeneinander. Einer schlägt Mt 1,18–2,23 auf, der andere Lk 2,1–20.
a) Lest die Texte in der Klasse. Welche Gemeinsamkeiten und Unterschiede fallen euch auf? Malt die Personen und Elemente aus dem Lukas- und Matthäusevangelium in verschiedenen Farben an die Tafel.
b) Betrachtet nur die Zeichnung aus dem Matthäusevangelium und lest die Aussage des Evangelisten auf dieser Seite: Welche Hinweise auf das, was dem Evangelisten wichtig ist, findest du in seinem Evangeliumstext?
c) Betrachtet nur die Zeichnung aus dem Lukasevangelium und lest die Aussage des Evangelisten auf dieser Seite: Welche Hinweise auf das, was dem Evangelisten wichtig ist, findest du in seinem Evangeliumstext?
d) Wischt alle Elemente/Personen aus, die nur bei einem der Evangelisten vorkommen. Was bleibt übrig?

Die Bibel: Gotteswort in Menschenwort

Die Bibel ist **Menschenwort**: Ihre Schriften wurden von zahlreichen, namentlich bekannten oder auch anonymen Autoren verfasst. Sie alle schreiben aus ihrer eigenen Lebensperspektive heraus: persönlich, auf dem Wissensstand ihrer Zeit, geprägt von ihrer Herkunft. Gleichzeitig sind Christen aber davon überzeugt, dass die Bibel **Gotteswort** ist. Denn die biblischen Autoren sind erfüllt von der Erfahrung, dass Menschen in ihrem Leben mit Gott zu tun bekommen haben. Aus diesen Erfahrungen der **Offenbarung** Gottes heraus können sie schreiben: Gott hat zu uns gesprochen! Und diese Erfahrung wiederholt sich bei vielen, die die Bibel lesen, bis heute: Sie fühlen sich von Gott berührt und angesprochen. So wie in Jesus von Nazaret Gott Mensch geworden und uns besonders nahe gekommen ist, so ist auch die Bibel gerade als **Gotteswort in Menschenwort** glaubwürdig: Sie ist nicht ein für alle Mal „vom Himmel gefallen", sodass sie in dieser Welt ein Fremdkörper bliebe. Zu jeder Zeit, an jedem Ort will sie neu gelesen werden, kann uns Gottes Zuspruch im Zeugnis der Menschen begegnen.

→ Kann Gott zu den Menschen sprechen? Lies nach unter der Überschrift „Metaphern in der Bibel" auf Seite 168/169.

> Viele Male und auf vielerlei Weise hat Gott einst zu den Vätern gesprochen durch die Propheten; in dieser Endzeit aber hat er zu uns gesprochen durch den Sohn.
> (Hebr 1,1 f.)

Krippen aus aller Welt: Gott wird Mensch für uns

Seit dem Mittelalter gibt es zahllose Darstellungen von der Geburt Jesu. Sie schmücken die Erzählungen der Evangelien aus und greifen dazu auf Vorstellungen ihrer eigenen Zeit und Kultur zurück.

Überlegt gemeinsam, aus welchen Ländern oder von welchen Kontinenten die Krippendarstellungen stammen könnten. Worin bestehen ihre Besonderheiten? Welche Konsequenz ziehen sie aus dem Bekenntnis, dass Gottes Sohn Mensch geworden ist?

Die Tora der Juden

→ Über die hebräische Schrift und die Probleme der Vokalisierung kannst du dich auf S. 44 informieren.

Eure Bibel, unsere Bibel? Nicht ganz!
Die Christen haben die heiligen Schriften des Judentums als den ersten Teil ihrer christlichen Bibel übernommen. Juden haben für diese Schriften aber einen anderen Namen (je nach Vokalisierung „Tanach" oder „Tenak"), und sie ordnen sie auch in einer anderen Reihenfolge an.

T	T	Tora = „Gesetz", „Weisung"	תּוֹרָה#
e	a		
N	N	Nebiim = Propheten	נְבִיאִים
a	a		
K	CH	Ketubim = Schriften	כְּתוּבִים

Am wichtigsten ist der erste Teil des Tanach: die **Tora**. Sie umfasst die ersten fünf Bücher der Bibel und ist für gläubige Juden die Weisung Gottes für ein gutes, gelingendes Leben.

Debora erzählt
„Heute feiere ich meine Bat Mizwa. Zum ersten Mal darf ich in der Synagoge vor der versammelten Gemeinde aus der Torarolle vorlesen.

Die Tora ist für uns etwas ganz Besonderes. Über ein Jahr schreibt ein extra dafür ausgebildeter Schreiber an einer Torarolle. Kein Fehler darf ihm dabei unterlaufen.

Wir bewahren die Rolle sorgsam im Toraschrein unserer Synagoge auf. Sie ist in einen kostbaren Mantel gehüllt und mit einem Schild geschmückt. Weil wir sie nicht mit den Händen berühren, gebrauchen wir einen Stab mit einer Hand als Lesehilfe. Und wenn eine Torarolle alt oder beschädigt ist, begraben wir sie feierlich auf dem Friedhof.

Wir feiern sogar jedes Jahr ein eigenes Fest der Freude über das Geschenk der Tora (Simchat-Tora). Aber auch im Alltag richten wir unser Leben nach ihr aus."

→ Bat/Bar Mizwa, s. S. 56

→ Simchat Tora, s. S. 54

> Diese meine Worte sollt ihr auf euer Herz und auf eure Seele schreiben.
> (Dtn 11,18)

Aufgaben

1 Vergleicht den Aufbau des jüdischen Tanach/Tenak mit demjenigen des christlichen Alten Testaments (S. 68). Was ist die Hauptgemeinsamkeit, was sind die wichtigsten Unterschiede?

2 Gibt es in katholischen Kirchen einen Ort, der mit dem Toraschrein vergleichbar wäre? (Ein Tipp: Auch beim Toraschrein brennt ein „Ewiges Licht".) Was ist beiden Orten gemeinsam – was nicht?

Der Koran der Muslime

Der Koran ist einige Jahrhunderte jünger als die Bibel und in einem wesentlich kürzeren Zeitraum entstanden. Muslime glauben, dass es den Koran bei Gott schon immer gab und Gott ihn dem Propheten Mohammed (ca. 570–632 n. Chr.) durch den Erzengel Gabriel Wort für Wort übermittelt hat. Er besteht aus 114 Kapiteln, die man „Suren" nennt. Seine Sprache ist Arabisch. Und da man nach muslimischer Überzeugung das direkte Gotteswort nicht verändern darf, ist er eigentlich unübersetzbar. Das Wort „Koran" bedeutet „Lesung", „Vortrag". Das macht schon deutlich: Wichtiger als das stille Lesen ist das kunstvolle Rezitieren und das Hören der Korantexte. Viele Muslime sagen, der Koran sei unvergleichbar schöner als alle anderen Dichtungen der Welt. Viele Gestalten und Erzählungen der Bibel findet ihr im Koran wieder, wenn auch oft in veränderter Form.

Yussuf erzählt

„Neben der normalen Schule gehe ich auch in die Koranschule. Wir lernen dort viele Texte aus dem Koran auswendig. Dafür muss man erst einmal die arabische Schrift lesen können! Denn es ist wichtig, den Wortlaut ganz genau wiederzugeben.
Der Koran ist für uns nicht irgendein Buch. Dass er direkt von Gott herabgekommen ist, feiern wir immer während unseres Fastenmonats Ramadan. Niemals würden wir ihn einfach auf den Boden oder unter ein anderes Buch legen. Er leitet uns an, wie man ein rechtes Leben vor Gott führt."

→ Über Abraham – eine andere biblische Gestalt, die für Juden, Christen und Muslime wichtig ist – erfährst du mehr auf den Seiten 12–19.

> Dies ist die Schrift, an der nicht zu zweifeln ist, (geoffenbart) als Rechtleitung für die Gottesfürchtigen, die an das Übersinnliche glauben, das Gebet verrichten und von dem, was wir ihnen (an Gut) beschert haben, Spenden geben, und die an das glauben, was (als Offenbarung) zu dir, und was (zu den Gottesmännern) vor dir herabgesandt worden ist, und die vom Jenseits überzeugt sind. Sie sind vom Herrn geleitet, und ihnen wird es wohlergehen.
> (Sure 2,1.5)

1. Fragt muslimische Mitschüler nach folgenden Personen: Josef (AT), Mose, Jesus, Maria. Stoßt ihr in eurem Gespräch auf weitere Gemeinsamkeiten von Bibel und Koran?
2. Im Christentum gibt es ein Fest, das man mit der im Ramadan gefeierten „Herabkunft des Gotteswortes" vergleichen kann. Welches Fest könnte das sein? Was ist ähnlich, was ist anders? Lest dazu Joh 1,14.
3. Beobachte den Umgang mit der Bibel bzw. dem Evangeliar während eines katholischen Gottesdienstes. Berichte im Unterricht davon.
4. Diskutiert in der Klasse folgende Frage: Sollte es auch besondere Regeln im Umgang mit der Bibel geben? Welche Regeln würdet ihr vorschlagen? Aus welchem Grund?

Kapitel 4 Impulse zum Weiterdenken

Bibelmotive in der Werbung

Werbung: Teil unseres modernen Lebens
Als Menschen des 21. Jahrhunderts sind wir von Werbung umgeben: beim Einkaufen oder Fernsehen, im Kino oder im Internet, im Radio oder in der Zeitung. Kannst du dir einen Alltag ohne Werbung vorstellen?
Werbung dient immer einem Ziel: Ein Bedürfnis soll geweckt und das entsprechende Produkt schließlich gekauft werden. Die Kunst der Werbemacher ist es, mit genau den richtigen Worten und Bildern in Sekundenschnelle die Aufmerksamkeit möglicher Käufer zu erreichen. Da muss alles stimmen!

Lässt sich mit der Bibel werben?
Werbung mit biblischen Anspielungen? Mit einem Buch der Antike, von dem uns Tausende Jahre trennen? Kann das funktionieren?
Versuche die folgenden Beispiele einmal mit den Augen ganz verschiedener Personen zu betrachten: mit den Augen einer gleichaltrigen Mitschülerin, eines Vaters, einer Religionslehrerin, eines Werbepsychologen …
Vielleicht findest du in Zeitschriften oder in Werbespots weitere Werbekampagnen mit Anspielungen auf die Bibel.

Methode **Kapitel 4**

Sich in der Bibel zurechtfinden

Bibelstellen finden und bezeichnen
Du hast es sicher schon gemerkt: Die einzelnen Geschichten und Aussagen der Bibel findet man in diesem dicken Buch nur wieder, wenn man Stellen nachschlagen kann. Drei Elemente gibt es bei jeder Stellenangabe:

Buch	Kapitel	Vers
Mk	1,	15

Die Abkürzungen der Bücher (wie hier z. B. Mk für das Markusevangelium) findest du im Abkürzungsverzeichnis. Wenn es im AT mehrere Teile eines Buches gibt oder im NT mehrere Briefe an die gleichen Adressaten, steht vor der Abkürzung noch eine Zahl (z. B. 1 Kön oder 2 Kor).

Das Inhaltsverzeichnis der Bibel gibt dir Auskunft darüber, auf welcher Seite ein Buch in deiner Bibelausgabe beginnt.

„Mk 1,15 f." meint auch den folgenden Vers.
„Mk 1,14–20" meint alle Verse von Vers 14 bis Vers 20.
„Mk 1,15.19" meint neben Vers 15 auch Vers 19.

Biblische Texte besser verstehen – die Bibel ins Gespräch bringen
Wenn man biblische Texte besser verstehen und mit anderen darüber ins Gespräch kommen möchte, sind zusätzliche Informationen oft sehr wichtig. In der Regel kann dir deine (Schul-)Bibelausgabe schon viele weitere Tipps geben, wenn du sie zu nutzen verstehst (vgl. dazu die Ideen in der Aufgabe „Eine Bibelausgabe erforschen"). Für weitere Sachinformationen kann man auch ein Bibellexikon benutzen.

Auf der Suche nach weiteren Hintergründen und Informationsquellen können dir die Seite des Katholischen Bibelwerks (**www.bibelwerk.de**) und die Homepage der Deutschen Bibelgesellschaft (**www.bibelwissenschaft.de**) behilflich sein.

Bibelstellen bezeichnen
1. Wie lautet die korrekte Stellenangabe für die „Goldene Regel" in der Bergpredigt? Sie findet sich in Vers 12 des siebten Kapitels des Matthäusevangeliums. Kennst du ein Sprichwort, das ganz Ähnliches aussagt?

2. David besiegt den Goliat im 17. Kapitel des ersten Samuelbuches. Wie muss die vollständige Stellenangabe aussehen? Die Verse musst du noch nachschlagen.

**Bibelstellen finden –
Bibelspuren im Alltag entdecken**
Eine ganze Reihe deutscher Sprichwörter und Redewendungen haben ihren Ursprung in der Bibel. Schlage die folgenden Stellen nach:
Spr 26,27
Apg 4,32
Ps 26,6 und Mt 27,24
Ps 62,9
Was bedeuten sie in ihrem biblischen Kontext – und was heute?

Eine Bibelausgabe erforschen
Untersuche die Einheitsübersetzung oder eine andere Bibelausgabe:
- Welche Vorinformationen werden zu Beginn einer biblischen Schrift gegeben?
- Gibt es auf jeder Seite Anmerkungen unter dem Text – und welcher Art sind diese Erklärungen?
- Verweist die Ausgabe auf Parallelstellen zu einem konkreten Text? Finde Beispiele.
- Warum sind manche Verse des Neuen Testaments kursiv gedruckt?
- Welche Zusatzinformationen finden die Leser im Anhang?

Kapitel 4 Rückblick und Ausblick

Die Bibel: Wurzeln entdecken – verwurzelt sein

Vielleicht hast du dich gefragt, was das Buch mit der langen Wurzel auf der Einstiegsseite zu diesem Kapitel bedeuten soll.

Eine Wurzel zu haben heißt:
- eine Geschichte zu haben: zu wissen, wo man herkommt;
- eine Heimat zu haben: nicht wurzellos umhergetrieben zu werden;
- an Wasser und Nahrung gelangen zu können: das zu haben, was man zum Leben braucht.

Die Bibel ist ein Buch mit solchen Wurzeln:
- In den vielen Schriften ihrer zwei großen Teile, dem **Alten und Neuen Testament**, haben Menschen ihre **Erfahrungen mit Gott** zum Ausdruck gebracht. Und diese Erfahrungen können so verschieden und vielfältig sein, wie es die Verästelungen der Wurzel auf unserem Bild sind.
- Menschen haben auf ihrem langen Weg durch die Zeit immer wieder erfahren: Gott ist ein Gott, der mit uns unterwegs ist, der uns begleitet, uns beschützt und zu uns spricht. In der Bibel begegnet uns Gottes Wort. Wie ein Licht in der Nacht bringt es vielen immer wieder Hoffnung und Trost.

So ist die Bibel selbst wiederum für viele Menschen seit ihrer Fertigstellung zu einer „Wurzel" geworden:
- Sie ist immer wieder in die **Medien** der jeweiligen Zeit übertragen worden.
- Bis heute **prägt sie das Leben** in den christlichen Gemeinden.
- **Biblische Spuren** begegnen uns ständig in unserem tagtäglichen Leben – man muss sie nur zu lesen verstehen.
- Und wer – wie die beiden Strichmännchen in der Zeichnung – in das „Wurzelbuch" Bibel hineinschaut, der kann in den spannenden Erzählungen und schillernden Figuren wie in einem Spiegel sich selbst entdecken.

Du hast in diesem Kapitel vieles über die **Entstehung und Beschaffenheit der Bibel** erfahren. Und du hast gelernt, wie man sich in der Bibel zurechtfinden kann. Immer wieder wirst du im Religionsunterricht daran anknüpfen können. Aber auch darüber hinaus wünschen wir dir, dass du die Bibel in deinem weiteren Leben als das Wort Gottes erfährst, das Hilfen geben kann und das die Zukunft weit macht.

Marc Chagall, Die weiße Kreuzigung, 1938

5 Gut zu wissen, wo man herkommt: der Jude Jesus

Wer ist Jesus … für Juden und Christen?

Ecce homo
Weniger als die Hoffnung auf ihn
das ist der Mensch
einarmig
immer
Nur der gekreuzigte
beide Arme
weit offen
der Hier-Bin-Ich
(Hilde Domin)

Info
Ecce homo ist lateinisch und heißt übersetzt: Seht den Menschen! Der Satz stammt aus dem Johannesevangelium (Joh 19,5). Pontius Pilatus sagt ihn dort, als er den gefolterten Jesus der Menschenmenge vor dem Gerichtsgebäude zeigt.

Hilde Domin
Hilde Domin (1909–2006) war eine deutsche Dichterin. Weil sie Jüdin war, musste sie vor den Nationalsozialisten fliehen. 1954 kehrte sie nach Deutschland zurück und lebte zuletzt in Heidelberg. In vielen Gedichten thematisiert sie die Suche nach dem letzten Sinn des Lebens.

Marc Chagall
Marc Chagall war einer der bekanntesten Maler des 20. Jahrhunderts. Er wurde 1887 in Witebsk (Weißrussland) als Kind einfacher jüdischer Eltern geboren. Obwohl er seine Heimat schon früh verließ, um sich zum Maler auszubilden, bewahrte er in seinen Bildern stets die Erinnerung an sein Dorf und dessen Bewohner. Er starb 1985 in Frankreich.

Aufgaben

1 Das Bild „Die weiße Kreuzigung" von Marc Chagall besteht aus vielen kleineren Bildern.
a) Welche Bilder im Bild siehst du?
b) Wer sind die Menschen, die von den gezeigten Ereignissen betroffen sind?
c) Welche Gegenstände aus der jüdischen Religion auf dem Bild kennst du bereits? Weißt du (noch), welche Bedeutung sie haben?

2 Die Überschrift von Hilde Domins Gedicht spielt auf Joh 19,5 an. Sprecht über das Gedicht. Folgende Fragen können euch helfen:
a) Auf welche Menschen könnte das Gedicht von Hilde Domin hinweisen?
b) Wer könnte der „Hier-Bin-Ich" sein?

3 Warum beschäftigen sich eine jüdische Dichterin und ein jüdischer Maler mit Jesus? Überlegt euch Interviewfragen zum Gedicht und zum Bild und versucht, aus der Perspektive von Hilde Domin bzw. Marc Chagall zu antworten. Ihr könnt dazu noch genauere Informationen zu den beiden Künstlern recherchieren.

Jesus als Christ(us) sehen

Im Mittelpunkt der christlichen Religion steht Jesus von Nazaret. Jesus war Jude. Als Lehrer der jüdischen Schrift wurde er mit „Rabbi" angesprochen. Er betete mit den Worten der hebräischen Bibel: שמע ישראל – „Höre Israel! Der Herr, unser Gott, der Herr ist einzig. Darum sollst du den Herrn, deinen Gott, lieben mit ganzem Herzen, mit ganzer Seele und mit ganzer Kraft." (Dtn 6,4 f.)

Warum sind Christen dann keine Juden, sondern Christen, wenn Jesus doch selbst Jude war? Und warum sind die Juden heute Juden, und keine Christen? Eine Antwort hängt mit dem hebräischen Wort „Messias" zusammen, das im Griechischen mit „Christos", im Lateinischen mit „Christus" übersetzt wird. So kennen wir es auch im Deutschen. Davon wurde die Bezeichnung „Christen" abgeleitet.

Das Wort Messias bedeutet zunächst einmal, in der wörtlichen Übersetzung, „der Gesalbte". Durch die Salbung mit kostbarem Öl wird ausgedrückt, dass ein Mensch von Gott auserwählt ist, um einen besonderen Auftrag zu erfüllen. Der berühmte König David ist z. B. gesalbt worden. Zur Zeit Jesu sehnten sich die Juden nach dem Gesalbten Gottes, der sie von aller Not und aller Ungerechtigkeit erlösen würde.

Für einen Teil der damaligen Juden war Jesus jemand, der die Tora auf einmalige Weise auf seine Person bezogen hat. Er hat gezeigt, wie Gott durch ihn um den Menschen besorgt ist. Um dies auszudrücken, verwendeten sie für Jesus schon vorhandene Vorstellungen und Begriffe. Dazu gehörte der Titel „Messias" bzw. „Christus". Für sie wurde Jesus der alles versöhnende Gesalbte Gottes.

Die meisten Juden damals sahen jedoch in Jesus nicht den Messias. Deshalb sind sie nicht zum Glauben an Jesus übergetreten. Sie und ihre Nachfahren blieben Juden, der Tora des Moses treu. Für sie ist die Frage nach dem Kommen eines Messias offen geblieben. So offen wie für die Christen die Wiederkunft Jesu, auf die sie ausdrücklich hoffen. – Die Hoffnung verbindet und trennt also Christen und Juden. Das Gespräch über diese Hoffnung kann beide Religionen näher zueinander führen. Und es kann helfen, Jesus, den Juden aus Nazaret, den Christus, besser zu verstehen.

→ Zu der Frage, ob Christen zuerst Juden sein müssen, bevor sie Christen werden können, könnt ihr auf den Seiten 130/131 nachlesen.

Sebastian, Steffen und Andreas haben im katholischen Religionsunterricht einen Artikel über das jüdische Leben in Konstanz geschrieben. Hier besprechen sie ihre Arbeit mit Vertretern der Israelitischen Kultusgemeinde.

---

1 Führt eine Umfrage durch. Findet heraus, ob allgemein bekannt ist, dass Jesus ein Jude war. Wenn ihr jüdische Mitschüler oder Mitschülerinnen habt, fragt sie, was sie über Jesus wissen.

2 Wie stellen Marc Chagall bzw. Hilde Domin Jesus dar? Wie würdest du ihn beschreiben?

Jesus – ein Kind jüdischer Eltern

Jesus als Schüler

Max Liebermann, Der zwölfjährige Jesus im Tempel (Detail), 1879

Jesus wuchs mit den drei jüdischen Gebetszeiten auf, dem Morgen- und Abendgebet und mit dem Nachmittagsgottesdienst. Dreimal täglich sprachen die Juden das sogenannte Achtzehnbittgebet, ein Gebet, das aus 18 Bitten besteht. Von Kindheit an lernten sie das Glaubensbekenntnis, das Sch'ma Israel, und ganze Teile der Tora auswendig und die jüdischen Festtage kennen. Woche für Woche feierten sie im Kreis der Familie und in der Gemeinde den Sabbat. Das ist der wöchentliche Ruhetag zur Erinnerung an Gottes Ruhe nach der Schöpfung.

Die Kinder gingen auch zum Unterricht in die Synagoge. Die heiligen Schriften der jüdischen Tradition dienten ihnen als Schulbuch. Mit diesen Büchern lernten sie Lesen und Schreiben sowie Gebete und andere Texte auswendig. Beten und Lernen waren also fast dasselbe. Und auch Jesus hat Psalmen gelernt und gebetet.

Bei den Auslegungen der Schrift im Sabbatgottesdienst wurden die jüdischen Kinder zum Fragen und Nachdenken erzogen. Denn nicht selten gab es verschiedene Meinungen, wie Gottes Wort zu verstehen sei. „Der und der hat gesagt …, ich aber sage euch …", das hatte Jesus vermutlich schon früh gehört. Er selbst verwendet es später selbst oft, wenn er mit den Schriftgelehrten diskutiert.

Die hebräische Bibel wurde in Galiläa, der Heimat Jesu, für die einfachen Leute in die aramäische Umgangssprache übersetzt. So sagte Jesus zum Beispiel das aramäische Wort „abba", wenn er mit Gott sprach. Das heißt übersetzt „Vati, Papa" und zeigt, dass Jesus ein besonders inniges Verhältnis zu Gott hatte.

> **Psalm 8**
> ²Herr, unser Herrscher, wie gewaltig ist dein Name auf der ganzen Erde; über den Himmel breitest du deine Hoheit aus.
> ³Aus dem Mund der Kinder und Säuglinge schaffst du dir Lob, deinen Gegnern zum Trotz; deine Feinde und Widersacher müssen verstummen.
> ⁴Seh' ich den Himmel, das Werk deiner Finger, Mond und Sterne, die du befestigt:
> ⁵Was ist der Mensch, dass du an ihn denkst, des Menschen Kind, dass du dich seiner annimmst?
> Ps 8,2–5

Aufgaben

1 Erkläre die jüdischen Begriffe auf dieser Seite.

2 Psalm 8 stellt eine große Frage. Welche Antwort findest du? Welche Antwort würde Jesus gegeben haben?

3 a) Sammle Fragen, die für dich wichtig sind und die du Jesus oder Gott stellen möchtest.
b) Tragt eure Fragen in einer Ausstellung zusammen. Wie könnt ihr Antworten finden?

4 Jesus spricht Gott mit „Vater" an. Hätte er zu Gott auch „Mutter" sagen können? Tragt Argumente zusammen und diskutiert sie in der Klasse.

Jesus wird erwachsen

Jusepe de Ribera, Der zwölfjährige Jesus und die Schriftgelehrten, um 1625

☞ Hast du schon einmal vor älteren Mitschülern stehen und dich vielleicht vorstellen oder etwas vortragen müssen? Erinnerst du dich an das Gefühl, das du dabei hattest? Wo würdest du gern mitreden, wo Verantwortung übernehmen? In der Familie, in der Kirchengemeinde, an eurer Schule, in der Klasse …?

> [41]Die Eltern Jesu gingen jedes Jahr zum Paschafest nach Jerusalem. [42]Als er zwölf Jahre alt geworden war, zogen sie wieder hinauf, wie es dem Festbrauch entsprach. [43]Nachdem die Festtage zu Ende waren, machten sie sich auf den Heimweg. Der junge Jesus aber blieb in Jerusalem, ohne dass seine Eltern es merkten. [44]Sie meinten, er sei irgendwo in der Pilgergruppe, und reisten eine Tagesstrecke weit; dann suchten sie ihn bei den Verwandten und Bekannten. [45]Als sie ihn nicht fanden, kehrten sie nach Jerusalem zurück und suchten ihn dort. [46]Nach drei Tagen fanden sie ihn im Tempel; er saß mitten unter den Lehrern, hörte ihnen zu und stellte Fragen. (Lk 2,41–46)

1 Spielt die Geschichte in einem Rollenspiel. Informiert euch vorher über das Paschafest und baut es in euer Spiel ein. Wie könnt ihr Jerusalem darstellen? Wer will Vater, Mutter, wer Lehrer spielen? Soll Jesus auch gespielt werden?

2 Vergleicht die beiden Darstellungen vom zwölfjährigen Jesus miteinander. Welche Haltung nimmt Jesus jeweils ein? Welche Darstellung sagt euch mehr zu?

3 Die Geschichte ist noch nicht zu Ende. Überlegt verschiedene Möglichkeiten, wie sich die Eltern, die Lehrer und Jesus bei ihrem Zusammentreffen im Tempel verhalten könnten. Welche Lösung wollt ihr den anderen zeigen?

4 Lest nach, wie die Geschichte tatsächlich ausgegangen ist (Lk 2,47–52). Schreibt auf, was die Geschichte über Jesus aussagt. Was denkt ihr über sein Verhalten?

Das Land, in dem Jesus lebte

Die Grenzen des Römischen Reiches zur Zeit Jesu mit den einzelnen Provinzen.

Die römische Herrschaft zur Zeit Jesu
Als Jesus lebte, hatten die Römer nahezu die gesamte damals bekannte Welt erobert. Das riesige Reich war in einzelne Provinzen eingeteilt, in denen sogenannte Statthalter im Auftrag des Kaisers herrschten. In den eroberten Gebieten sorgte das Militär für Ruhe und Ordnung.

Ein gut ausgebautes Straßensystem ermöglichte regen Handelsverkehr und ein schnelles Vorankommen der Truppen. In allen Teilen des Reiches zeugten prächtige Bauten von Kultur und Wohlstand.

Die Bevölkerung klagte jedoch oft über die Last der erhobenen Steuern, denn manche Statthalter beuteten ihre Provinzen rigoros aus. Immer wieder kam es zu Aufständen, die meist im Keim erstickt wurden. Bei ihrer Niederschlagung schreckten die Römer auch vor Massenkreuzigungen nicht zurück.

Palästina, das Land, in dem Jesus lebte, war zur Zeit Jesu seit mehr als 50 Jahren römische Provinz mit Namen Judäa. Die meisten Juden meinten, dies sei lange genug. Die Sehnsucht nach einem freien, von Rom unabhängigen Israel wurde von Jahr zu Jahr stärker.

Aufgaben

1 Welche Länder liegen heute auf dem Gebiet des damaligen Römischen Reiches? Nimm zur Beantwortung der Frage deinen Schulatlas zur Hilfe.

2 Lies Mk 12,13–17. Viele Wissenschaftler gehen davon aus, dass das Evangelium in Vers 17 ein echtes Jesus-Wort überliefert. Welche Haltung zu den Römern nahm Jesus wohl ein?

3 Eine Reise auf den Spuren Jesu!
a) Stellt mithilfe der Karte auf S. 87 eine Reiseroute zusammen, die euch auf die Spur Jesu bringt.
b) Entwerft einen Reiseprospekt. Sucht zu ausgewählten Orten Bilder, die das Land, in dem Jesus lebte, zeigen. Ordnet diesen Orten auch passende Stellen aus der Bibel zu. Die Zwischenüberschriften in den Evangelien können euch helfen, geeignete Texte zu finden.

Kapitel 5

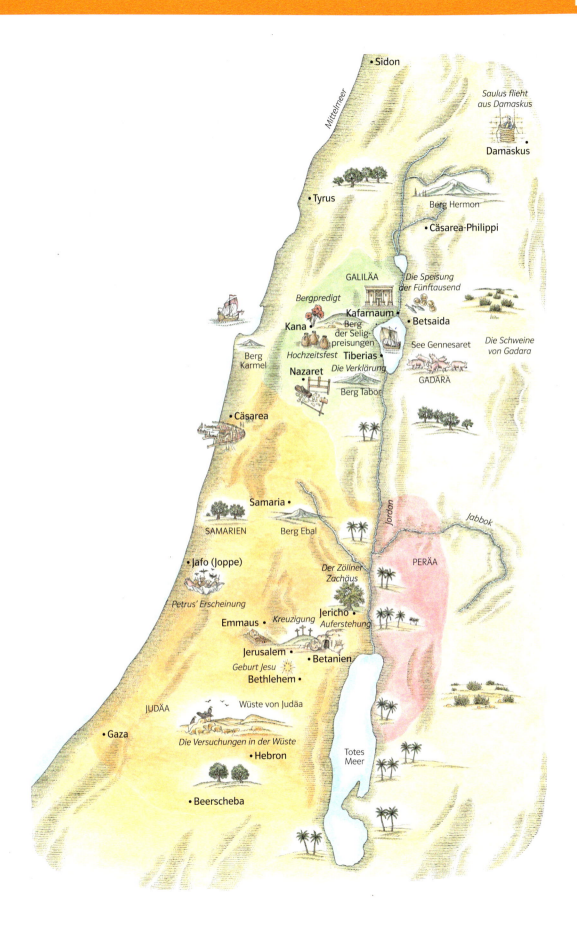

Menschen in Palästina zur Zeit Jesu

Viele Juden hatten mit der Besetzung ihres Landes durch die Römer große Probleme. Die verschiedenen Gruppen, die damals in Israel lebten, hatten jeweils eigene Erwartungen und Vorstellungen von einem guten Leben und einer besseren Welt. Auch ihre Erwartungen vom Messias unterschieden sich sehr.

Ein Fischer
„Wir fischen vom Ufer aus oder sind mit unseren Booten auf dem See Gennesaret unterwegs. Meistens arbeiten wir nachts und können gut davon leben. Allerdings gibt es auch plötzliche Fallwinde, die für kleinere Boote sehr gefährlich werden können."

Ein Bauer
„Die meisten von uns sind Kleinbauern. Unsere Ernte muss für die ganze Familie reichen. In einem guten Jahr können wir den Überschuss auf dem Markt verkaufen und uns dafür zum Beispiel Kleider oder neues Werkzeug besorgen. Wir sind äußerst abhängig vom Wetter. Wie schnell kommt es zu einer Missernte! Dann ist der Hunger unser ständiger Begleiter!"

Ein Hirte
„Wir arbeiten für andere und sind nicht besonders angesehen. Mit den Schafen und Ziegen der Bauern ziehen wir durch das Land und sorgen dafür, dass die Tiere nicht verloren gehen oder sich verletzen. Abends kehren wir nicht in die Dörfer zurück, sondern errichten einen Zaun, um vor wilden Tieren und Dieben geschützt zu sein. Unser Beruf ist so ziemlich gefährlich."

Ein Zöllner
„Auch wenn wir von unseren Landsleuten verachtet werden: Solange wir mit den Römern zusammenarbeiten, werden wir gute Geschäfte machen."

Ein Kranker
„Sie sagen, meine Sünden oder die Sünden meiner Väter seien die Ursache für meine Krankheit. Was hat meine Familie nur getan, dass Gott mich so straft?"

Aufgaben

1 Fischer, Bauer, Hirte …? Wähle den Beruf, der dir am besten gefällt.
  a) Schließe dich mit Berufsgenossen zusammen. Tauscht euch über mögliche Erlebnisse einer Woche aus. Was könnte Grund zur Freude oder Klage gewesen sein?
  b) Stellt euch vor: Die Römer wollen die Höhe der Steuern überprüfen. Sammelt Gründe, warum die Steuerlast für eure Berufsgruppe gesenkt werden soll.
  c) Wie könntet ihr eure Vorstellungen vor den römischen Beamten begründen? Formuliert kurze, aber deutliche Argumente.
  d) Diskutiert: Sollen eure Forderungen auch mit Gewalt durchgesetzt werden?
2 Versetze dich in den Kranken. Welche Sorgen hat er?
3 Forsche nach, welche Aufgaben und welche Stellung die Frauen zur damaligen Zeit hatten.

Kapitel 5

Pilatus, der Statthalter
„Der Kaiser will, dass ich für Ruhe und Ordnung sorge – egal wie. Doch hier in Jerusalem muss man immer mit einem Aufstand rechnen."

Ein Pharisäer
„Wir Laien müssen die Gebote ganz genau erfüllen. Dann sendet Gott den Messias, der das Land befreien wird. Wir fasten und spenden für die Armen. Die einfachen Leute können das nicht, weil sie die Tora nicht lesen."

Ein Zelot
„Die Römer müssen hier raus, notfalls mit Gewalt. Nur so bekommen wir wieder ein freies und unabhängiges Israel."

Einfaches Volk
„Hoffentlich gibt es keinen Aufstand und keinen Krieg. Besonders wir einfachen Leute müssten darunter wieder besonders leiden."

Ein Sadduzäer
„Wir als Priester und Hüter des Tempels und der Tempelopfer wollen ein neues Reich Israel haben. Sicherlich, dabei müssen wir manchmal in den sauren Apfel beißen und mit den Römern zusammenarbeiten. Aber wenn wir uns an die Satzungen von Moses und die Weisungen der Propheten halten, dann wird uns letztlich Gott zum Erfolg verhelfen."

Ein Schriftgelehrter
„Wir helfen unseren Leuten, die Schrift zu verstehen und ins tägliche Leben zu übersetzen. Wenn alle in Israel nach der Schrift leben, dann wird es mit unserem Volk wieder bergauf gehen."

1 Welche Ziele haben die einzelnen Gruppierungen in Israel, mit welchen Mitteln wollen sie diese Ziele erreichen? Stellt eure Ergebnisse in einer Tabelle zusammen.

2 Begegnungen mit Jesus: Teilt euch in Kleingruppen auf und bearbeitet einen der folgenden Evangelientexte: Mt 9,9–13; Mt 12,46–50; Mt 22,23–33; Mk 1,14–20; Mk 3,1–6; Mk 10,13–16; Mk 11,1–11; Mk 11,15–19; Mk 12,28–34; Lk 6,12–16; Lk 7,36–50; Lk 8,1–3; Lk 19,1–10.

a) Klärt jeweils folgende Fragen: Welche Personen kommen in den genannten Bibelabschnitten vor? Wo und wann geschieht etwas? Was ereignet sich? Manchmal hilft euch ein Blick auf den Text vor eurem Abschnitt weiter.
b) Welche Erwartungen werden von den verschiedenen jüdischen Gruppierungen wohl an Jesus herangetragen?
c) Wie wird Jesus reagieren? Wessen Wünsche wird er erfüllen?

Jesu Nähe spüren: damals und heute

„Knapp zwei Jahrtausende liegen zwischen uns und den jüdischen Zeitgenossen Jesu und den ersten Christen. Zwei Jahrtausende, in denen uns das Leben dieser Menschen fremd geworden ist. Wir sehen *ihre* Welt mit *unseren* Augen, verschwommen und verzerrt.
Das eigentliche Problem dabei steckt aber viel tiefer: Internet und (…) Fernsehen vermitteln uns den Eindruck, mehr wahrzunehmen, als wir mit unseren eigenen Augen sehen. Das ist (…) eine großartige Sache; es verleitet uns aber zu einer Überschätzung des Ausschnitts der Wirklichkeit, die wir *tatsächlich* überblicken können. Es ist nahezu selbstverständlich geworden, *Bescheid zu wissen* über all die berichtenswerten Vorgänge und Ereignisse, die sich Tag für Tag und kreuz und quer über den Erdball abspielen. Dies hat dazu geführt, dass wir unsere Welt anders wahrnehmen als noch unsere Vorfahren vor wenigen Jahrhunderten, völlig anders als die Menschen in den kleinen Orten Galiläas, in denen nach dem Bericht der Evangelien Jesus aus Nazaret lebte und lehrte. Für diese gab es nur wenige Möglichkeiten, mehr von der Welt zu erfahren als das, was sie mit ihren eigenen Augen sahen und mit ihren eigenen Ohren hörten. Man kann sich kaum vorstellen, auf all das zu verzichten und überwiegend darauf angewiesen zu sein, was wir *selbst* erleben. Aber genau hier müssen wir beginnen, wenn wir verstehen wollen, wie man sich im Judentum zur Zeit Jesu und der ersten Christen die Welt vorstellte, wie man seine alltägliche Umgebung wahrnahm und wie man seinem Glauben Ausdruck verlieh."
(Michael Tilly: So lebten Jesu Zeitgenossen, 1997)

Fragen

Was
meine Augen sehen,
meine Ohren hören,
meine Haut spürt,
meine Nase riecht,
meine Zunge schmeckt,
ist mein Leben.
Wen sehe ich?
Wer spricht mit mir?
Was spüre ich?
Wie duftet ein Tag?
Wie schmeckt die Schule?
Wie riecht ein Lob?
Wie fühlt sich Freundschaft an?
Wie klingt der Frühling?
Wie schmeckt ein Streit?
Welche Farbe hat die Liebe?
Was
ist mein Leben?

Aufgaben

1 Medien wie z. B. das Internet oder das Fernsehen erweitern unseren Blick – aber sie vermitteln uns nur einen Ausschnitt der Wirklichkeit. Diskutiert, wie sich durch Medien unser Bild der Welt verändert.

2 Ein Video von Jesus? Würde sich unser Bild von Jesus ändern, wenn es ein Video mit Originalaufnahmen von ihm geben würde? Diskutiert darüber, was sich ändern und was gleich bleiben würde.

3 Unsere Sinne sind wie Türen in die Welt. Das wird auch an Redewendungen wie „den Durchblick haben", „aus der Haut fahren" oder „jemanden nicht riechen können" deutlich.
a) Finde weitere Redewendungen zu den Sinnen.
b) Was meinen diese Redewendungen eigentlich? Was drücken sie aus (vgl. dazu S. 166/167)?

Ängste, die uns zu schaffen machen

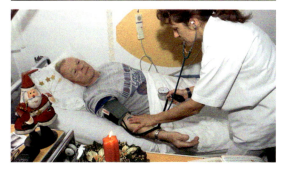

In Jesus Gott selbst erleben

Viele Menschen haben erfahren: Jesus begegnen heißt, dem Gott begegnen, von dem die hebräische Bibel erzählt.
In Worten und Taten Jesu sind Gottes Liebe und Gerechtigkeit wunderbar zu sehen, zu hören und zu spüren. So haben es die Menschen um Jesus erlebt. Und so haben es die Autoren des Neuen Testaments zu beschreiben versucht. Ihnen wurde klar: Jesus vertraute Gott auf einmalige Weise und nahm seinen jüdischen Glauben beim Wort:

> „Jahwe, unser Gott, Jahwe ist einzig. Darum sollst du den Herrn, deinen Gott, lieben mit ganzem Herzen, mit ganzer Seele und mit ganzer Kraft." (Dtn 6,4f.)

Und:

> „Liebe deinen Nächsten wie dich selbst."
> Das heißt: „Du sollst einen Tauben nicht verfluchen und einem Blinden kein Hindernis in den Weg stellen, vielmehr sollst du deinen Gott fürchten." (Lev 19,14.18)

Wie Jesus diesem einzigartigen Gott vertraut, dass der es mit der Liebe ernst meint, das macht Jesus selbst einzigartig. Und diese Liebe Jesu und seines Vaters zeigt sich ein Leben lang, bis zum Ende am Kreuz.
Und am Ende zeigt sich diese Liebe sogar stärker als der Tod.

---

1 Eine Begegnungsgeschichte, in der das Besondere an Jesus deutlich wird, ist Mk 10,46–52. Du kannst sie für Menschen heute erklären.
a) Schreibe zunächst eine kurze Einleitung für die Geschichte: wo liegt Jericho, was bedeutet „Sohn Davids", welche Rolle spielten die Kranken in Israel? Wenn du nicht weiterkommst, schlage im Register nach.
b) Wodurch wird in der Geschichte Gottes Liebe deutlich?
c) Warum wirft Bartimäus wohl seinen Mantel weg (vgl. S. 174 f.)? Gibt es auch heute Menschen, die einen Mantel wegwerfen möchten – und es allein nicht können? Erkläre.
d) Überlege: Welche Schwierigkeiten haben wir, an Jesus heranzukommen? Welche Schwierigkeiten hat Jesus, an uns heranzukommen?
2 Übertrage die Geschichte Mk 10,46–52 in unsere Zeit. Du kannst eine Situation wählen, die auf einem der Fotos dargestellt ist.
3 „Dein Glaube hat dir geholfen." (Mk 10,52) Kennst du Menschen, denen in unserer Zeit der Glaube an Gottes Liebe hilft?

Kapitel 5

Jesus – Gott in unserer Mitte

Zwei Kinder aus Vietnam, missio-Plakat 1995

Die Bibel berichtet von vielen Taten, die Jesus vollbracht hat. Er hat in dunkle Lebenssituationen Licht gebracht, Leben wieder farbig werden lassen.

Die Heilung eines Taubstummen
[31]Jesus verließ das Gebiet von Tyrus wieder und kam über Sidon an den See von Galiläa, mitten in das Gebiet der Dekapolis. [32]Da brachte man einen Taubstummen zu Jesus und bat ihn, er möge ihn berühren. [33]Er nahm ihn beiseite, von der Menge weg, legte ihm die Finger in die Ohren und berührte dann die Zunge des Mannes mit Speichel; [34]danach blickte er zum Himmel auf, seufzte und sagte zu dem Taubstummen: Effata!, das heißt: Öffne dich! [35]Sogleich öffneten sich seine Ohren, seine Zunge wurde von ihrer Fessel befreit und er konnte richtig reden.
(Mk 7,31–35)

Die Berufung des Levi und das Mahl mit den Zöllnern
[13]Jesus ging wieder hinaus an den See. Da kamen Scharen von Menschen zu ihm und er lehrte sie. [14]Als er weiterging, sah er Levi, den Sohn des Alphäus, am Zoll sitzen und sagte zu ihm: Folge mir nach! Da stand Levi auf und folgte ihm. [15]Und als Jesus in seinem Haus beim Essen war, aßen viele Zöllner und Sünder mit ihm und seinen Jüngern; denn es folgten ihm schon viele. [16]Als die Schriftgelehrten, die zur Partei der Pharisäer gehörten, sahen, dass er mit Zöllnern und Sündern aß, sagten sie zu seinen Jüngern: Wie kann er zusammen mit Zöllnern und Sündern essen? [17]Jesus hörte es und sagte zu ihnen: Nicht die Gesunden brauchen den Arzt, sondern die Kranken. Ich bin gekommen, um die Sünder zu rufen, nicht die Gerechten.
(Mk 2,13–17)

Immer wieder hat er deshalb auch Menschen widersprochen, die keine Veränderungen wollten und sich mit den Gegebenheiten abfinden wollten.

Jesus diskutiert mit den Pharisäern über die Auslegung der heiligen Schriften

Aufgaben

1 Beschreibe die Zusammenhänge zwischen den beiden Teilen des Plakatbildes. Finde einen Slogan, der das Bild in einen Zusammenhang mit dem Leben und der Botschaft Jesu bringt.

2 Wähle eine der beiden Bibelstellen aus und male ein Doppelbild, das ähnlich wie das obere Bild mit dunklen und hellen Farben arbeitet.

Wenn das Brot, das wir teilen

T: Claus-Peter März/M: Kurt Grahl © unbekannt

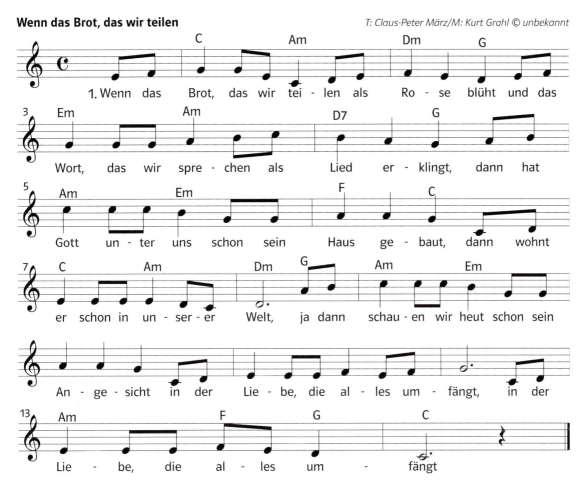

1. Wenn das Brot, das wir teilen als Rose blüht und das Wort, das wir sprechen als Lied erklingt, dann hat Gott unter uns schon sein Haus gebaut, dann wohnt er schon in unserer Welt, ja dann schauen wir heut schon sein Angesicht in der Liebe, die alles umfängt, in der Liebe, die alles umfängt.

2. Wenn das Leid jedes Armen uns Christen zeigt und die Not, die wir lindern, zur Freude wird, dann hat Gott …
3. Wenn die Hand, die wir halten, uns selber hält und das Kleid, das wir schenken, auch uns bedeckt, dann hat Gott …
4. Wenn der Trost, den wir geben, uns weiter trägt und der Schmerz, den wir teilen, zur Hoffnung wird, dann hat Gott …
5. Wenn das Leid, das wir tragen, den Weg uns weist und der Tod, den wir sterben, vom Leben singt, dann hat Gott …

1 „Brot blüht als Rose"? Forsche nach, woher das Bild von der Rose kommt und wie es zu verstehen ist.

2 Wo hat Gott sein Haus gebaut? Zeichne eine Stadt oder ein Dorf mit Gottes Häusern, wie sie im Lied vorkommen. Du kannst deine Zeichnung durch Bilder oder kurze Texte aus Zeitungen oder Zeitschriften ergänzen, wenn in ihnen deutlich wird, wie Menschen durch andere Gottes Liebe erfahren.

3 Wann tragen „Gotteshäuser", also Kirchen, diesen Namen zu Recht? Sprich darüber mit deinem Banknachbarn/deiner Banknachbarin. Ihr könnt den Text auf S. 160 zur Hilfe nehmen.

4 Christen wollen nach dem Vorbild Jesu an der Welt als „Reich Gottes" mitbauen. Vollenden wird aber erst Gott selbst dieses Projekt. Diskutiert in der Klasse: Wie weit sind die Christen deiner Meinung nach gekommen?

Dem Tod begegnen

Hilflosigkeit

Solange es einem gut geht, denkt kaum jemand an Leid oder das Schlimmste, den Tod. Umso hilfloser fühlen wir uns deshalb, wenn solche Ereignisse ganz unvermittelt eintreten. Die folgenden Beispiele zeigen Reaktionen von Kindern und Jugendlichen nach dem Tod eines nahen Verwandten.

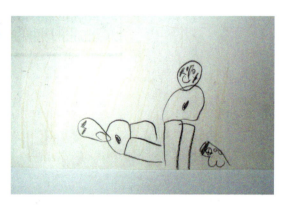

Teresa (5), Autounfall

Daniela (11) benutzt die Bettdecke oder ein Stofftier zum Kuscheln, wenn sie sich besonders traurig fühlt. Zwar ist ihr Opa jetzt schon zwei Jahre tot, aber immer noch steckt sie den Kopf unter die Decke und drückt ihren Hasen fest an sich, wenn sie an die vielen Spielnachmittage denkt.

Marie (9) hütet ihre Puppe, ein Geschenk ihrer verstorbenen Oma zum vierten Geburtstag. Sie hat oben auf der Kommode einen Ehrenplatz, von ihr will sie sich nie trennen. Der Elefant von Mama ist zwar auch sehr schön – aber die Puppe, das ist etwas anderes.

Jan (8) möchte endlich einmal zu einer Beerdigung gehen. Es interessiert ihn ungemein, was da vor sich geht. Seine Eltern haben ihn voriges Jahr bei Opas Tod nicht mitgenommen. Das hat er nicht verstanden, und bis heute ist er deswegen ein bisschen sauer auf sie. Schließlich ist er kein Baby mehr.

Tim (12) kennt keinen Schmerz, da sein Vorbild die Indianer sind. Trauern ist etwas für Mädchen, die immer gleich losheulen. Er sitzt am liebsten vor seinem Computer. Mit seinem Vater und seinen Brüdern spricht er über solche Sachen wie Leid oder den Tod der Mutter am liebsten gar nicht.

Maximilian (11) kann nicht im Dunkeln schlafen, er braucht immer ein kleines Licht. Wenn seine Mutter einkauft, geht er am liebsten mit, denn die Wohnung ist sonst ganz leer. Mama ist auch da, wenn er Schularbeiten macht oder spielt. Allein bleiben, das kann er seit Papas Tod nicht mehr ertragen.

Hanna (15) trifft sich fast jeden Tag mit ihren Freundinnen. Das tat sie auch am Tag nach der Beerdigung ihrer Oma, die sie sehr mochte. Die Dinge, die sie nicht einmal mit ihren Freundinnen besprechen kann, vertraut sie ihrem Tagebuch an.

Leon (13) stellt sich vor, wie sein verstorbener Vater aussieht, was er im Himmel tut. Leon ist überzeugt, dass ihm sein Vater irgendwie zuschaut und dass er stolz ist auf ihn. Später will Leon einmal Gitarre spielen, wie sein Vater.

Aufgaben

1 Welches Verhalten kannst du am besten verstehen?

2 Was würdest du in einer solchen Lage tun?

Sally Nicholls erzählt in ihrem Buch „Wie man unsterblich wird" die Geschichte von Sam. Sam hat Leukämie und weiß, dass er bald sterben wird. Die Zeit, die ihm bleibt, nutzt er, um Fragen zu stellen und nach Antworten zu suchen, die ihm früher gleichgültig waren.

Liste Nr. 10

Wohin geht man, wenn man gestorben ist?
1. Man könnte ein Gespenst werden und spuken. Man könnte seine Familie besuchen und sie wissen lassen, dass es einem gut geht. Man könnte fliegen, die ganze Nacht aufbleiben und umsonst in Vergnügungsparks und Kinos kommen.
2. Man könnte wiedergeboren werden und als jemand anderer – oder etwas anderes – noch einmal auf die Welt kommen. Ich möchte ein Wolf werden. Oder ein Außerirdischer.
3. Man könnte in den Himmel kommen.
4. Man könnte in die Hölle kommen.
5. Man könnte ins Fegefeuer kommen. Das ist der Ort, wo man hinkommt, wenn man nicht brav genug war für den Himmel und nicht böse genug für die Hölle. Im Fegefeuer schwebt man viele, viele Jahre herum, bis man irgendwann doch noch gut genug ist für den Himmel.
6. Man könnte irgendwie Teil von allem werden und in einer Wolke oder einem Baum herumschweben.
7. Vielleicht ist es einfach wie einschlafen.
8. Es könnte eine Mischung von allem sein. Oder vielleicht machen manche Leute das eine und andere Leute etwas anderes.
9. Es könnte auch völlig anders kommen. Keiner weiß es.

(Sally Nicholls, „Wie man unsterblich wird")

→ Mehr zum Tod Jesu erfährst du auf S. 112/113.

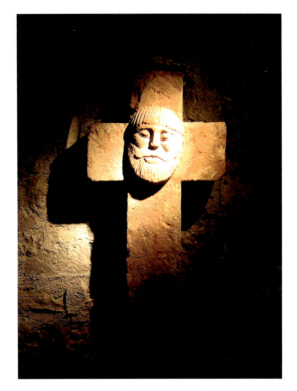

Das „Merowingerkreuz" in der Krypta des Würzburger Doms stammt aus dem 9. Jahrhundert.

1 Wohin geht man, wenn man gestorben ist? Welche von Sams Antworten hast du schon einmal gehört? Welche gefällt dir am besten?

2 Beschreibe das Merowingerkreuz.
a) Welche Antwort gibt es dir auf die Frage, wohin man geht, wenn man gestorben ist?
b) Vergleiche das Merowingerkreuz mit den Jesusdeutungen von Hilde Domin und Marc Chagall zu Beginn dieses Kapitels. Welche Gemeinsamkeiten findest du, welche Unterschiede?

3 Himmel, Hölle, Fegefeuer: Was versteht man im Christentum eigentlich genau darunter? Recherchiere die drei Begriffe und berichte auch darüber, welche Informationsquellen du benutzt hast.

Jesu Tod ist nicht das letzte Wort

Karfreitag

Die meisten christlichen Feste sind Jesus-Feste. In ihnen wird deutlich, welche Bedeutung die Erinnerung an Jesus für Christen heute hat. In der Karwoche gedenken die Christen der letzten Tage Jesu. Karin stellt in einem Vortrag diesen Feiertag vor:

Zuerst möchte ich vom Sinn des Karfreitags erzählen: An diesem Tag erinnern wir uns an Jesu Leiden und Sterben. Ebenso wie er leiden auch heute Menschen und wir dürfen dabei nicht wegschauen, sondern sollen auf sie zugehen und Anteilnahme zeugen. Das hilft den Trauernden, aber auch einem selbst, denn niemand bleibt von solchen Erfahrungen verschont.

Herkunft: Das Wort entstammt dem Althochdeutschen *chara* und bedeutet „Wehklage, Trauer". Germanisch *Karo* bedeutet „Sorge". Das Lexikon sagt also, dass dieser Tag der Trauer gehört. Anfangs, in den ersten Jahrhunderten nach Christus, wurde ein Wortgottesdienst gefeiert. Man hat das Kreuz verehrt und die Leidensgeschichte vorgelesen – das macht man auch heute noch.

Zeit: Es gibt im christlichen Festkalender Tage, die dem Trauern vorbehalten sind. Zweimal im Jahr denken wir ganz besonders an das Leiden und den Tod. Zum einen an Allerheiligen und Allerseelen, wo man sich mit dem Gang an die Gräber der Verstorbenen erinnert. Und dann eben in der Zeit vor dem Osterfest. Mit dem Leiden Jesu schauen wir in der Karwoche besonders auf das Leid in der Welt und den Tod.

In der Bibel erzählt die Passionsgeschichte vom Leiden und Sterben Jesu, sie steht bei allen Evangelisten.

Veränderung: Schon immer waren die Kreuzverehrung und das Lesen der Passion Bestandteil des Gottesdienstes. Die Kommunion wurde an diesem Tag in den ersten Jahrhunderten nicht ausgeteilt.

Ablauf: Bei uns sieht das so aus:
1. Um 15 Uhr zieht der Priester still in die Kirche ein – ohne Orgel und Gesang.
2. Die Lesungen erzählen vom Tod Jesu, dass dieser nicht sinnlos ist und zur Erlösung führt.
3. Anschließend wird die Leidensgeschichte vorgelesen, meistens von drei Personen.
4. Bei den zehn großen Fürbitten beten wir darum, dass das Leid Christi für jeden einzelnen Menschen fruchtbar werde.
5. Dann kommt der Priester und trägt das verhüllte Kreuz. Dieses wird langsam enthüllt, indem der Priester dreimal singt: Seht, das Holz des Kreuzes, an dem gehangen das Heil der Welt.
6. Nun wird das Kreuz verehrt. Bei uns legt sich zuerst der Priester ganz flach vor das Kreuz, das vor dem Altar aufgestellt ist, dann machen alle Gläubigen eine Kniebeuge, jeder persönlich vor dem Kreuz. Für alle Menschen wird gebetet, weil Jesus sein Leben für alle hingegeben hat.
7. Am Ende folgt die Kommunionfeier.

Mittelpunkt: Im Mittelpunkt des Geschehens der gesamten Karfreitagsliturgie steht das Kreuz, das durch Jesu Tod für uns zum Heilszeichen wurde.

Handlungen/Worte: Die stille Kniebeuge der Gläubigen ist die wichtigste Handlung. Sie zeigt die Achtung und Betroffenheit vor dem Tod Jesu.

Symbole: Der Altar ist nicht geschmückt. Glocken und Orgel schweigen heute; daher werden in manchen Kirchen besondere Klappern oder Ratschen aus Holz benutzt.

Vom Unbegreiflichen sprechen

„Gott hat Jesus auferweckt." (vgl. 1 Kor 15,4)
„Er ist auferstanden." (Mk 16,6)
„Gott hat ihn in den Himmel aufgenommen." (vgl. Apg 1,11)
„Gott hat Jesus erhöht." (vgl. Phil 2,9)
„Gott hat ihn vom Tod befreit." (vgl. Apg 2,24)

Die Jünger mussten den grausamen Tod Jesu miterleben. Ihre Reaktion war Verzweiflung und Unverständnis. Doch dann geschah etwas!

Ein unerwartetes und unfassbares Ereignis hat alles um Jesus in ein neues Licht getaucht. Dieses Ereignis war Ostern, die Auferweckung Jesu von den Toten.

Die Osterbotschaft sagt: Gott hat Jesus nicht im Tod gelassen, sondern ihn in das ewige Leben mit ihm auferweckt. Gott ist ein Gott der Lebenden.

Mit der Auferstehung war plötzlich alles anders. Bis heute hat die frohe Botschaft von Ostern die Kraft, Menschen lebendig zu machen und Trauer zu überwinden.

1 Im Neuen Testament gibt es verschiedene Ausdrucksweisen für das, was Jesus an Ostern widerfahren ist.
a) Untersuche die Ausdrucksweisen genau: Was wird in ihnen über Jesus deutlich?
b) Vergleiche die biblischen Ausdrucksweisen mit solchen, die du in Osterliedern, z. B. im Gotteslob, findest. Welche findest du passend?

2 Auch viele Erzählungen über Jesus in den Evangelien sind Versuche, die Ostergeschichte zu verstehen. Sie sind nach Ostern entstanden und versuchen, das neue Bild von Jesus in seinem Handeln vor Ostern zu entdecken. Lies dazu Mk 4,35–41. Gestalte diese Erzählung nach, indem du eine Kurve zeichnest, wie du sie aus der Erlebniserzählung kennst. Gehe in folgenden Schritten vor:
a) Fasse den Text abschnittsweise mit je einem Wort zusammen.
b) Wie fühlen sich die Jünger in diesen Abschnitten? Lege die Kurve entsprechend nach oben oder unten.
c) Wo hat die Geschichte ihren Wendepunkt?
d) Zeichne die Geschichte in Bildern, je Abschnitt ein Bild.
e) Gib den Bildern Farben. Je nach Geschehen oder Stimmung soll die Farbe dasselbe aussagen wie die Geschichte.

3 Informiere dich über weitere Tage des Osterfestkreises und bereite einen Vortrag vor. Eine Anleitung findest du auf S. 99.

Kapitel 5 Impulse zum Weiterdenken

Jüdisch-christlicher Dialog: was verbindet, was trennt?

Meine Damen und Herren,
wir haben in der Tat viele Gemeinsamkeiten. Wir warten alle auf den Messias.
Sie glauben, er ist bereits gekommen, ist wieder gegangen und wird einst wiederkommen. Ich glaube, dass er bisher noch nicht gekommen ist, aber dass er irgendwann kommen wird.
Deshalb mache ich Ihnen einen Vorschlag: Lassen Sie uns gemeinsam warten.
Wenn er dann kommen wird, fragen wir ihn einfach: Warst du schon einmal hier?
Und dann hoffe ich, ganz nahe bei ihm zu stehen, um ihm ins Ohr zu flüstern:
„Antworte nicht!"

Martin Buber

Jüdische und christliche Jugendliche aus Baden-Württemberg trafen sich am 22.10.2005 in dem kleinen Ort Navarrenx in Frankreich. Sie reisten dorthin, um sich daran zu erinnern, was am 22.10.1940 in 137 Städten und Dörfern von Konstanz und Freiburg bis nach Karlsruhe und Mannheim geschehen war: Mitten am Tag waren damals alle dort wohnenden Juden aus ihren Häusern vertrieben worden. Sie wurden in Zügen in das französische Lager Gurs bei Navarrenx gebracht, wo man sie in Holzbaracken einsperrte. Nur ganz wenige haben diese Zeit des Nationalsozialismus überlebt.

Nach dem Zweiten Weltkrieg entstanden in Deutschland Gesellschaften für Christlich-Jüdische Zusammenarbeit. Sie setzen sich ein für die Verständigung zwischen Juden und Christen bei gegenseitiger Achtung aller Unterschiede und erinnern an die Ursprünge und Zusammenhänge von Judentum und Christentum.

Methode Kapitel 5

Kirchliche Feste und Handlungen vorstellen

Die Christen versammeln sich in der Kirche, um sich miteinander an Gottes große Taten zu erinnern. Sie feiern Gottesdienst, das heißt zuerst: Gottes Dienst an den Menschen. Gott will ihnen helfen, dass ihr Leben gelingen kann. Sie feiern im Gottesdienst, dass Gott für sie da ist. Jesus hat diese Nähe Gottes auf besondere Weise erfahrbar gemacht. Deshalb sind die meisten christlichen Feste Jesus-Feste. Wer ihren Sinn versteht, begreift viel von Jesus selbst.

„Gott hat uns erschaffen und sorgt für uns. Gott hat uns gezeigt, wie wir miteinander umgehen sollen. Besonders durch Jesus, der so ganz von Gott kommt, wissen wir, wie gut Gott es mit uns meint. Wir alle dürfen seine Freunde sein."

Mögliche Vorgehensweise
1. Erste Informationen über euer Thema bekommt ihr über ein Lexikon oder das Gotteslob. Findet dann weiteres Informationsmaterial in einer Bibliothek, bei Freunden und Bekannten, in der Kirchengemeinde und im Internet.
2. Die meisten Feste haben natürlich einen biblischen Hintergrund. Sucht die Texte aus der Bibel, auf die das Fest sich bezieht.
3. Beim Vortrag über den Festgottesdienst und die Bräuche des Festes solltest du folgende Fragen beantworten:
   - Auf welches Ereignis im Leben Jesu bezieht sich das Fest?
   - Wie lautet der biblische Text?
   - Wann wurde es eingeführt?
   - Hat es sich im Laufe der Zeit verändert?
   - Wann wird es gefeiert?
   - Welchen Ablauf hat das Fest?
   - Welche besonderen Handlungen, Symbole und Bräuche gibt es?
4. Gestalte deinen Vortrag anschaulich. Das gelingt dir mit Bildern oder Gegenständen, die bei dem Fest eine wichtige Rolle spielen.

Auf Seite 96 findest du als Beispiel einen Vortrag von Karin über den Karfreitag, an dem die Trauer über Jesu Tod im Mittelpunkt steht. Verteilt in der Klasse Vorträge für das gesamte Kirchenjahr.

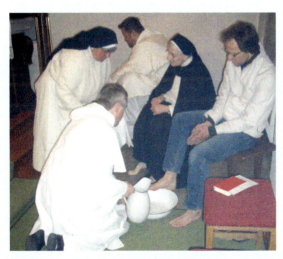

Fußwaschung im Gründonnerstagsgottesdienst

Und so sind die christlichen Feste Freundschaftsfeste, bei denen die Gläubigen an der Seite Jesu Gott nahe sein dürfen.

Das Kirchenjahr ist geprägt von vielen Festen, die sich alle um Jesus drehen und die mit unterschiedlichen Bräuchen verbunden sind. Oft wissen nur wenige, warum ein Fest so gestaltet ist, wie man es erlebt. Ein solches Fest neu zu erschließen kann eine lohnende Aufgabe sein.

Osterkorb mit teilweise symbolischen Speisen, bereitgestellt für die Speisenweihe

Gut zu wissen, wo man herkommt …

Wo kommen die Christen her? Diese Frage braucht als Antwort eine ganze Geschichte. Es ist die Geschichte vom jüdischen Wanderprediger Jesus von Nazaret, der für ein paar Jahre in Palästina öffentlich auftrat und einiges Aufsehen erregte.

Wo aber kommt Jesus von Nazaret her? Aus dem **Judentum**. Deshalb beginnt zum Beispiel das Evangelium nach Matthäus mit den Worten: „Stammbaum Jesu Christi, des Sohnes Davids, des Sohnes Abrahams." Über 3500 Jahre geht es bis zur Wurzel Abraham zurück, die Juden, Christen und Muslime bis heute trägt!

Jesus ist von klein auf den Weg gegangen, den ihm Gott mit der **Tora** gewiesen hat. Zunächst lernte er die jüdischen Gebete, Lebensregeln, Feste und Familienfeiern kennen. Er muss im Haus Gottes richtig daheim gewesen sein – so sehr daheim, dass manche merkten: Jesus hat ein ganz besonderes Verhältnis zu Gott, dem Vater.

Von den Wegen Jesu erzählen die **Evangelien**, sodass wir ihn noch heute begleiten können. Wir können in Gedanken durch das Land Jesu reisen und von den Hoffnungen und Ängsten der Menschen damals hören. Angesichts der Herrschaft der **Römer** hat Jesus sich wie alle Juden gefragt: Ist Gott noch für uns da und woran können wir das sehen?

Die Antwort auf diese Frage, die er mit etwa 30 Jahren verkündet hat, ist bis heute eine wunderbare Nachricht: „Gott liebt die Menschen und ist für sie da. Vertraut darauf, kommt und seht!"

Die Juden warteten damals auf die Ankunft des Gesalbten Gottes, den die Propheten verkündet hatten. Jesus nannte Gott vertrauensvoll **Vater**. Von ihm konnte ihn nicht einmal der Tod trennen. Das hat schließlich am meisten Aufsehen erregt.
Die Menschen kamen voller **Vertrauen** zu Jesus. Er öffnete dem blinden Bartimäus die Augen, heilte den Taubstummen und ließ sie wie auch den Zöllner Levi spüren, dass Gott sie liebt.

Doch leider gab es nach Jesu Tod auch Streit um ihn. Denn es gab Juden, für die Jesus ganz wichtig war. Mit ihnen entstand das Christentum. Und es gab Juden, für die Jesus nicht in den Mittelpunkt ihres Glaubens gerückt ist. In diesem Streit um die abweichende Einstellung zu Jesus haben viele Christen im Laufe der Geschichte große Schuld im Umgang mit den Juden auf sich geladen. Sie haben ihnen großes Leid zugefügt, obwohl Jesus selbst ein Jude war und das Christentum im Judentum verwurzelt ist.

Papst Johannes Paul II. hat im Jahr 2000 die Verbrechen, die Christen an den Juden begangen haben, offen ausgesprochen. Dieses **Schuldbekenntnis** war und ist auch heute ein wichtiges Zeichen für die Versöhnung der beiden Religionen. Juden und Christen sollen sich jetzt als Partner auf den Weg zu Gott machen und wie Schwestern und Brüder miteinander leben.

Mittelteil des Triptychons „Gang der Jünger nach Emmaus", Bernhard Maier, 2005

6 Was der Zeit den Rhythmus gibt: Feste, die wir feiern

Kapitel 6

Feste, die wir feiern

Einmal wollte einer ...

Einmal wollte einer ein Fest feiern. Er traf viele Vorbereitungen, grübelte lange über dem Speisenplan, engagierte sogar einen Koch. Zur festgesetzten Stunde sollte das Fest beginnen, und der eine setzte sich zu Tisch. Das Essen war vorzüglich, die Musik nicht zu laut und nicht zu leise, sondern gerade richtig, die Luft war angenehm und nicht einmal die Mücken störten. Aber ein Fest war es nicht.

„Du Narr", sagte ihm der andere am nächsten Tag. „Ein Fest nur für dich, das geht doch nicht. Du brauchst Freunde, die mit dir feiern."

Da plante der eine ein neues Fest. Er traf viele Vorbereitungen, grübelte lange über dem Speisenplan, engagierte sogar einen Koch. Er versäumte es nicht, wundervoll gestaltete Einladungen zu verschicken und die Zu- und Absagen seiner Gäste ordentlich in einer Liste zu vermerken, damit der Koch die richtige Menge an Speisen vorbereitete und niemand zu wenig bekäme. Zur festgesetzten Stunde sollte das Fest beginnen, und als alle Gäste da waren, setzte auch der eine sich zu Tisch. Man aß und trank und war vom besten Wein recht ausgelassen, das Essen war vorzüglich, die Musik nicht zu laut und nicht zu leise, sondern gerade richtig, die Luft war angenehm und nicht einmal die Mücken störten. Aber als die Gäste berauscht gegangen waren, merkte einer, dass es auch diesmal kein Fest gewesen war.

„Du Narr", sagte ihm der andere am nächsten Tag. „Ein Fest ohne Anlass, das ist doch nur ein halbes Fest. Du brauchst einen Grund, damit alle von Herzen froh sein können."

Da plante der eine ein neues Fest. Er traf viele Vorbereitungen, grübelte lange über dem Speisenplan, engagierte sogar einen Koch. Er versäumte es nicht, wundervoll gestaltete Einladungen vorzubereiten und für die Zu- und Absagen seiner Gäste eine Liste bereit zu halten, damit der Koch die richtige Menge an Speisen vorbereitete und niemand zu wenig bekäme. Aber dann hielt er inne. Er fand keinen Grund für ein Fest. Ihm fiel nichts ein, worüber seine Gäste sich mit ihm freuen könnten.

Da wurde einer sehr traurig. Zur festgesetzten Stunde, als das Fest hätte beginnen sollen, aber keiner der Gäste da war, weil einer keinen eingeladen hatte, setzte sich der eine an den Tisch. Er aß nicht und trank nicht, denn es war nichts vorbereitet, Grillen zirpten und Mücken summten, und der eine dachte nicht einmal an die Musik, die er bestellen wollte für diesen Tag. Der eine war sehr traurig.

Dann brach er auf, verließ sein Haus, ging die Straßen entlang, hin zu dem anderen, um ihn um Rat zu fragen. Schon von Weitem hörte er fröhliche Stimmen, hörte Lieder singen, ganz ohne Musik, und ahnte, dass hier ein Fest gefeiert wurde. Er wollte umkehren.

Ob der andere den einen gesehen hatte? „Du Narr", sagte der andere an diesem Abend zu ihm, „komm herein. Jetzt bist du da, und wir wollen feiern und fröhlich sein." Und der eine ging hinein und setzte sich und trank Wasser und aß Brot und sang und feierte das schönste Fest seines Lebens.

Aufgaben

1. Was braucht man, um ein Fest zu feiern? Erstelle eine Liste.
2. Das „schönste Fest deines Lebens" – mit Wasser und Brot? Diskutiert, wann ein Fest wirklich ein Fest ist.
3. Schreibe eine Fantasiegeschichte: „Das Land, in dem Feste verboten waren".

Feste des Lebens

Überall auf der Welt feiern Menschen Feste. Wer feiert, kann sich seines Lebens freuen und erfährt Gemeinschaft auf eine ganz neue Weise. Viele bereiten oft sehr fantasievoll ein Fest vor, damit es für Gäste und Gastgeber eine gelungene Feier wird. Da ist es kein Wunder, dass auch Feste und Religion unbedingt zusammengehören: Es gibt kaum eine Religion, in der nicht regelmäßig gefeiert wird.

Feste bieten Orientierung im Lauf des Jahres und auch des Lebens: Frühlings- und Winterfeste, Jahresfeste oder regelmäßige Wochenfeiertage wie der Sonntag der Christen, der Sabbat der Juden oder der Freitag der Muslime geben der Zeit einen klaren Rhythmus. Was wäre ein Jahr ohne Weihnachten, eine Woche ohne Sonntag, ein Leben ohne die großen Lebensfeste Taufe, Erstkommunion, Hochzeit? Sogar für die Trauer gibt es eine Feier, um den Abschied von Menschen würdig zu gestalten.

> **Info**
>
> Taufe, Kommunion (Eucharistie) und Ehe gehören für katholische Christen zu den **Sakramenten**. Dazu zählen auch noch die Buße (Beichte), die Firmung, das Sakrament der Weihe von Diakonen, Priestern und Bischöfen und die Salbung der Kranken.

Menschen, die miteinander ein Fest feiern, lernen sich selbst oft ganz neu kennen. Deshalb nennen katholische Christen auch die Versöhnung, die im Sakrament der Buße auf besondere Weise empfangen wird, ein Fest. Auch Feste, die man mit Menschen aus anderen Ländern oder anderen Religionen gemeinsam feiert, sind sehr wichtig: Denn wer miteinander feiern kann, lernt sich selbst und andere besser zu verstehen.

Doch nicht jedes Fest ist auch ein gelungenes Fest. Manchmal will sich die richtige Festfreude nicht einstellen. Alles ist vorbereitet, doch die Gäste gehen früh heim. Die Gastgeber sind enttäuscht. Dass ein Fest gelingt, ist ein Geschenk: Niemand kann dieses Gelingen eines Festes herstellen. Feste und Religion – das gehört auch hier zusammen. Im Gelingen eines wunderbaren Festes können Menschen erfahren, dass Gott ein Freund des Lebens ist, der sich mitfreut, wenn Menschen froh miteinander feiern können. Der tröstet, wenn Menschen zusammenkommen, um ihre Trauer zu teilen. Der Orientierung gibt im Einerlei des Alltags. Der selbst mitfeiert, wenn sich Menschen in seinem Namen versammeln.

---

1 Sammelt alle Feste, die euch einfallen.
 a) Klärt gemeinsam, ob es sich um private, öffentliche oder religiöse Feiern handelt. Ist eure Zuordnung immer ganz eindeutig?
 b) Untersucht, wie die Feste der Zeit einen Rhythmus geben.
 c) Ändert sich etwas durch die Feier eines der Feste? Was?

2 Welche Sakramente werden auf den Bildern gefeiert? Berichte von Sakramentsfeiern, an denen du teilgenommen hast (vgl. S. 99). Informiere dich über die Feiern, die du nicht kennst.

3 Welche Feste aus anderen Religionen kennst du? Vergleiche sie mit Festen, die du selbst gefeiert hast.

Holy Days

Wie der Sonntag entstand

Die jüdische Woche endet am siebten Tag mit dem Sabbat, dessen Heiligung in den Zehn Geboten vorgeschrieben ist. Bereits die Jünger Jesu sahen jedoch in dem Tag, an dem Jesus auferstanden war, einen noch wichtigeren Tag. Da dies der Tag nach dem Sabbat war, also der erste Tag der Woche, trafen sich die frühen Christen an diesem Tag, um Jesu Auferstehung gemeinsam zu feiern. Das Gebot der Sabbatheiligung wurde von ihnen somit sehr bald auf die Heiligung des Sonntags übertragen.

Kaiser Konstantin, der erste römische Kaiser, der selbst Christ wurde, verbot im Jahre 321 die Sonntagsarbeit. Dieses Verbot wurde in der Folgezeit in viele Gesetzbücher übernommen und gilt in abgeschwächter Form bei uns auch heute noch.

> **Info**
>
> **Feier:** vom lateinischen *feria* = „Festtag, Feiertag", ursprünglich bezogen auf Tage, an denen religiöse Handlungen abgehalten wurden.
>
> **Ferien:** Das seit dem 16. Jh. bezeugte Fremdwort ist ebenfalls aus dem lat. Begriff *feriae* = „Festtage" abgeleitet.

Für Christen bleibt der Sonntag der Tag, an dem sie sich wie die Jünger treffen, um in der heiligen Messe Jesu Tod und Auferstehung zu feiern und sich an sein Leben zu erinnern.

Die Gemeinschaft der Christen feiert nicht nur den Sonntag; sie kennt noch viele andere „Holy Days". Die meisten dieser Festtage erinnern an Ereignisse aus dem Leben Jesu. Um die Geburt und die Auferstehung Jesu sind jeweils ganze Festkreise angeordnet, der Weihnachts- und der Osterfestkreis. Andere Feste sind dem Gedenken an Maria oder an andere große Heilige gewidmet. Der Jahresrhythmus des kirchlichen Festjahres beginnt nicht am 1. Januar, sondern bereits mit dem ersten Adventssonntag.

Erinnerung an die eigene Sterblichkeit, Beginn der Vorbereitungszeit auf Ostern – …

RDZ

CHWI

Erinnerung an die Huldigung der Sterndeuter. Da an diesem Tag nochmals die sichtbare Ankunft Gottes in der Welt des Herrn gefeiert wird (die orthodoxen Christen feiern an diesem Tag erst Weihnachten), nennt man dieses Fest … oder …

Wie der Name des Festes schon sagt: Erinnerung an die Rückkehr Christi in den Himmel – …

EEI

Zeit der Vorbereitung und Erwartung auf das Weihnachtsfest – …

DERM

Erinnerung an das letzte Abendmahl Jesu. Die Herkunft des Festnamens ist nicht eindeutig geklärt. Drei Möglichkeiten bestehen: Es ist ein Fastentag, an dem man Grünes isst. Es ist ein Tag des Weinens wegen der Schuld (von greinen). Es ist der Tag der Wiederaufnahme der Büßer, eigentlich der „Grünen", die nun wieder grüne Zweige am Baum der Kirche werden – …

IERW

Aufgaben

1 Sucht nach einer Erklärung, warum das Kirchenjahr anders beginnt (und endet) als das Kalenderjahr.

2 Benennt die abgebildeten Feste und ordnet sie nach ihrer zeitlichen Abfolge im Kirchenjahr an. Die Buchstaben ergeben dann einen Ausspruch Friedrichs des Großen.

   a) Erkläre den Ausspruch mit eigenen Worten.

   b) Ordne möglichst viele Feste einem der beiden Festkreise zu. Achte auf die richtige Reihenfolge.

   c) Ergänze die Festkreise um weitere Festtage, die zu ihnen gehören.

3 Besprecht, inwiefern auch heute noch ein Bezug zwischen Ferien und religiösen Handlungen besteht.

UMT

Erinnerung an den Einzug Jesu in Jerusalem – ...

ENS

Feier der Geburt Jesu – ...

Erinnerung an die Aufnahme Mariens in den Himmel. An diesem Tag werden Kräutersträuße geweiht, die dem Heil von Menschen und Tieren dienen sollen. – ...

TAGS

Erinnerung an die Aussendung des Heiligen Geistes. Es ist der „Geburtstag" der Kirche. In ihr sammeln sich Menschen, die von Jesu Geist gestärkt ihr Leben gestalten wollen. – ...

NENS

ROC

Dank für Gottes Gaben und die Schönheit der Schöpfung – ...

Verehrung des Allerheiligsten (= Leib Christi); nochmalige Erinnerung an die Einsetzung des Altarsakraments beim letzten Abendmahl, im Unterschied zum Gründonnerstag aber nun aus der Freude des Osterfestes heraus – ...

→ Ein ganz anderes Verständnis der Schöpfung begegnet dir auf S. 24.

Erinnerung an die Auferstehung Jesu – ...

RNI

ONN

KAN

Erinnerung an Martin von Tours, der nach der Legende als Soldat seinen Mantel mit einem Bettler teilte. Er lebte von 316–397.

Fest, an dem wir zum Abschluss des Kirchenjahres Christus als den König des ganzen Universums feiern.

HAT

Erinnerung an das Leiden und Sterben Jesu – ...

ENNE

1 Erinnern heißt auch: vergegenwärtigen, präsent machen, auffrischen, lebendig machen, aktivieren ... Wenn wir z. B. Weihnachten feiern, dann wollen wir damit Jesu Geburt vergegenwärtigen, also in unserer Gegenwart stattfinden lassen. Wir meinen damit nicht, dass Jesus erneut als Kind in der Krippe liegen soll, sondern dass er in unserem Leben immer wieder neu geboren wird. Was kann das bedeuten?

2 Versucht, die Frage der Vergegenwärtigung auch für einige andere Feste zu klären.

Advent: Warten – Hoffen – Sich erinnern

Salvador Dalí, Zerrinnende Zeit (auch: Die weichen Uhren oder: Die Beständigkeit der Erinnerung), 1931

Warten ist ganz schön langweilig. Als könnten manche es nicht erwarten, findet man die ersten Lebkuchen oft schon Anfang September in den Geschäften. Dann folgen Spekulatius, Christstollen und „Nikoläuse". Spätestens im November wird es dann richtig ernst: Kaum ein Supermarkt, der auf Weihnachtsdekoration und Weihnachtsmusik verzichtet. Auch dem Letzten wird klar: Höchste Zeit, sich auf das große Fest vorzubereiten!

Die Vorbereitungszeit auf Weihnachten hat eine lange Tradition. Bereits ab dem 4. Jahrhundert, kurz nach der Einführung des Weihnachtsfestes, gibt es Hinweise, dass sich Christinnen und Christen durch eine Zeit des Fastens und der Besinnung ganz bewusst auf das Fest der Ankunft Jesu vorbereitet haben.

Das Wort Advent stammt aus dem Lateinischen und bedeutet Ankunft. Gemeint ist damit aber nicht nur die Ankunft, die Geburt Jesu vor gut 2000 Jahren. Gemeint ist auch die Ankunft Jesu am Ende der Zeit. So ist der Advent nicht nur die Vorbereitungs- oder die Wartezeit auf Weihnachten. Vergangenheit, Gegenwart und Zukunft machen den Advent aus.

Der Advent ist also nicht nur eine Zeit des Wartens auf Weihnachten, sondern besonders eine Zeit der Erinnerung und Hoffnung.

Aufgaben

1 Findet Bildworte für das Warten: „Warten ist wie …"
2 Schaut euch gemeinsam genau das Bild von Salvador Dalí an und beschreibt, was euch auffällt.
3 Du kannst dir einen Rundgang durch das Bild ausdenken. Wie wirkt die Landschaft auf dich? Wie verändern sich die Gegenstände? Suche dir einen Platz im Bild. Erzähle, was du erlebst und wie du dich dabei fühlst.

Doch woran erinnert der Advent? Eure Eltern und Großeltern denken vielleicht daran, wie sie Advent und Weihnachten früher gefeiert haben. Besondere Festtage im Advent erinnern uns an große Heilige. Am bekanntesten ist der heilige Bischof Nikolaus, der im 3. Jahrhundert in Myra, im Gebiet der heutigen Türkei, gelebt hat. Er hat die Botschaft von Jesus so verstanden, dass er sich besonders für die Armen und Benachteiligten eingesetzt hat. Die Nikolausgaben, die viele Kinder am 6. Dezember erhalten, sollen daran erinnern.

Doch vor allem erinnert der Advent an die uralten Hoffnungen des Volkes Israel. Die Propheten hatten die Menschen immer wieder ermutigt und aufgefordert, die Verheißungen Gottes nicht zu vergessen: Alles wird neu, alles wird anders. Es ist den Menschen noch nie leichtgefallen, darauf zu warten, dass Gott sein Wort halten wird: den Israeliten ebenso wenig wie uns heute. Die Zeit, in der Gott zu schweigen scheint, war für sie und ist für uns unendlich lang. Im Advent können wir uns an die alte Hoffnung neu erinnern und in dieser Hoffnung unser Leben gestalten.

Der Advent ist deshalb auch eine Zeit, in der wir über unseren Umgang mit der Zeit noch einmal genauer nachdenken können. Kann ich warten? Wann habe ich Langeweile? Woran will ich mich erinnern? Worauf hoffe ich wirklich? Wie verbringe ich meine Zeit?

Tintoretto, Der hl. Nikolaus, 1567

1. O Hei-land, reiß die Himmel auf, her-ab, her-ab vom Himmel lauf.
Reiß ab vom Himmel Tor und Tür, reiß ab, wo Schloß und Rie-gel für.

O Gott, ein Tau vom Himmel gieß,
im Tau herab, o Heiland, fließ.
Ihr Wolken brecht und regnet aus
den König über Jakobs Haus.

O Erd, schlag aus, schlag aus, o Erd,
dass Berg und Tal grün alles werd.
O Erd, herfür dies Blümlein bring,
O Heiland aus der Erde spring.

Wo bleibst du, Trost der ganzen Welt,
darauf sie all ihr Hoffnung stellt?

O komm, ach komm vom höchsten Saal,
komm, tröst uns hier im Jammertal.

O klare Sonn, du schöner Stern,
dich wollten wir anschauen gern;
o Sonn, geh auf; ohn' deinen Schein
in Finsternis wir alle sein.

Hier leiden wir die größte Not,
vor Augen steht der ewig Tod.
Ach komm, führ uns mit starker Hand
vom Elend zu dem Vaterland.

(T: Friedrich Spee, 1622; M: Augsburg 1666)

1 a) Ordne die folgenden Bibelstellen den Liedversen von Friedrich Spee zu: Jes 9,1; Jes 11,1; Jes 45,8.
b) Wähle eines der Sprachbilder in Friedrich Spees Liedtext aus und versuche, es zu deuten.
2 Vergleiche die Stimmung des Bildes von Salvador Dalí mit der Stimmung des Liedes „O Heiland, reiß die Himmel auf". Achte dabei auch auf den Rhythmus und die Melodie.
3 Erkläre, warum Christen sich im Advent auch daran erinnern, dass die Zeit eine Gabe Gottes ist.
4 Diskutiert in der Klasse: Ist Dalís Bild ein Adventsbild?

Weihnachten

Ein Kind kommt in die Welt
Die Weihnachtsgeschichte erzählt nicht in allen Einzelheiten, unter welchen Umständen Jesus geboren wurde. Den Evangelisten ist es viel wichtiger, die Bedeutung herauszustellen, die dieses Kind für die ganze Welt hat. Dieses Kind ist der Erlöser, der nach dem Willen Gottes der ganzen Welt den Frieden bringt! Dieses Kind ist der Gesandte Gottes, der Held und Hoffnungsträger, der Sohn Gottes! Schon beim Propheten Jesaja finden sich Spuren der Hoffnung auf dieses Kind. Über Jahrhunderte sind die Israeliten ihr gefolgt.

In der Erzählung vom Besuch der Sterndeuter (Mt 2,1–12) bringt der Evangelist Matthäus dies alles zur Sprache. Die bekanntere Weihnachtsgeschichte steht jedoch im Lukasevangelium. Sie ist den meisten Menschen sehr vertraut. Dennoch ist ein solcher Bibeltext in seiner vollen Bedeutung gar nicht so einfach zu erfassen. Die Zeitumstände, deren Kenntnis die Verfasser der biblischen Schriften als selbstverständlich voraussetzen, sind uns heute oft fremd. Seit damals sind immerhin mehr als 2000 Jahre vergangen! Die folgenden Hinweise können helfen, den Sinn der biblischen Erzählungen besser zu verstehen.

Das Datum des Geburtstages Jesu Christi
Die Evangelisten wollten mit den Weihnachtserzählungen die Besonderheit und außerordentliche Bedeutung Jesu zum Ausdruck bringen. Über das Datum geben sie keine Auskunft. Überhaupt war ihnen der Tod und die Auferstehung Jesu viel wichtiger – schon am Umfang der Erzählungen wird das ganz deutlich. Auch Christen heute feiern Weihnachten nur, weil sie zuvor bereits Ostern gefeiert haben, das größte Fest der Christen. In sehr alten Kalendern wurde sowohl der Geburts- als auch der Todestag Jesu am 14. Nisan, dem Tag des jüdischen Pessach-Festes, gefeiert!

Als im 4. Jahrhundert das Bedürfnis entstand, auch die Geburt Jesu zu feiern, überlegte man, an welchem Tag eine solche Feier am besten passen würde. Für den 25. Dezember sprach:

- Der 25. Dezember ist der Tag der Sonnenwende. Die Nacht wird zurückgedrängt, die Tage werden länger, Licht kommt in die Welt.
- Beim Propheten Maleachi steht: „Für euch aber, die ihr meinen Namen fürchtet, wird die Sonne der Gerechtigkeit aufgehen" (Mal 3,20). Nun wurde im Römischen Reich am Tag der Sonnwende das Fest der Geburt des unbesiegbaren Sonnengottes gefeiert, welches auf den Kaiser als unbesiegbare Sonne gedeutet wurde.

Die Lichtsymbolik gab wohl den Ausschlag dafür, dass Weihnachten am 25. Dezember gefeiert wird. Und sie hat sich bis heute erhalten. Wenn wir heute in unserem Kalender die Jahre seit der „Geburt Jesu" zählen, hat dies vor allem symbolische Bedeutung: Mit Christi Geburt hat die Geschichte der Welt eine entscheidende Wendung genommen.

Die Weihnachtsgeschichte nach Lukas verstehen
Die folgenden kurzen Beschreibungen beleuchten jeweils nur einen Ausschnitt der Lebensumstände zur Zeit Jesu. Alle zusammen können helfen, den Sinn der biblischen Erzählungen besser zu verstehen.

Kaiser Augustus
Der römische Kaiser lässt sich als **Herr der Welt** verehren. Er ist der Oberbefehlshaber des **römischen Heeres**, seinen Befehlen hat sich jeder unterzuordnen. Seine Titel zeigen seinen Anspruch: der Erhabene / Sohn eines Gottes / göttlich / Herr / Retter …

Haus und Geschlecht Davids
David war der bedeutendste aller Könige in Israel gewesen. Durch den Propheten Natan hatte Gott ihm verkündet, dass sein Haus und sein Königtum ewig bestehen würden.

Kapitel 6

Betlehem
Der Prophet Micha hatte gesagt: „Aber du, Betlehem-Efrata, so klein unter den Gauen Judas, aus dir wird mir einer hervorgehen, der über Israel herrschen soll." (Mi 5,1)

Hirten
Die Urväter oder Patriarchen (Abraham …) zogen als wandernde Hirten (Nomaden) nach Palästina – Menschen, die den jüdischen Glauben begründet hatten und hoch geehrt wurden. Auch David war Hirte gewesen. Aber zur Zeit Jesu, in der man in festen Häusern wohnte, war der Beruf des Hirten selbst nicht mehr angesehen und schlecht bezahlt.

Engel
Um seine Botschaft den Menschen zu verkünden, bedient sich Gott vieler Mittel. Er beruft Menschen zu Propheten, er erscheint in Träumen und Visionen, spricht als Stimme oder lässt Engel erscheinen. Als Mittlerwesen überbrücken sie die Kluft zwischen Gott und Mensch und vertreten Gott selbst, indem sie seine Worte sprechen. In ihrem Lobgesang bei den Hirten verwenden sie Worte, mit denen der Kaiser und sein Geburtstag gefeiert wurden.

Verkündigung großer Freude
Die Verkündigung einer die ganze Welt angehenden guten Nachricht nannte man **Evangelium** – ein auch für Verkündigungen des Kaisers verwendeter Begriff.

Messias
Der Messias war der von allen im Volk Israel als König des endzeitlichen Gottesreichs herbeigesehnte Herrscher aus dem Hause Davids.

Friede
In allen Teilen des Römischen Reiches sollten Gesetze, die für alle gleich galten, ein friedvolles Zusammenleben ermöglichen. Diese Grundordnung wurde „Pax Augusta", augusteischer Frieden, genannt. Die Römer verstanden darunter nicht nur die Zeit inneren Friedens, die unter Kaiser Augustus begann, sondern immer auch die militärische Beherrschung des Weltreichs und den grundsätzlichen Willen zu weiteren Eroberungen.

Ludovico Urbani, Die Anbetung der Heiligen Drei Könige (1480)

1 Erkläre mithilfe der Sacherläuterungen die Weihnachtsgeschichte nach Lukas (Lk 2,1–20). Weitere Informationen findest du auch auf S. 74.

2 Das Bild von Ludovico Urbani muss man sich sehr genau anschauen. Es erzählt nicht nur die Geschichte vom Besuch der Sterndeuter aus dem Matthäusevangelium (Mt 2,1–12). Um es zu verstehen, braucht man weitere Bibelstellen: Jes 9,1; Jes 1,3; Jes 9,5–6; Jes 7,14; Jes 2,2–3. Erkläre.

Fastnacht und Fastenzeit

Das Bild aus dem Radolfzeller Münster auf der rechten Seite ist eigenartig. Jesus auf dem Weg zur Kreuzigung – doch nicht Soldaten, sondern Gaukler, Narren begleiten, nein: ziehen ihn dorthin. Das Lachen der Narren, das Leiden Jesu, das Weinen über seinen Tod, alles liegt in diesem Bild ganz dicht beieinander.

> **Info**
>
> Fasnet oder **Fastnacht** meint den Vorabend bzw. die Zeit vor der Fastenzeit.

→ Mehr zum Pessach-fest findest du auf S. 52–54.

Dicht beieinander liegen auch die Feste, von denen das Bild erzählt. Fastnacht und Fastenzeit, schließlich Ostern, das Fest der Auferstehung Jesu – alles ist eng miteinander verknüpft. Ohne Ostern keine Fastenzeit und auch keine Fastnacht. Das wird schon an der Terminfrage deutlich. Denn anders als Weihnachten sind Ostern und alle Feste, die zum Osterfestkreis gehören, bewegliche Feste, d.h. es gibt keinen festen Ostertermin. Vielmehr berechnet man Ostern – ähnlich dem jüdischen Pessach-Fest – nach dem Frühlingsbeginn. Ostern feiern wir am Sonntag nach dem ersten Vollmond nach Frühlingsanfang. Sechseinhalb Wochen zuvor beginnt mit dem Aschermittwoch die Fastenzeit. Die Zeit vor Aschermittwoch ist die Fastnacht, die Zeit vor dem großen Fasten, die in manchen Gegenden ausgelassen gefeiert wird.

Die Fastenzeit oder österliche Bußzeit ist eine Zeit der Besinnung. Viele Menschen nutzen sie, um über ihr Leben nachzudenken, Gewohnheiten zu verändern und für Neues frei zu werden. Bereits manche Fastnachtsbräuche sind spielerische Veränderungen: Masken zum Beispiel, die den Maskierten eine neue Rolle ermöglichen. Die größte Veränderung feiern Christen an Ostern: selbst der Tod verliert seinen Schrecken.

Ich habe Mitleid – Misereor

Zur Fastenzeit gehört das Fasten und der Vorsatz, etwas im Leben besser zu machen. Seit mehr als fünfzig Jahren gibt die bischöfliche Aktion MISEREOR dazu Hilfestellungen. MISEREOR bittet um Spenden und unterstützt damit Menschen in armen Ländern. Fast noch wichtiger: MISEREOR informiert über die Armut und ihre Ursachen. Nur so lässt sich nämlich etwas verbessern, wenn man weiß, wo welche Art von Hilfe nötig ist. MISEREOR weitet den Blick für die Sorgen und Nöte anderer Menschen. So wie der Blick von Jesus auf dem Bild, der den Betrachter direkt anschaut. Das lateinische Wort „misereor" bedeutet „ich habe Erbarmen".

Aufgaben

1 Finde mithilfe eines Kalenders die Termine für Ostern, Aschermittwoch und die Fastnacht in diesem Jahr heraus. Wann ist der erste Vollmond im Frühling?
2 Erzählt von euren Fastnachtsfeiern. Welches Brauchtum kennt ihr, welches gehört zu eurer Feier dazu? Vielleicht könnt ihr ein Zunftmitglied in den Unterricht einladen und über die Fastnacht sprechen.
3 Wann lachen wir? Suche nach Erklärungen, warum Narren den Kreuzweg Jesu auf S. 111 begleiten.
4 Erkläre deinem Banknachbarn/deiner Banknachbarin, welche Maske oder welches Kostüm du gerne trägst. Aus welchem Grund?
5 Fasten klingt altmodisch. Ist es aber nicht. Man muss ja nicht unbedingt weniger essen, um zu fasten. Man kann vielmehr … Notiere dir, worauf man noch verzichten könnte.
6 Informiere dich über die Aktion MISEREOR und gestalte eine Info-Seite in deinem Heft.
7 Die MISEROR-Kinderaktion – etwas für eure Klasse? Informiert euch und diskutiert, ob und wie ihr mitmachen wollt.

Zwei Seiten einer Medaille

Der Bildausschnitt ist Teil eines alten Kreuzwegbildes im Münster Unserer Lieben Frau in Radolfzell. Es stammt aus der Zeit um 1500 und befindet sich im rechten Seitenschiff der Kirche. Die Figuren stehen auf Augenhöhe mit dem Betrachter und sind „zum Greifen nah".

Kapitel 6

Karfreitag: Dieser Mensch war Gottes Sohn

Der Karfreitag ist ein eigenartiger Tag. Die Glocken katholischer Kirchen schweigen, die Kreuzesdarstellungen sind mit schwarzen oder violetten Tüchern verhängt, in vielen Familien gibt es ein besonderes Essen, viele Menschen fasten, der Gottesdienst ist ganz anders als gewöhnlich (vgl. S. 96). Und das alles wegen eines Ereignisses vor fast 2000 Jahren, an das Christen an diesem Tag denken: das Leiden und Sterben Jesu.

Todesstrafen
Die Todesstrafe wurde in der Antike häufig angewandt, z. B. gegen Mörder, Rebellen, Straßenräuber oder ungehorsame Sklaven. Gebräuchlich waren das Hängen oder Köpfen, Ersäufen oder bei lebendigem Leib Verbrennen, Erdrosseln oder Pfählen.

In Palästina war als Todesstrafe für religiöse Verbrechen, also für Verstöße gegen die Gebote des Mose, die Steinigung üblich. Meist wurde der Verurteilte zuerst über eine Felswand gestoßen und dann durch Steinwürfe getötet.

Die grässlichste und grausamste aller Todesarten war jedoch die von Rom im ganzen Imperium eingeführte Kreuzigung. Weil sie besonders entehrend war, durfte sie bei römischen Bürgern nicht angewendet werden.

Auf dem Weg zur Hinrichtung trug man eine Tafel mit der Aufschrift des Schuldspruchs voran. Der Verurteilte selbst schleppte den Querbalken, an dem er später hochgezogen wurde. Es gab die Kreuzigung mit genagelten und mit gebundenen Gliedmaßen. Ein Holzblock am Längsbalken sollte durch die Sitzmöglichkeit den Todeskampf verlängern.

Durch die Qualen war die Atmung so behindert, dass das Herz am Ende stockte und der Gekreuzigte langsam erstickte. Der Tod konnte durch das Öffnen des Brustkorbs mit einer Lanze festgestellt werden: Floss neben Blut vor allem Wasser heraus, war der Todeskampf vorüber.

> Wer leben will wie Gott auf dieser Erde,
> muss sterben wie ein Weizenkorn,
> muss sterben, um zu leben.
> Er geht den Weg, den alle Dinge gehen;
> er trägt das Los, er geht den Weg,
> er geht ihn bis zu Ende.
> Der Sonne und dem Regen preisgegeben, das
> kleinste Korn in Sturm und Wind
> muss sterben, um zu leben.
> Die Menschen müssen füreinander sterben.
> Das kleinste Korn, es wird zum Brot,
> und einer nährt den andern.
> Den gleichen Weg ist unser Gott gegangen;
> und so ist er für dich und mich
> das Leben selbst geworden.
>
> *(Huub Oosterhuis, 1965, GL 183)*

Aufgaben

1 Der niederländische Dichter Huub Osterhuis vergleicht Jesus mit einem Weizenkorn. Warum? Zeichne den Weg Jesu und den Weg des Weizenkorns nebeneinander ins Heft. Du kannst mit den Motiven eine (Oster-)Kerze gestalten.

2 Erkundigt euch nach Darstellungen vom Leiden und Tod Jesu in eurer Gegend. Warum ist vielen Menschen das Bild des leidenden und gekreuzigten Jesus so wichtig geworden?

3 Sammelt weitere Lieder und Gedichte, die sich mit dem Tod Jesu beschäftigen (eine Auswahl findet ihr z. B. im „Gotteslob"). Ihr könnt – vielleicht zusammen mit den Bildern, die ihr gefunden habt – eine Ausstellung oder eine Anthologie (Gedichtsammlung) damit gestalten.

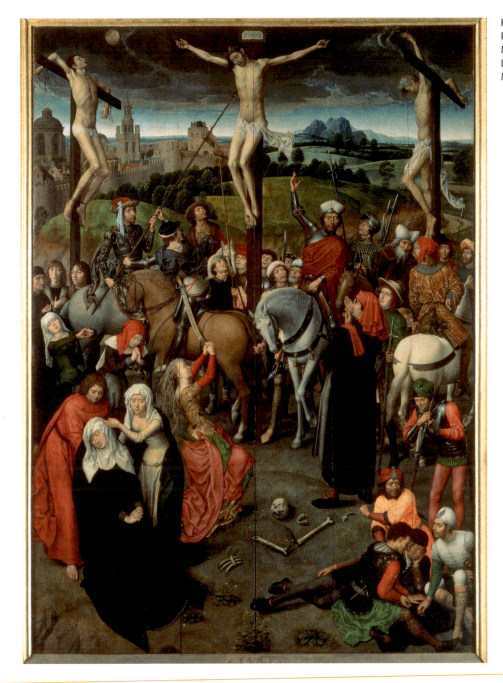

Hans Memling, Passionsaltar, Mitteltafel, Lübeck, Annen-Museum, 1491

1 Lest die Kreuzigungsberichte in den vier Evangelien. Teilt euch dafür in vier Gruppen auf.
a) Welche Bibelstellen helfen, das Bild von Hans Memling zu verstehen?
b) Welche Unterschiede in den Darstellungen fallen euch auf?

2 Suche dir mehrere Personen im Bild von Hans Memling und formuliere, was sie sagen könnten.

3 Manchen Menschen gelten Kruzifixe mit Korpus, also mit Jesusfigur, als zu grausam. Sie wollen gerade Kindern den Anblick eines „gefolterten Leichnams" ersparen. Was haltet ihr von solchen Überlegungen? Führt eine Pro- und Kontra-Diskussion durch.

Ostern: Aufstehen zum Leben

Einer stand wieder auf!

Matschinsky-Denninghoff: Ostern, stählerne Plastik, Augsburg

Die Jünger mussten den grausamen Tod Jesu miterleben, ihre Reaktion war Verzweiflung und Unverständnis. Doch dann geschah etwas, was sie bisher noch nie gehört hatten und was ihnen den Glauben an eine von Gott geschaffene, gute und sinnvolle Welt wieder schenkte.

Ein unerwartetes und unfassbares Ereignis hat alles um Jesus in ein neues Licht getaucht. Dieses Ereignis war Ostern, die Auferweckung Jesu von den Toten. Die Osterbotschaft sagt: Gott ist nicht stumm. Seine Macht erweist sich im auferweckten Gekreuzigten. Gott hat Jesus nicht im Tod gelassen, sondern ihn in das ewige Leben auferweckt. Gott ist ein Gott der Lebenden, nicht der Toten.

Die ersten Christen haben diese Ostererfahrung in Worte gefasst: Gott hat Jesus auferweckt. Er ist auferstanden. Das Grab ist leer. Er ist in den Himmel aufgefahren. Gott hat ihn erhöht!

Dieses Unbegreifliche feiern alle Christen an Ostern und alle Worte und Bräuche versuchen etwas von diesem Ereignis erfahrbar zu machen, das mit dem Verstand nicht zu begreifen ist. Umso größer ist die Freude, die Ostern ausstrahlt.

1. Das ist der Tag, den Gott gemacht, der Freud in alle Welt gebracht. Es freu sich, was sich freuen kann, denn Wunder hat der Herr getan.

2. Verklärt ist alles Leid der Welt, des Todes Dunkel ist erhellt. Der Herr erstand in Gottes Macht, hat neues Leben uns gebracht.

3. Wir sind getauft auf Christi Tod und auferweckt mit ihm zu Gott. Uns ist geschenkt sein Heilger Geist, ein Leben, das kein Tod entreißt.

T: nach Heinrich Bone 1851; M: nach Johannes Leisentrit 1567

Aufgaben

1 Überlegt, mit welchen Instrumenten man das Lied am besten begleiten könnte und bringt sie zur nächsten Stunde mit.

2 Diskutiert in der Klasse: Passt die Plastik von Matschinsky-Denninghoff zu Ostern?

Kapitel 6

Eine merkwürdige Auferstehungsgeschichte im Johannesevangelium zeigt, dass nicht nur wir heute große Schwierigkeiten haben, uns unter der Auferstehung Jesu etwas vorzustellen.

> Danach offenbarte sich Jesus den Jüngern noch einmal. Es war am See von Tiberias und er offenbarte sich in folgender Weise. ²Simon Petrus, Thomas, genannt Didymus (Zwilling), Natanaël aus Kana in Galiläa, die Söhne des Zebedäus und zwei andere von seinen Jüngern waren zusammen. ³Simon Petrus sagte zu ihnen: Ich gehe fischen. Sie sagten zu ihm: Wir kommen auch mit. Sie gingen hinaus und stiegen in das Boot. Aber in dieser Nacht fingen sie nichts. ⁴Als es schon Morgen wurde, stand Jesus am Ufer. Doch die Jünger wussten nicht, dass es Jesus war. ⁵Jesus sagte zu ihnen: Meine Kinder, habt ihr nicht etwas zu essen? Sie antworteten ihm: Nein. ⁶Er aber sagte zu ihnen: Werft das Netz auf der rechten Seite des Bootes aus und ihr werdet etwas fangen. Sie warfen das Netz aus und konnten es nicht wieder einholen, so voller Fische war es. ⁷Da sagte der Jünger, den Jesus liebte, zu Petrus: Es ist der Herr! Als Simon Petrus hörte, dass es der Herr sei, gürtete er sich das Obergewand um, weil er nackt war, und sprang in den See. ⁸Dann kamen die anderen Jünger mit dem Boot – sie waren nämlich nicht weit vom Land entfernt, nur etwa zweihundert Ellen – und zogen das Netz mit den Fischen hinter sich her. ⁹Als sie an Land gingen, sahen sie am Boden ein Kohlenfeuer und darauf Fisch und Brot. ¹⁰Jesus sagte zu ihnen: Bringt von den Fischen, die ihr gerade gefangen habt. ¹¹Da ging Simon Petrus und zog das Netz an Land. Es war mit hundertdreiundfünfzig großen Fischen gefüllt, und obwohl es so viele waren, zerriss das Netz nicht. ¹²Jesus sagte zu ihnen: Kommt her und esst! Keiner von den Jüngern wagte ihn zu fragen: Wer bist du? Denn sie wussten, dass es der Herr war. ¹³Jesus trat heran, nahm das Brot und gab es ihnen, ebenso den Fisch. ¹⁴Dies war schon das dritte Mal, dass Jesus sich den Jüngern offenbarte, seit er von den Toten auferstanden war. (Joh 21,1–14)

Eigentlich sollte man meinen, dass Jesus von seinen Freunden erkannt wird. Sie erkennen ihn aber erst allmählich; als es Morgen wird, dämmert es ihnen endlich. „Auferstehung" heißt eben nicht, dass es nach dem Tod so weiter geht wie vorher. Nein: Auferstehung heißt, dass das Leben anders, besser, neuer, freier wird. Deshalb der große Fang. Die Jünger erkennen Jesus erst, als sie die rechte, das heißt die richtige Seite des Bootes zum Fischen wählen. Und selbst jetzt benötigt Petrus immer noch Hilfe, um Jesus zu erkennen. Doch dann kommt Bewegung in ihn. Da ändert sich alles. Da kommt Bewegung in sein Leben. Da erkennt er Jesus, der den Jüngern vertraut und fremd zugleich ist.

Die Osterkerze ist ein Symbol für Christus, das Licht, das neue Ein-Sichten schenkt.

---

1 Die Geschichte, die Johannes erzählt, hat mehrere Ebenen (vgl. S. 171).
 a) Zeichne die Handlungsebene als Comic ins Heft. Was lässt sich leicht darstellen, was bereitet dir Schwierigkeiten?
 b) Als es Morgen wurde, „dämmert" es den Jüngern. Sucht in der Auferstehungsgeschichte aus dem Johannesevangelium nach weiteren Hinweisen (z. B. Zeitangaben, Orts-/Längenangaben, Tätigkeitsbeschreibungen, Metaphern), die Hinweise auf eine weitere Bedeutung geben können und verdeutlichen, dass die Jünger die Auferstehung Jesu nicht gleich „begreifen".
 c) Entwirf ein Schaubild, das beide Ebenen miteinander verbindet: es wird Morgen – es „dämmert" den Jüngern …

2 Findet Beispiele für Situationen, die
 a) Bewegung ins Leben bringen und
 b) uns die Augen für andere öffnen.
 c) Helfen diese Beispiele, sich etwas unter „Auferstehung" vorzustellen? Begründet eure Meinungen.

Eucharistie feiern

Mit der Auferstehung war plötzlich alles anders. Und doch blieb manches scheinbar beim Alten. Auch die Freunde Jesu mussten das richtige Hinsehen erst lernen. Das Evangelium vom Gang der Jünger nach Emmaus schildert, wie aus dem Einsehen eine Kehrtwendung im Leben wird.

> [13] Am gleichen Tag waren zwei von den Jüngern auf dem Weg in ein Dorf namens Emmaus, das sechzig Stadien von Jerusalem entfernt ist. [14] Sie sprachen miteinander über all das, was sich ereignet hatte. [15] Während sie redeten und ihre Gedanken austauschten, kam Jesus hinzu und ging mit ihnen. [16] Doch sie waren wie mit Blindheit geschlagen, sodass sie ihn nicht erkannten. [17] Er fragte sie: Was sind das für Dinge, über die ihr auf eurem Weg miteinander redet? Da blieben sie traurig stehen, [18] und der eine von ihnen – er hieß Kleopas – antwortete ihm: Bist du so fremd in Jerusalem, dass du als Einziger nicht weißt, was in diesen Tagen dort geschehen ist? [19] Er fragte sie: Was denn? Sie antworteten ihm: Das mit Jesus von Nazaret. Er war ein Prophet, mächtig in Wort und Tat vor Gott und dem ganzen Volk. [20] Doch unsere Hohenpriester und Führer haben ihn zum Tod verurteilen und ans Kreuz schlagen lassen. [21] Wir aber hatten gehofft, dass er der sei, der Israel erlösen werde. Und dazu ist heute schon der dritte Tag, seitdem das alles geschehen ist. [22] Aber nicht nur das: Auch einige Frauen aus unserem Kreis haben uns in große Aufregung versetzt. Sie waren in der Frühe beim Grab, [23] fanden aber seinen Leichnam nicht. Als sie zurückkamen, erzählten sie, es seien ihnen Engel erschienen und hätten gesagt, er lebe. [24] Einige von uns gingen dann zum Grab und fanden alles so, wie die Frauen gesagt hatten; ihn selbst aber sahen sie nicht. [25] Da sagte er zu ihnen: Begreift ihr denn nicht? Wie schwer fällt es euch, alles zu glauben, was die Propheten gesagt haben. [26] Musste nicht der Messias all das erleiden, um so in seine Herrlichkeit zu gelangen? [27] Und er legte ihnen dar, ausgehend von Mose und allen Propheten, was in der gesamten Schrift über ihn geschrieben steht. [28] So erreichten sie das Dorf, zu dem sie unterwegs waren. Jesus tat, als wolle er weitergehen, [29] aber sie drängten ihn und sagten: Bleib doch bei uns; denn es wird bald Abend, der Tag hat sich schon geneigt. Da ging er mit hinein, um bei ihnen zu bleiben. [30] Und als er mit ihnen bei Tisch war, nahm er das Brot, sprach den Lobpreis, brach das Brot und gab es ihnen. [31] Da gingen ihnen die Augen auf, und sie erkannten ihn; dann sahen sie ihn nicht mehr. [32] Und sie sagten zueinander: Brannte uns nicht das Herz in der Brust, als er unterwegs mit uns redete und uns den Sinn der Schrift erschloss? [33] Noch in derselben Stunde brachen sie auf und kehrten nach Jerusalem zurück und sie fanden die Elf und die anderen Jünger versammelt.
> (Lk 24,13–33)

Jesus hat gern mit anderen zusammen gegessen und getrunken. Oft hat er gerade jene Menschen eingeladen, mit denen sonst niemand zu tun haben wollte. Eine gemeinsame Mahlzeit ist für Menschen eine wichtige Erfahrung. Ob man gemeinsam an einem liebevoll gedeckten Tisch isst oder ob man alleine eine Fertigmahlzeit aus der Packung isst, macht einen großen Unterschied.

Die Jünger verbanden mit dem gemeinsamen Essen die Erinnerung an Jesus, der beim Abendmahl Brot und Wein geteilt hat. „Tut dies zu meinem Gedächtnis", hatte er gesagt. Und sie hatten angefangen, beim Brechen des Brotes und Teilen des Weines an Jesus zu denken. Mehr noch: Sie hatten erfahren, dass Jesus selbst bei ihnen ist, wenn sie das Mahl feiern. Und das ist bis heute so. Sonntag für Sonntag feiern Christen das Mahl Jesu und wissen: Jesus selbst ist da. Sie erkennen ihn, ohne ihn zu sehen. Sie verstehen ihn, ohne ihn zu hören. Sie feiern: Jesus lebt!

Die Emmaus-Geschichte erzählt, was Christen im Gottesdienst feiern. Im Hören auf das Wort der Bibel (Wortgottesdienst) wird deutlich, wer Gott für uns sein will. Im Brechen des Brotes und im Teilen des Weines erfahren wir: Jesus ist in unserer Mitte. Im gemeinsamen Mahl wird deutlich: Wir sind eine große Gemeinschaft.

Leonardo da Vinci, Das letzte Abendmahl, 1495–98

Gebet in der Eucharistiefeier:
Denn in der Nacht, da er verraten wurde, nahm er das Brot und sagte Dank, brach es, reichte es seinen Jüngern sprach: Nehmet und esset alle davon: Das ist mein Leib, der für euch hingegeben wird.
Ebenso nahm er nach dem Mahl den Kelch, dankte wiederum, reichte ihn seinen Jüngern und sprach: Nehmet und trinket alle daraus: Das ist der Kelch des neuen und ewigen Bundes, mein Blut, das für euch und für alle vergossen wird zur Vergebung der Sünden. Tut dies zu meinem Gedächtnis.

Ruf im Wortgottesdienst:
Wort des lebendigen Gottes.
– Dank sei Gott!

1 Es geschieht beim Brotbrechen: „Da gingen ihnen die Augen auf, und sie erkannten ihn", so erzählt Lukas. Was könnten die beiden Jünger den Elf in Jerusalem erzählt haben? Nimm das Bild oben zur Hilfe oder schlage nach: Lk 22,14–20.

2 Schau dir das Bild von Leonardo da Vinci genau an.

a) Was geht in den Freunden Jesu vor? Formuliere ihre Gedanken in kurzen Sätzen.
b) Auf Seite 101 findest du ein Bild aus der Emmauskapelle an der Autobahn 81 bei Engen, auf dem der Künstler Bernhard Maier sein Verständnis der Emmausgeschichte darlegt. Beschreibe das Bild ganz genau. Wen oder was stellt es dar?
c) Informiere dich über Autobahnkapellen. Kann man in ihnen Jesus begegnen? Begründe deine Meinung sorgfältig.

3 Recherchiert den Aufbau einer Eucharistiefeier (Hl. Messe). Kennzeichnet die Elemente, die die Emmaus-Geschichte und eine Eucharistiefeier gemeinsam haben.

Feste in aller Welt

Feste und Religion – das gehört nicht nur im Christentum zusammen. Beim Vergleich verschiedener Feste kann man Gemeinsamkeiten und Unterschiede entdecken. Bedeuten ähnliche Riten, dass sich die Religionen gleichen?

Indien: Diwali
Die gläubigen Inder sind meist Hindus und verehren viele Götter. Der Hinduismus ist die älteste Weltreligion. Ende Oktober oder Anfang November feiern die Hindus zum Neumond das Lichterfest Diwali. In ganz Indien brennen dann in den Häusern kleine Tonlampen, die *diye*. Sie sollen Lakschmi, die Göttin des Wohlergehens, in ihre Häuser führen.

Das Fest Diwali dauert zwischen einem und fünf Tagen. Nachbarn und Freunde besuchen sich gegenseitig und tauschen Geschenke aus, vor allem Süßigkeiten aus Kokosnuss und kleine Zuckerpastillen. In den Häusern haben die Familien eigene Altäre mit Blumengirlanden geschmückt. Das Oberhaupt der Familie spricht Gebete und segnet jedes Familienmitglied. Für die Kinder ist das Feuerwerk am Ende des Festes der eigentliche Höhepunkt!

Israel: Chanukka
Jedes Jahr am 25. Tag des jüdischen Monats Kislev (das ist in der Regel im Dezember) feiern Juden Chanukka, das Lichterfest. Es erinnert an die Wiedereinweihung des zweiten jüdischen Tempels in Jerusalem im Jahr 164 v. Chr. nach dem erfolgreichen Aufstand der Juden gegen die griechischen Machthaber.

Die siegreichen Juden unter der Führung der Makkabäer beseitigten den im jüdischen Tempel errichteten heidnischen Altar und führten den jüdischen Tempeldienst wieder ein. Es wird berichtet, dass ein einziger Krug mit geweihtem Öl von den Griechen im Tempel übersehen und deshalb nicht vernichtet worden war. Normalerweise hätte dieses Öl nur für einen einzigen Tag als Speisung des ewigen Lichts im Tempel ausgereicht. Durch ein Wunder brannte der Tempelleuchter jedoch, bis neues geweihtes Öl hergestellt worden war, acht volle Tage lang.

Daran erinnert der Chanukka-Leuchter mit seinen neun Kerzen: acht davon für je eine Nacht von Chanukka. Die neunte in der Mitte dient dazu, die anderen Kerzen anzuzünden.

Wie bei allen jüdischen Festen versammelt sich die ganze Familie. Jede Nacht werden Kerzen angezündet und man spricht besondere Segenswünsche vor dem Essen. Viele Kinder erhalten auch Geschenke.

Türkei: Eid ul-Fitr
Dieses fröhliche Fest heißt übersetzt „Fastenbrechen". Es dauert drei Tage. Die Muslime feiern es am Ende des Fastenmonats Ramadan, in dem sie 30 Tage lang von Sonnenaufgang bis Sonnenuntergang weder essen noch trinken dürfen. An Eid ul-Fitr danken sie Allah für seine Hilfe während dieses Fastenmonats. Es ist auch ein Versöhnungsfest.

Am ersten Tag des Festes stehen die Muslime vor Sonnenaufgang auf und ziehen ihre besten Kleider an. Dann beten sie in der Moschee, bis die Sonne aufgegangen ist. Danach gibt es ein großes Frühstück im Kreise der Familie. Man beschenkt Arme und besucht Verwandte und Freunde. Die Kinder freuen sich, weil sie Süßigkeiten oder kleine Geschenke erhalten.

Methode Kapitel 6

Bilder sehen lernen

Salvador Dalí, Das letzte Abendmahl, 1955

Bilder anschauen – das kann doch jedes Kind. Oder? Aber halt! Wer schon beim ersten Blick glaubt, alles Wesentliche gesehen zu haben, hat oft gar nichts gesehen. Wer ein Bild wirklich sehen will, muss Zeit mitbringen. Ein Künstler oder eine Künstlerin hat das Bild ja auch nicht im Vorbeigehen gemalt, sondern sich viele Gedanken gemacht, die man verstehen kann.

1. Schritt: Sieh dir ein Bild ganz genau an. Und zwar am besten nicht allein, sondern zusammen mit anderen. Je mehr Menschen sich ein Bild anschauen, umso mehr kann man entdecken.

2. Schritt: Macht euch gegenseitig auf das, was ihr entdeckt habt, aufmerksam. Dabei gilt: Kein noch so winziges Detail ist unwichtig. Und keine noch so merkwürdig erscheinende Aussage ist falsch – sie muss sich nur auf das Bild beziehen. Ihr könnt nachfragen, was andere gemeint haben, aber ihr dürft sie nicht kritisieren.

3. Schritt: Sucht nach Hinweisen, mit denen der Künstler euch so etwas wie einen Schlüssel zu seinen Gedanken zu diesem Bild gibt: Stimmen die Größenverhältnisse? Seht ihr auffällige Gegenstände? Was sagen euch die Farben? Wie sind die Figuren und Gegenstände angeordnet? Was drücken die Haltungen der Figuren aus? Kommt euch etwas an dem Bild bekannt vor?

4. Schritt: „Besuche" das Bild. Suche dir einen Platz in dem Bild. Wie sieht alles von diesem Punkt betrachtet aus? Wie fühlst du dich? Was könnten die Figuren sagen? Was würdest du sagen?

5. Schritt: Mache dir Notizen oder klebe eine Kopie des Bildes in dein Heft. Male farbig an, was dir auf dem Bild wichtig geworden ist. Du kannst Sprechblasen hinzufügen oder das Bild ergänzen. So antwortest du mit deinen eigenen Gedanken und Ideen auf die, die der Künstler in seinem Bild ausgedrückt hat.

Was der Zeit den Rhythmus gibt – Feste, die wir feiern

Menschen feiern Feste. Die Fähigkeit, Feste zu feiern, macht uns menschlich. Gemeinschaft, Lebensfreude, sogar Gott – das alles wird im Fest erfahren. Aber auch Trauer und Leid, Angst und Not lassen sich in einer gemeinsamen Feier leichter ertragen. **Feste sind Orte besonderer Erfahrungen**. Wer feiert, erlebt, wie sich die Zeit verändert.

Feste und Zeit – beides gehört zusammen. Ohne Feste gäbe es nur das triste Einerlei des Alltags. Der **Sonntag**, an dem Christen die Auferstehung von Jesus feiern, gibt der Zeit einen **Rhythmus**. Die großen Jahresfeste Ostern, Pfingsten und Weihnachten bestimmen unser Erleben der Zeit.

Der **Advent** macht das besonders deutlich. Diese Zeit ist geprägt von der Erinnerung an das Kommen Jesu. Sie ist voller Erwartung auf **Weihnachten**. Sie lenkt den Blick auf die Hoffnung, dass Jesus wiederkommt und alle Zeit ein Ende hat. Und so ist zu verstehen, dass der 25. Dezember sehr wahrscheinlich nicht der richtige Geburtstag von Jesus ist. Es handelt sich vielmehr um einen symbolischen Tag: Ein Licht ist uns erschienen, so erzählt die Bibel. Wir feiern die Geburt Jesu in der dunkelsten Zeit des Jahres. Und wie das Datum symbolisch ist, so sind auch viele der Bräuche rund um das Weihnachtsfest voller hintergründiger Bedeutungen. Immer wieder soll deutlich werden: Jesus hat die Welt verändert und die Menschen frei gemacht.

Das Christentum ist eine fröhliche Religion. **Ostern**, das wichtigste christliche Fest, strahlt so viel Freude aus, dass es bis in die **Fastnacht** hineinreicht – auch wenn sich da manchmal ein ganz anderer Ton in das lustige Lachen hineinmischt. Aber letztlich dürfen sich sogar diejenigen, die Jesus verfolgen und zu Tode bringen, darüber freuen, dass Jesus die Welt erlöst hat. „Dieser Mensch war Gottes Sohn" (Mk 15,39), sagt der Hauptmann, der wohl zu den Soldaten gehörte, die Jesus kreuzigten. Er hat verstanden, was am Karfreitag geschah – schon bald nahmen gelehrte Theologen an, dass der Hauptmann Christ geworden ist.

Jede **Eucharistiefeier**, in der sich Christen an Leben, Tod und Auferstehung Jesu erinnern, beginnt mit einem Schuldbekenntnis. Einsehen, dass etwas falsch gelaufen ist, ist der erste Schritt, um Vergebung und Veränderung erfahren zu können. Petrus und die anderen, die Jünger, die nach Emmaus gegangen waren, Paulus – alle sind Menschen, die plötzlich gemerkt haben: So, wie es bislang gewesen ist, geht es nicht weiter. Etwas muss sich ändern. *Ich* muss mich verändern: Ich muss den anderen neben mir sehen lernen. Und da gingen ihnen die Augen auf.

Die Eucharistiefeier ist so ein **Veränderungsfest**. Die Worte aus der Bibel, die im ersten Teil vorgetragen werden, erinnern an Gottes Geschichte mit Israel, an Jesus und seine Botschaft sowie an die Erfahrungen der ersten Christen. Im zweiten Teil, der Mahlfeier, wird deutlich: Nicht nur damals, vor ungefähr 2000 Jahren, hat Jesus mit seinen Freunden gegessen und getrunken. Nein, bis heute ist er gegenwärtig, „präsent", wenn Menschen sich in seinem Namen versammeln und zu seinem Gedächtnis Brot brechen und Wein teilen. Und das ist tatsächlich eine ganz besondere Erfahrung!

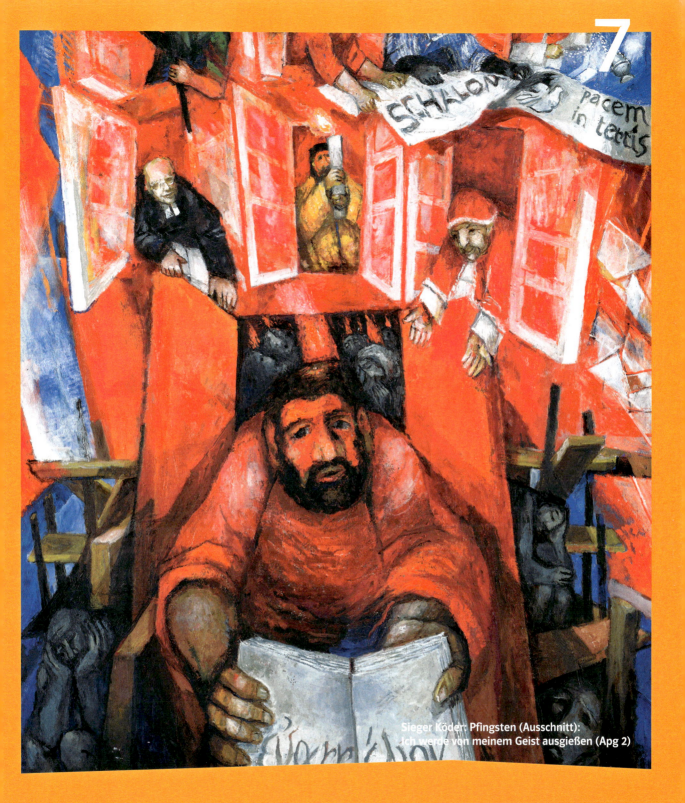

Sieger Köder: Pfingsten (Ausschnitt):
Ich werde von meinem Geist ausgießen (Apg 2)

7 Christentum am Anfang:
Viele lassen sich begeistern

Pfingsten: Gottes Geist kommt wie Sturm und Feuer

Banges Warten auf Gottes Geist

Der Evangelist Lukas erzählt von der Situation der Jüngerinnen und Jünger Jesu in Jerusalem. Jesu Tod hatte ihre Hoffnungen auf Gottes Reich durchkreuzt. Doch dann begannen sie zu glauben, dass Jesus von den Toten auferstanden ist. Im Lukasevangelium heißt es, dass Jesus nach seiner Auferstehung den Jüngern erschien und Folgendes versprach:

> Der Messias wird leiden und am dritten Tag von den Toten auferstehen, ⁴⁷und in seinem Namen wird man allen Völkern, angefangen in Jerusalem, verkünden, sie sollen umkehren, damit ihre Sünden vergeben werden. ⁴⁸Ihr seid Zeugen dafür. ⁴⁹Und ich werde die Gabe, die mein Vater verheißen hat, zu euch herabsenden. Bleibt in der Stadt, bis ihr mit der Kraft aus der Höhe erfüllt werdet.
> (Lk 24,46–49)

Dann war Jesus nicht mehr für die Augen und Ohren der Jünger wahrnehmbar. Sie konnten ihn nicht mehr treffen oder um Rat fragen. Doch sie warteten auf die verheißene Gabe Jesu. Lukas deutet an, um was es sich handelt: eine „Kraft", die neuen Mut, stärkere Hoffnung, größere Tatkraft mitbringt. Doch vorerst warteten sie. Lukas berichtet, dass sie in Jerusalem blieben.

Pfingsten: Gottes Geist kommt machtvoll herab

Was dann geschah, ist schwer mit Worten auszudrücken. Man kann es eigentlich gar nicht richtig begreifen. Die Jünger Jesu fassten neuen Mut und begannen in die Welt zu ziehen, um die frohe Botschaft allen Menschen weiterzusagen.

Der Evangelist Lukas erzählt von dem Kommen des Heiligen Geistes in seiner Geschichte vom Pfingstereignis.

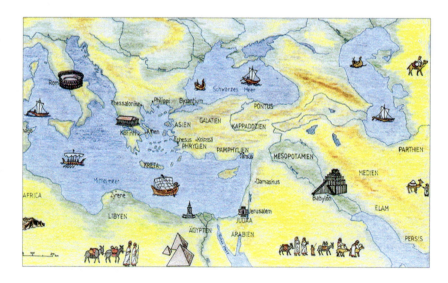

Aufgaben

1 Lest die Geschichte von Pfingsten (Apg 2,1–13). Einige Bibelstellen zeigen besonders gut, wie mächtig der Geist Gottes wirken kann. Nennt und erklärt sie.

a) Sucht auf der Karte die Heimat der genannten Völker aus Apg 2,1–13.
b) Was will Lukas mit der Völkerliste zeigen?
c) Übernimm die Aussagen ins Heft: Gottes Geist ist wie …

Info

Die **Apostelgeschichte (Apg)** wurde wohl um 90 n. Chr. geschrieben. Ihr Verfasser, der Evangelist Lukas, beschreibt darin auch das Pfingstereignis. Als Lukas die Geschichte aufschreibt, liegt das Ereignis von Pfingsten bereits über 50 Jahre zurück. Da er nicht selbst dabei war, muss er sich auf mündliche Erzählungen verlassen. Außerdem schmückt er die Geschichte so aus, dass ihre Botschaft besonders anschaulich zur Geltung kommt.

Proselyten sind Menschen, die nicht als Juden geboren wurden, sondern als Erwachsene zum Judentum übergetreten sind. Anders als viele Gruppen in Apg 2,1–13 sind die Proselyten also keine Völker.

Pfingsten heißt das Fest 50 Tage nach Ostern, an dem man sich an das Kommen des Heiligen Geistes erinnert.

Hilde Chistè: Komm, Heiliger Geist, der Leben schafft, 1992

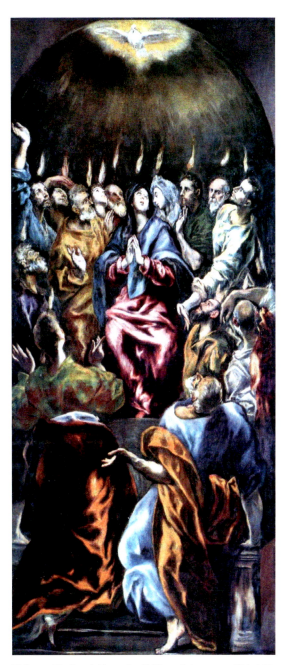

El Greco: Die Ausgießung des Heiligen Geistes, um 1604–1614

Immer wieder haben Menschen versucht, den Heiligen Geist zu erfassen und darzustellen. Dazu haben sie auch selbst Geschichten aufgeschrieben oder Gedichte, Gebete und Lieder verfasst. Oder sie haben zum Pinsel gegriffen und Bilder gemalt.

Beschreibt die beiden Pfingstbilder auf dieser Seite sowie das Bild auf S. 121 zunächst für euch allein. Vergleicht dann, wie der Heilige Geist jeweils dargestellt ist.

Petrus – ein begeisterter Christ

Refrain: Komm Heil'ger Geist, mit Deiner Kraft, die uns verbindet und Leben schafft.
1. Wie das Feuer sich verbreitet und die Dunkelheit erhellt, so soll uns Dein Geist ergreifen, umgestalten unsre Welt.
2. Wie der Sturm unaufhaltsam dring' in unser Leben ein. Nur wenn wir uns nicht verschließen, können wir Deine Kirche sein.
3. Schenke uns von Deiner Liebe, die vertraut und die vergibt. Alle sprechen eine Sprache, wenn ein Mensch den andern liebt.

T: Klaus Okonek & Jo Rail

Petrus predigt an Pfingsten
Lukas erzählt, wie der Apostel Petrus vom Heiligen Geist erfüllt wurde, sodass er den Mut fasste, in Jerusalem in aller Öffentlichkeit zu predigen.

[14] Da trat Petrus auf, zusammen mit den Elf; er erhob seine Stimme und begann zu reden: Ihr Juden und alle Bewohner von Jerusalem! Dies sollt ihr wissen, achtet auf meine Worte! [15] Diese Männer sind nicht betrunken, wie ihr meint; es ist ja erst die dritte Stunde am Morgen; [16] sondern jetzt geschieht, was durch den Propheten Joël gesagt worden ist:
[17] *In den letzten Tagen wird es geschehen, / so spricht Gott: / Ich werde von meinem Geist ausgießen / über alles Fleisch. / Eure Söhne und eure Töchter werden Propheten sein, eure jungen Männer werden Visionen haben, / und eure Alten werden Träume haben. (…)*
[19] *Ich werde Wunder erscheinen lassen droben am Himmel / und Zeichen unten auf der Erde: / Blut und Feuer und qualmenden Rauch.*
[20] *Die Sonne wird sich in Finsternis verwandeln / und der Mond in Blut, / ehe der Tag des Herrn kommt, / der große und herrliche Tag.*
[21] *Und es wird geschehen: / Jeder, der den Namen des Herrn anruft, / wird gerettet.*
[22] Israeliten, hört diese Worte: Jesus, den Nazoräer, den Gott vor euch beglaubigt hat durch machtvolle Taten, Wunder und Zeichen, die er durch ihn in eurer Mitte getan hat, wie ihr selbst wisst – [23] ihn, der nach Gottes beschlossenem Willen und Vorauswissen hingegeben wurde, habt ihr durch die Hand von Gesetzlosen ans Kreuz geschlagen und umgebracht.
[24] Gott aber hat ihn von den Wehen des Todes befreit und auferweckt; denn es war unmöglich, dass er vom Tod festgehalten wurde. (…)
[32] Diesen Jesus hat Gott auferweckt, dafür sind wir alle Zeugen. Nachdem er durch die rechte Hand Gottes erhöht worden war und vom Vater den verheißenen Heiligen Geist empfangen hatte, hat er ihn ausgegossen, wie ihr seht und hört. (…)
[36] Mit Gewissheit erkenne also das ganze Haus Israel: Gott hat ihn zum Herrn und Messias gemacht, diesen Jesus, den ihr gekreuzigt habt. (Apg 2,14–36)

Aufgaben

1. Übertrage eine Strophe des Liedes, die dir besonders gefällt, ins Heft und male dazu eine Szene.
2. a) Wie wirkt die Pfingstpredigt des Petrus auf dich? Wie könnte sie auf die Zuhörer zur Zeit des Petrus gewirkt haben?
   b) Vergleicht eure Vermutungen mit Apg 2,37–42.
   c) Sucht nach Gründen für die Wirkung der Pfingstpredigt, die Lukas schildert. Haben diese Gründe für uns heute auch noch eine Bedeutung?

Das Leben des Petrus

Statue des heiligen Petrus

Otto Dix: Petrus und der Hahn, 1958

Petrus, der an Pfingsten in aller Öffentlichkeit gepredigt hat, war nicht immer so standhaft im Glauben. Immer wieder verhielt er sich auch ängstlich. Trotz dieser menschlichen Schwächen hat Jesus ausgerechnet ihn zum Kopf der zwölf Apostel in Jerusalem gemacht. Und Petrus wurde ein mutiger und überzeugter Christusverkünder. Heutigen Christen kann daher an Petrus deutlich werden, dass Christsein manchmal über die eigenen Kräfte geht und immer wieder Stärkung durch den Geist Jesu braucht.

1 Schlagt folgende Bibelstellen zum Leben des Petrus nach und verfasst mit ihrer Hilfe eine Beschreibung der Persönlichkeit von Petrus:
   a) Mt 4,18–22
   b) Mt 16,13–20
   c) Mt 26,30–35, Mt 26,69–75
2 Teilt euch in Kleingruppen auf und gestaltet ein Rollenspiel (siehe S. 139) zu einer dieser biblischen Szenen.
3 Beschreibt die beiden Bilder und erklärt, was dabei über Petrus zum Ausdruck kommt.
4 Buch, Schlüssel, Hahn: Recherchiert die Bedeutung dieser Merkmale, mit denen Petrus oft dargestellt wird.

Paulus – zunächst Feind der Christen …

Die große Lebenswende des Paulus

Neben Petrus wird für das Christentum am Anfang ein anderer Apostel sehr wichtig. Er erzählt im folgenden Text von seinem Leben und seiner großen Lebenswende:

Liebe Schülerinnen und Schüler!
Zunächst möchte ich mich vorstellen – und das gleich mit zwei Namen: Paulus und Saulus. Paulus nennen mich meine griechischen, Saulus meine jüdischen Bekannten. In vielen Briefen halte ich Kontakt mit ihnen – meinen Schwestern und Brüdern in Jesus Christus. Doch ich war nicht immer einer von ihnen.
Geboren bin ich ungefähr zur gleichen Zeit wie Jesus unter dem Namen Saulus in Tarsus, das ihr heute in der südlichen Türkei suchen müsstet. Meine Familie besaß das römische Bürgerrecht, sprach aber griechisch und hebräisch. Erzogen wurde gemäß der jüdischen Überlieferung. Ich lernte zuerst den Beruf eines Zeltmachers, kam aber mit 18 Jahren nach Jerusalem, weil ich bei dem berühmten Rabbi Gamaliel die Tora studieren wollte. Damals schloss ich mich auch der Gruppe der Pharisäer an, weil die sich bemühten, das Gesetz des Mose genau zu erfüllen. Nach meiner Ausbildung wählte der Hohe Rat mich jedenfalls aus, eine gotteslästerliche Sekte, eine Abspaltung von der jüdischen Religion, zu verfolgen und zu vernichten. Der Anführer dieser Anhänger des „Neuen Weges" war damals in meinen Augen ein Unruhestifter und ein Gotteslästerer. Ich dachte, dass er zu Recht von der Obrigkeit hingerichtet worden ist. Als seine Anhänger, die sich für kurze Zeit verkrochen hatten, auf einmal kleine Gemeinschaften bildeten und verkündeten, dass ihr Jesus von den Toten auferstanden ist, waren wir mit unserer Geduld am Ende.

→ Ein weiteres Paulus-Bild findest du auf S. 185.

Ich versuchte sie zuerst mit Argumenten zu überzeugen und sie so zur Rückkehr zum Gesetz des Mose und den jüdischen Überlieferungen zu bewegen. Aber die Sektierer waren von ihrem Jesus nicht abzubringen. Die Emotionen schlugen immer höhere Wogen. Es kam zu Anklagen vor Gericht und hier und da zu Gewaltausbrüchen auf der Straße. Vielleicht kennt ihr die Geschichte von Stephanus: Er wurde von einer aufgebrachten Menge gesteinigt. Ich empfand damals überhaupt kein Mitleid für ihn. Inzwischen sehe ich das aber ganz anders! Bald darauf bekam ich den Auftrag, auch in Damaskus gegen die Anhänger der Jesus-Gemeinde vorzugehen, aber auf dem Weg dorthin geschah etwas Außergewöhnliches. Gott offenbarte mir Jesus Christus als seinen Sohn und beauftragte mich, ihn zu verkündigen. Dieses Erlebnis war eine dramatische Lebenswende für mich!
So bin ich von einem Verfolger der Christen zu ihrem Missionar geworden! Eine Wende vom Feind zum Botschafter des christlichen Glaubens in der Welt.

Segna di Bonaventura, Apostel Paulus (Detail), 1315

Aufgaben

1 Fasst in einem Steckbrief zusammen, was ihr über Paulus erfahren habt: Name(n), Geburtsort, Sprachkenntnisse, Religion, Beruf(e), Haltung gegenüber den Christen, Lebenswende.

2 Gestaltet den Steckbrief und malt ein Porträt von Paulus mit hinein. Recherchiert dazu, wie man Paulus auf Bildern gewöhnlich darstellt.

… später ihr begeisterter Botschafter

Paulus ist wie verwandelt

Das Leben des Paulus hat sich nach seinem Erlebnis vor Damaskus schlagartig verändert. Vom fanatischen Christenverfolger wird er zum unbeirrten Christusverkünder. Er hatte erfahren, dass Christus der Retter aller Menschen ist. In Damaskus waren aber noch viele Menschen verunsichert. Auf dem Marktplatz von Damaskus unterhalten sich zwei Personen, Mirjam und Ruben.

Mirjam: Hast du schon das Neueste gehört?

Ruben: Was denn?

Mirjam: Na, von dem Saulus aus Jerusalem!

Ruben: Ja, ich weiß. Der soll im Auftrag des Hohen Rats die Anhänger von diesem Jesus aufstöbern und gefangen nehmen.

Mirjam: Ach was, ich hab ganz was anderes gehört!

Ruben: Was denn, erzähl schon!

Mirjam: Er soll gestern in der Synagoge eine Rede gehalten haben.

Ruben: Klar, er ist ein frommer und studierter Pharisäer. Er wird gegen die Anhänger von Jesus gewettert haben.

Mirjam: Da liegst du ganz falsch! Genau das Gegenteil muss er gesagt haben: Er hat behauptet, dieser Jesus, der Gekreuzigte, sei der Sohn Gottes!

Ruben: Das kann doch nicht wahr sein!

Mirjam: Was glaubst du, was in der Synagoge los war! Alle haben durcheinandergeschrien: Der ist übergeschnappt! Werft ihn hinaus! Stopft ihm das Maul!

Ruben: Und dann? Haben sie ihn eingesperrt?

Mirjam: Noch nicht! Man sucht ihn, die Stadttore werden streng bewacht.

Ruben: Vielleicht war es auch nur ein Trick von ihm, um die Jesus-Anhänger aufzuspüren. Dann hat er seine Sache geschickt eingefädelt.

Mirjam: Nein, ich glaube, der meint es verdammt ernst!

Karel Dujardin, Bekehrung des Paulus, 1662

---

1 Lest Apg 9,1–22. Wie wird dort die Lebenswende des Paulus, das „Damaskuserlebnis", beschrieben?

2 Erzählt von eigenen Erlebnissen, in denen euch „ein Licht aufgegangen" oder etwas „wie Schuppen von den Augen gefallen" ist.

3 Beschreibt und erklärt das Bild vom „Damaskuserlebnis" des Paulus.

Kapitel 7

Paulus verbreitet die christliche Botschaft

Info

Kleiner Überblick über das weitere Leben des Paulus

34	Berufung des Paulus bei Damaskus
35	Erster Besuch in Jerusalem: Begegnung mit Petrus und Jakobus
44–48	Erste Missionsreise nach Zypern und Kleinasien
48	Paulus und Barnabas gehen als Gesandte der Christen von Antiochia (Syrien) nach Jerusalem zum „Apostelkonzil".
50/51	Zweite Missionsreise über Kleinasien nach Griechenland. Von Korinth schreibt Paulus den 1. Brief an die Thessalonicher, das älteste Schriftstück im Neuen Testament.
52–55	Aufenthalt in Ephesus. Von hier aus schreibt Paulus den Brief an die Galater, den 1. und 2. Brief an die Korinther und die Briefe an die Philipper und an Philemon.
56–58	Dritte Missionsreise über Kleinasien nach Griechenland. In Korinth verfasst Paulus seinen letzten Brief, den Brief an die Römer.
58	Verhaftung in Jerusalem
ca. 60/61	Aufgrund seines römischen Bürgerrechts Berufung an den Kaiser und Überstellung nach Rom
64/65	Hinrichtung durch das Schwert

Etwa zehn Jahre nach seiner Berufung (Damaskuserlebnis) begann Paulus viel und weit zu reisen. Er wollte die christliche Botschaft in der ganzen damaligen Welt verbreiten. Dabei hat der Völkerapostel viele mühevolle Meilen und große Gefahren hinter sich gebracht. Mittlerweile hatte er mehrere Mitarbeiter – Männer wie Frauen. Zu seiner ersten Missionsreise brach er zusammen mit zwei Begleitern im Jahr 44 von Antiochia auf. Nach einigen Jahren, es könnte im Jahr 51 gewesen sein, blicken Paulus und sein Gefährte Barnabas schließlich auf ihre abenteuerlichen Erlebnisse zurück:

Barnabas: Ach Paulus, es war schon immer wieder ein Sprung ins kalte Wasser, wenn wir in eine fremde größere Stadt kamen. Wir konnten uns ja nicht einfach auf den Marktplatz stellen und eine große Rede halten, um die Leute auf uns aufmerksam zu machen!

Paulus: Nein, Barnabas. Daher gingen wir auch immer zuerst in die Synagoge oder die Gebetstätte am Ort. Dort trafen wir Juden und gottesfürchtige Heiden. Denen predigten wir dann von Jesus aus Nazaret, dass er der Messias ist und dass er uns von unseren Ängsten, Sorgen und unserer Schuld befreit.

Barnabas: Genau. Doch dann wurde es schwierig. Nur im Idealfall ließen sich einige Zuhörer überzeugen. Sie luden uns dann zu sich nach Hause ein und wir redeten weiter über Jesus.

Paulus: Ja, und wenn sie sich zu Jesus Christus bekannten, ganz gleich, ob es Juden oder Heiden waren, konnten wir länger bei ihnen bleiben. Nach einiger Zeit tauften wir sie dann im Namen Jesu Christi und legten ihnen die Hände auf, damit sie Jesu stärkenden Geist erhielten. Und wenn es sein sollte, dann gründeten wir mit ihnen zusammen am Ort eine neue Christengemeinde. Heute kann ich sagen: Geführt von Gottes Geist haben wir viel erreicht!

Barnabas: Und weißt du noch, wie wir die Leitung der Gemeinden bestimmen mussten, bevor wir weiterzogen?

Paulus: Natürlich. Meistens wählte ich dafür die Männer oder Frauen aus, bei denen wir aufgenommen worden sind und in deren Häusern wir schon gebetet und das Abendmahl gefeiert hatten.

Barnabas: Und leider kannten sich diese „frischgebackenen" Gemeindeleiter noch nicht gut genug mit unserem Glauben aus! Nicht selten gab es Streit oder Machtkämpfe, sobald du weggefahren bist.

Paulus: Ja, das war eine der größten Herausforderungen! Ich konnte ja nicht bei jedem Problem selbst wieder hinfahren. So schickte ich, wenn es ging, dann dich oder einen anderen meiner Begleiter. Ihr musstet dann der Gemeinde in meinem Namen das Evangelium richtig auslegen. Dafür gab ich euch die Briefe mit, in denen ich auf alles genau einging und in den Streitfällen ganz klar Position bezog. Hoffentlich waren meine vielen Briefe nicht umsonst.

Barnabas: Auf keinen Fall, Paulus! Deine Briefe haben nicht nur viel in den Gemeinden bewirkt, sondern geben auch ein großartiges Zeugnis von unserem christlichen Glauben. Mir persönlich ist dein 1. Brief an die Korinther immer noch im Ohr. Im 12. Kapitel zeigst du, dass wir alle viele Glieder des einen Leibes Christi sind, wodurch unsere Gemeinschaft gestärkt wird. Und besonders bewegt hat mich das Kapitel 13 dieses Briefs, das Hohelied der Liebe.

Paulus: Danke, Barnabas. Dann will ich einmal in die schöne Stadt Ephesus aufbrechen.

Paulus in Ephesus

Auf seinen Reisen erlebte Paulus viel Neues, er begegnete fremden Kulturen und Denkweisen. Paulus besuchte Ephesus vermutlich dreimal. Auf seiner dritten Missionsreise blieb er zwei Jahre dort. Ephesus war die wichtigste Stadt der römischen Provinz Asia und eine Brücke zwischen Ost und West. Zur Zeit des Paulus hatte sie 300 000 Einwohner und war eine prächtige Stadt mit marmorgepflasterten Straßen, mit Tempeln, Bädern und Bibliotheken. Sie diente Paulus bei seiner Missionstätigkeit als Stützpunkt. Der Aufstand der Silberschmiede in der Stadt bringt ihn aber in arge Bedrängnis.

→ Mehr zum 12. Kapitel des Korintherbriefes findest du auf S. 185.

Artemis, die Göttin der Fruchtbarkeit, zog große Pilgerscharen an. Ihr Tempel in Ephesus ist eines der sieben Weltwunder der Antike.

---

1 Wie es dazu kam und wie der Aufstand beendet wurde, beschreibt Lukas in Apg 19,23–40. Gebt die Geschichte in eigenen Worten wieder. Entwerft dann gemeinsam in der Klasse ein Rollenspiel dazu.

2 Lies in der Bibel das Hohelied der Liebe, in 1 Kor 13, nach. Versuche, in einem Bild darzustellen, was Paulus wichtig ist.

Kapitel 7

Wer kann Christ werden?

Wer darf dazugehören?
Gemeinschaft braucht Gemeinsamkeit. Auf der Grundlage einer großen Gemeinsamkeit lassen sich auch Streitigkeiten und Meinungsverschiedenheiten aushalten und austragen. Fehlt aber das gemeinsame Fundament, ist die Gemeinschaft insgesamt bedroht. Dann kann ein Gruppe, eine Gemeinschaft, ein Verein, sogar eine Familie zerbrechen.

Im frühen Christentum war es ähnlich. Damals kam es zum Streit über die entscheidende Frage, wer zur christlichen Kirche gehören darf und wer nicht. Man musste entscheiden, was neue Interessenten am christlichen Glauben tun mussten, um ganz zur Kirche Jesu Christi dazuzugehören.

Dabei gab es zwei Gruppen von Personen, die an Jesus Christus glaubten: Die einen waren wie Jesus selbst Juden und lebten nach den Regeln des jüdischen Glaubens. Man nennt sie daher „Judenchristen". Die anderen waren keine Juden und daher aus jüdischer Sicht Heiden. Deshalb werden sie als „Heidenchristen" bezeichnet.

Wie der Streit entstand
Antiochia in Syrien war nach Rom und Alexandria die drittgrößte Stadt im römischen Reich mit etwa 500 000 Einwohnern unterschiedlicher Sprache, Kultur und Religion. Judenchristen, die während der Verfolgung aus Jerusalem geflohen waren, verkündeten dort den Juden die Botschaft von Jesus, dem Messias. Auch Nichtjuden schlossen sich dieser Jesus-Bewegung an. So entstand eine Gemeinschaft aus ehemaligen Juden und Heiden, die sich kaum mehr nach jüdischen Gesetzen und Bräuchen richtete.

Paulus kam mit seinem Freund Barnabas nach Antiochia und unterstützte die dortigen Christen in ihrer Einstellung. Aber andere Christen aus Judäa kritisierten die Verhältnisse in Antiochia. Sie forderten, dass alle Heiden, die sich taufen lassen wollten, zuerst zum jüdischen Glauben übertreten sollten.

In der Apostelgeschichte heißt es hierzu:

> Es kamen Leute von Judäa herab und lehrten die Brüder: Wenn ihr euch nicht nach dem Brauch des Mose beschneiden lasst, könnt ihr nicht gerettet werden. (Apg 15,1)

Die Beschneidung und das Beachten anderer jüdischer Gesetze, z. B. bestimmte Speisevorschriften (siehe S. 47), erschienen diesen Judenchristen aus Judäa als notwendig.

Streitgespräch zwischen den damaligen Christen
Folgende Szene schildert den Streit der damaligen Kirche:

Erzähler: In Antiochia werden neue Christen in die Gemeinde aufgenommen, die nicht Juden sind. Sie wollen zur Kirche gehören, beachten aber nicht die jüdischen Gebote. Ist das richtig oder falsch? Was müssen Menschen, die sich taufen lassen und Christen werden wollen, an ihrem Leben ändern?

Andreas aus Judäa: Diese Leute müssen unbedingt ihr heidnisches Leben aufgeben und sich ganz dem Judentum anschließen. Das heißt, dass sie sich auch beschneiden lassen müssen und nur noch koscher essen dürfen. Erst wenn sie dazu bereit sind, dürfen wir sie taufen und in die christliche Kirche aufnehmen! Wo kommen wir denn hin, wenn wir jeden aufnehmen?

Mirjam aus Judäa: Richtig, Andreas! Außerdem muss sich jeder, der Christ werden will, von alten Lebensgewohnheiten verabschieden und zeigen, dass er bereit ist, sein Leben zu ändern. Das tut man am besten, indem man sich zum Glauben Jesu, der jüdischen Lebensweise, bekennt.

Paulus: Nein! Das kann nicht unser Weg sein! Jeder kann Christ werden, ohne dass er zuerst die Regeln des Judentums übernehmen muss. Schließlich hat uns Christus zur Freiheit befreit und will nicht, dass man zuerst viele Opfer bringen muss. Der Glaube an ihn reicht völlig aus.

Barnabas: Ich schließe mich Paulus an. Und wir werden nach Jerusalem gehen, zu Petrus und den anderen Aposteln und Ältesten. Mit ihnen zusammen wollen wir diese wichtige Streitfrage endgültig entscheiden.

Erzähler: Barnabas und Paulus machen sich auf den Weg nach Jerusalem. Dort treffen sie Petrus, Jakobus und die anderen Frauen und Männer der Urgemeinde.

Petrus: Willkommen Brüder! Wie wir gehört haben, müssen wir eine wichtige Entscheidung treffen: Müssen alle neuen Christen zuerst die jüdischen Gebote erfüllen oder reicht es, wenn sie sich zu Jesus Christus bekennen?

Paulus: Richtig. Diese Frage muss heute für alle Zeit geklärt werden. Denn unsere Mission ist sehr erfolgreich. Etliche wollen sich taufen lassen und ein immer größerer Teil gehört gar nicht dem Judentum an. Es geht um die Zukunft der Kirche.

Matthias, ein ehemaliger Pharisäer: Es freut mich natürlich, wenn ihr vielen Menschen das Evangelium verkündet. Doch ich bestehe darauf, dass alle neuen Bewerber zuerst ganz zum jüdischen Glauben übertreten, bevor man sie tauft.

Erzähler: Hierüber entstand ein heftiger Streit. Alle redeten durcheinander und man konnte sein eigenes Wort nicht mehr verstehen. Schließlich stand Petrus auf und rief laut:

Petrus: Ruhe, Schwestern und Brüder! Ich bitte euch! Erinnert euch doch daran, dass Gott seinen Geist allen Menschen gesandt hat. Nicht nur wir Juden, auch die Heiden wurden im Herzen von ihm angesprochen. Warum sollen wir dann nachträglich den Heiden den Zugang zum Christentum schwerer machen als nötig? Wir glauben doch, dass Jesus alle Menschen gleichermaßen retten wollte.

Paulus / Barnabas: Genau! Gut gesprochen!

Jakobus: Auch ich stimme Petrus voll zu. Wir sollten den Heiden, die sich taufen lassen wollen, keine allzu großen Steine in den Weg legen. Ihr Glaube an Jesus genügt.

Erzähler: Da beschlossen die Apostel und die Ältesten des Apostelkonzils, den Streit zu beenden. Die Heidenchristen brauchten nicht zuerst zum jüdischen Glauben übertreten. Dies hielten sie in einem Brief fest, der der Gemeinde in Antiochia überbracht wurde. So endete der Streit mit der Hilfe der beiden großen Apostel Petrus und Paulus.

Bronzelampe aus dem 4. Jh. Das Schiff stellt die Kirche dar. Paulus am Bug hält Ausschau, während Petrus das Steuerruder hält.

1 Lest Apg 15,1–35. Verfasst einen kurzen Zeitungsartikel über das Apostelkonzil, in dem der Anlass, die Streitfrage und die Lösung dargestellt werden.

2 Lest das „Streitgespräch zwischen Christen" in verteilten Rollen und spielt es dann frei in einem Rollenspiel nach.

3 Überlegt, was die abgebildete Bronzelampe mit dem Streit in der damaligen Kirche zu tun haben könnte.

Leben im Römischen Reich

Gebet zu den römischen Göttern

Die Missionsreisen des Paulus trugen zur raschen Ausbreitung des Christentums im Römischen Reich des 1. Jahrhunderts nach Christus bei. Beim Zusammentreffen mit den Römern erwuchsen der aus Palästina immer weiter vordringenden christlichen Religion auch neue Probleme.

Eine erste Erklärung hierfür bietet die religiöse Weltdeutung, von der Staat und Gesellschaft des größten Reiches der Antike durchdrungen waren. Wie konnte aus einem so unbedeutenden Bauerndorf, wie es Rom früher einmal war, der Mittelpunkt der Welt werden? Die Römer hatten hierfür eine einfache Erklärung: Weil sie ihre Götter mehr verehrten als alle anderen Völker, deshalb hätten die Götter den Aufstieg Roms zur Weltmacht ermöglicht. Ob ein Feldzug geplant wurde oder die Geburt eines Kindes bevorstand, ob ein öffentliches Amt neu zu besetzen war oder ein Haus gebaut werden sollte – in allen Lebenslagen glaubten die Römer, dass sie sich durch Gebet und Opfer die Hilfe der Götter sichern könnten. In öffentlichen Angelegenheiten war es die Aufgabe der Beamten und Priester, den Willen der Götter durch verschiedene Formen der Weissagung zu erkunden und die festgelegten Zeremonien zu vollziehen. Im privaten Bereich wurde beim Überschreiten der Türschwelle der Gott Janus geehrt, damit er mögliches Unheil vom Hause fernhalte.

→ Ein christliches Gebet, das genau das zum Ausdruck bringt, findest du auf S. 37.

Die Hauptmahlzeiten begannen mit einem Gebet zu Vesta (Göttin des Herdfeuers), stets mussten die Penaten (Schutzgötter der Vorratskammer) gnädig gestimmt werden, die Laren (vergöttlichte Geister verstorbener Vorfahren) verlangten nach Wein oder Weihrauch – kurzum: ohne Gebet und Opfer kein Segen für Staat und Familie. Wenn die Menschen ihre Gebete und Opfer korrekt verrichtet hatten, waren die Götter in den Augen der Römer zur Gegenleistung gleichsam verpflichtet.

Die innere Einstellung des Beters spielte dabei keine Rolle, die Götter konnten mit einer ohne innere Anteilnahme abgespulten Opferhandlung eher erreicht werden als mit einem reuigen Herzen.

Jedes Haus hatte einen solchen Altar, auf dem den Hausgöttern (Laren) Opfer dargebracht wurden. Zwischen zwei Göttern steht in der Mitte der Schutzgeist des Hausherrn. Aus einer Schale bringt er gerade ein Trankopfer dar, während er in der Linken ein Kästchen mit Weihrauch hält. Die Schlange stellt eine Schutzgottheit dar.

„Jupiter und Mars, Gründer und Erhalter des römischen Volkes, und Vesta, Hüterin des ewig brennenden Herdfeuers, und all die übrigen Götter, die ihr die Macht des römischen Reiches zur höchsten je auf Erden erreichten Spitze emporgehoben habt, euch bitte und beschwöre ich im Namen dieses Volkes: Bewacht, bewahrt und beschützt die gegenwärtige Ordnung, den gegenwärtigen Frieden und den jetzigen Kaiser." (Aus einem römischen Gebet des 1. Jh. n. Chr.)

Gebet im christlichen Glauben

Die Christen verhielten sich ihrem Gott gegenüber anders, als es in der römischen Religion üblich war, wo das Wohlwollen der Götter durch Gebete und Opfer erreicht werden sollte. Der Gott Jesu reagiert nicht strafend oder belohnend, sondern ist für alle Menschen da, ohne zuerst auf eine Gegenleistung zu warten. Christen stehen beim Gebet immer wieder mit leeren Händen vor Gott und vertrauen auf seine Liebe und Kraft, ohne sich diese mühsam verdienen zu müssen. Schließlich darf jeder Christ wie Jesus zu Gott „Vater" sagen und ihn um alles bitten, was er zum Leben braucht. Das gilt bis heute und war bereits den Christen im Römischen Reich bewusst.

Töten zur Unterhaltung der Bevölkerung

Als Kaiser Titus im Jahre 80 n. Chr. das Kolosseum, das größte Amphitheater im Römischen Reich, mit Strömen von vergossenem Tier- und Menschenblut einweihte, dauerten die Feierlichkeiten hundert Tage. Auf der linken Seite steht eine Kolossalstatue des Sonnengottes. Nach ihr wurde das Kolosseum benannt.

Tod in der Arena – ein Zuschauermagnet
Schon auf das Gerücht hin, es gäbe irgendwo Gladiatorenkämpfe, strömten die Römer in Massen ins Amphitheater. Neben Wagenrennen, Athletenwettkämpfen und Theateraufführungen war der Besuch der Arena eine der beliebtesten Freizeitbeschäftigungen.
Am Vormittag stand Tierhetzen auf dem Programm. Dabei wurden verschiedene Wildtiere (Löwen, Tiger, Elefanten, Krokodile, Bären, Stiere …) gegeneinandergehetzt oder von Gladiatoren bekämpft. Der Verschleiß an Tieren war so groß, dass in einigen Gegenden manche Tierarten fast ausstarben.
In der Mittagszeit wurden verurteilte Verbrecher publikumswirksam hingerichtet, und am frühen Nachmittag erreichte die Veranstaltung mit den Gladiatorenkämpfen ihren eigentlichen Höhepunkt. Die Verlierer konnten nur selten auf eine Begnadigung hoffen, normalerweise bedeutete eine Niederlage den sicheren Tod. Amphitheater für die Spiele gab es überall, in Rom wie in Alexandria, in Trier wie in Nîmes. Der Andrang der Zuschauer war so gewaltig, dass ständig neue Spieltage eingeführt werden mussten.

Auf dem Fußbodenmosaik (3. Jh. n. Chr.) kämpfen zwei Gladiatoren gegeneinander, wobei sie mit einer Peitsche von einem Aufpasser angetrieben werden.

Die römischen Machthaber wollten ihre Bevölkerung nicht nur durch „Brot" zufriedenstellen, sondern auch mit brutalen „Spielen" unterhalten. Auch mit ihrer Hilfe konnten die Mächtigen ihre Macht erhalten, weil die Massen dadurch von wichtigeren Problemen abgelenkt wurden.

---

1 Beschreibe das Verhältnis der Römer zu ihren Göttern. Belege deine Antworten mit Beispielen.

2 Erkläre, inwiefern Christen über Gebet und Opfer anders denken als die Römer damals.

Christen leben anders

Julia (J) und ihr Bruder Lukian (L) leben gegen Ende des 2. Jh. n. Chr. in Karthago. Die nordafrikanische Stadt gehört seit Langem zum Römischen Reich. Julia arbeitet als Hausangestellte bei einer reichen Kaufmannsfamilie. Lukian wird von einem angesehenen Bildhauer als tüchtiger Gehilfe geschätzt. Als Lukian an einem der großen römischen Feiertage seine gewohnten Opfer verrichtet hat, macht er sich zusammen mit seiner Tochter Monika (M) auf den Weg zu seiner Schwester. Bei ihrer Ankunft unterhält sich Julia gerade mit dem alten Diener Demetrius (D):

J: Demetrius, unsere Herrin hat mir gesagt, dass sie sich bereits nach einem Nachfolger für dich umschaut! Sie meint, du bist zu alt und kannst deine tägliche Arbeit kaum noch bewältigen.
D: Da hat sie nicht so ganz unrecht. Die Arbeit fällt mir wirklich von Tag zu Tag schwerer. So freue ich mich auf den Tag meiner Entlassung! Verhungern werde ich mit Sicherheit nicht, und über Langeweile werde ich wohl auch nicht klagen können.
M: Demetrius, mach's nicht so spannend! Du weißt doch, wie neugierig ich bin!
D: Meinst du, dass die Zukunftspläne eines alten Mannes für dich so interessant sind?
J: Nun red' schon!
D: Also gut, wenn ihr es unbedingt wissen wollt: Habt ihr schon mal von den Christen gehört?
L: Das ist doch dieses lichtscheue Gesindel, das unsere Götter verspottet, Menschenfleisch isst und Rom angezündet hat! Du wirst doch nicht etwa gar ...
D: Schau ich aus wie ein Menschenfresser oder Brandstifter? Ja, ich bin Christ, aber wie alle meine christlichen Schwestern und Brüder habe ich noch nie jemandem geschadet! In einem hast du allerdings recht: Von den römischen Göttern halten wir wirklich nichts. Götterstatuen, die bei Geldmangel verkauft oder eingeschmolzen werden, können und wollen wir nicht ernst nehmen.
L: Also seid ihr gottlos!
D: Wir beten lieber zu dem einen wahren Gott, der in seiner Liebe zu uns Menschen so weit ging, seinen eigenen Sohn Jesus Christus am Kreuz zu opfern. Gott selbst hat das letzte Opfer dargebracht! Unser Gott lechzt nicht nach fettem Opferfleisch für sich. Er möchte, dass wir einander lieben, weil auch er uns liebt. Und darum werden mich meine Schwestern und Brüder im Alter genauso unterstützen, wie ich bisher mit einem Teil meines Lohnes Bedürftige unterstützt habe!
M: Wenn du dann nichts mehr zu tun hast, gehst du sicher so oft wie möglich in die Arena. Bitte, bitte, nimm mich mal mit!

Monika träumt schon von den glanzvollen Spielen in der Arena. Julia und Lukian aber sind nachdenklich geworden. Ein Gott, der keine Opfer von den Menschen will, sondern selbst ein Opfer für die Menschen bringt – so etwas hat Lukian noch nie gehört. Er denkt an das Brandopfer, das er am Morgen nach alter Sitte dargebracht hat. Kann denn ein Gott etwas anderes als Opferfleisch und Weihrauch von den Menschen wollen?
Julia überlegt, wieso ein Gott einen Menschen lieben soll. Und wen meint Demetrius mit seinen Schwestern und Brüdern? Er hat doch gar keine Verwandten mehr! Doch Demetrius ist Monika noch eine Antwort schuldig.

D: Ich gehe nicht in die Arena, Monika! Veranstaltungen, bei denen Menschen und Tiere gequält werden, finden wir Christen abstoßend und widerlich.
M: Was machst du dann den ganzen Tag?
D: Solange ich noch einigermaßen gesund bin, kann ich mich doch um andere kümmern. Man kann z. B. Kranke pflegen, Gefangene besuchen, Waisenkinder beaufsichtigen – wenn du willst, kannst du mich dabei mal begleiten! Solange es so viel Not gibt, wird es uns Christen jedenfalls nie langweilig!

Demetrius ist jetzt so richtig in Fahrt gekommen. Sein Gesicht strahlt auf, als er erzählt,
... dass sich zumindest einmal in der Woche alle Christen bei Sonnenaufgang treffen und dabei von Gottes Wort und Christi Leib und Blut gestärkt werden,

Dieses Bild stammt aus einer Katakombe und stellt das eucharistische Mahl einer Christengemeinde dar.

Info

In zum Teil tief in die Erde gegrabenen Gräberfeldern – sogenannten **Katakomben** – wurden die Toten bestattet. Dabei wurden in die Wände Nischen geschlagen. Christen bauten Märtyrergräber gerne zu Kapellen aus. Dort versammelten sie sich zum Gottesdienst an den Todestagen der Verstorbenen. Ansonsten trafen sich die Christen in den Wohnhäusern der Gemeindemitglieder.

Die Bezeichnung „Katakombe" geht auf den Bestattungsort des hl. Sebastian in einer Talsenke an der Via Appia im Süden Roms zurück. Lateinisch ad catacumbas heißt „bei der Talsenke". Später übertrug man die Bezeichnung „Katakombe" auf alle unterirdischen Friedhöfe.

… wie sie als Zeichen der Zusammengehörigkeit gemeinsam Mahl halten, wobei selbst die Ärmsten satt werden,

… dass bei diesen Mahlzeiten und überhaupt in ihrer Gemeinschaft kein Unterschied besteht zwischen Sklaven und Freien, weil vor Gott alle Menschen gleich sind,

… wie jeder, so viel er kann, in die Gemeinschaftskasse einzahlt, in der so immer genug Geld ist für Krankenpflege, Kinderbetreuung, Witwen- und Altersversorgung,

… dass sie auch für ein würdiges Begräbnis ihrer Toten sorgen

… und wie sie sich auf den Tag freuen, an dem sie alle von Christus zu einem ewigen Hochzeitsmahl im Paradies versammelt werden.

L: Es muss schön sein, einer solchen Gemeinschaft anzugehören! Wenn ich das mit meinem Bildhauerverein vergleiche – so ein Gefühl der Zusammengehörigkeit haben wir nicht!

J: Ich stelle mir gerade vor, unsere Herrin würde bei einem solchen Mahl neben mir sitzen und mir das Brot reichen – da würde ja die Herrin zur Dienerin!

D: Genau so ist es! Unser Herr Jesus Christus war sich auch nicht zu schade, seinen Freunden die Füße zu waschen.

L: Kann eigentlich jeder bei euch mitmachen?

D: Das ist nicht so einfach. Wir prüfen genau, wen wir aufnehmen. Der Bewerber muss in einer dreijährigen Vorbereitungszeit zeigen, dass er wirklich bereit ist, Jesus Christus in seinem Leben nachzueifern. Andere Bedingungen stellen wir keine.

J/L: Darunter kann ich mir jetzt gar nichts vorstellen. Was müssten wir z. B. machen, um euch zu überzeugen?

D: Du, Lukian, dürftest keine Götterbilder mehr anfertigen, auch wenn dies noch so gut bezahlt wird! Es gibt nur einen Gott, und wer fremde Götterstatuen herstellt, beteiligt sich in unseren Augen am Götzendienst. Du, Julia, dürftest deinen Beruf zwar beibehalten. Du müsstest dich aber mit deinem Mann aussöhnen, von dem du dich wegen deines neuen Freundes getrennt hast. Die Ehe ist uns heilig! Und dann müsstest du in Zukunft auf Arena und Theater verzichten! Von der Menschenverachtung in der Arena haben wir schon gesprochen. Außerdem gibt es kaum eine Vorstellung ohne Opfer zu euren Göttern! Vor allem aber müsstet ihr unsere heiligen Schriften studieren und durch vielerlei Werke der Barmherzigkeit zeigen, dass ihr würdig seid, den Namen unseres Herrn und Erlösers zu tragen!

Monika überlegt, was das alles für sie bedeuten würde. Und auf dem Heimweg gerät sie mit ihrem Vater in Streit darüber, ob sie Demetrius bitten sollen, Kontakt zur christlichen Gemeinde herzustellen.

---

1 Lest das Gespräch in verteilten Rollen vor. Überlegt, welche Mimik und Gestik zu welcher Person passt.

2 Fertigt eine Liste mit den Verhaltensweisen der Christen an, von denen Demetrius erzählt.

3 Erklärt, warum sich besonders viele Sklaven vom Christentum angezogen fühlen.

4 Vergleicht die christliche Gemeinde in Karthago, der Demetrius angehört, mit Pfarrgemeinden, die ihr kennt.

Christen werden verfolgt

Vorwürfe mancher Römer an die Christen

Sogenanntes Spottkruzifix: Ein christlicher Sklave oder Schüler wird als Eselsanbeter verspottet. Die Kritzelei heißt: Alexamenos verehrt seinen Gott, Rom, 3. Jh.

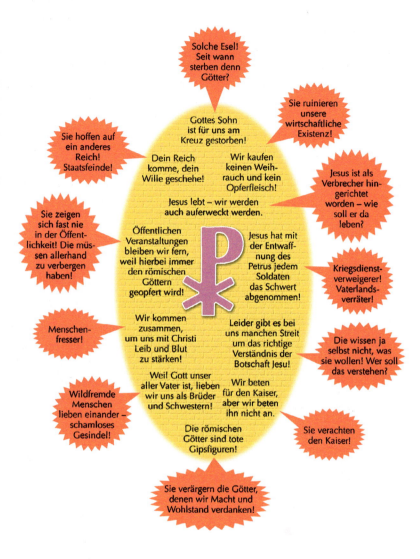

Die Christen als Sündenböcke

Als im Jahre 64 n. Chr. ein tagelanger Großbrand Rom in Schutt und Asche legte, geriet Kaiser Nero selbst in den Verdacht der Brandstiftung. Der Geschichtsschreiber Tacitus berichtet:

„Und so schob Nero, um dieses Gerücht zu ersticken, die Schuld auf andere und verhängte über die, die durch ihr schändliches Gebaren verhasst waren und im Volksmund Christianer hießen, die ausgesuchtesten Strafen …
Und sie wurden nicht nur des Verbrechens der Brandstiftung, sondern auch des Hasses gegen das Menschengeschlecht für schuldig befunden."

Die Christen wurden auch in der Folgezeit immer wieder in die Rolle der Sündenböcke gedrängt. Tertullian, ein christlicher Schriftsteller, fasst zusammen:

„Wenn der Tiber die Mauern überflutet, wenn der Nil die Felder nicht überschwemmt, bei Trockenheit, Erdbeben, Hungersnot oder Seuchen, gleich schreit man: Die Christen vor die Löwen!

136

Ich bitte euch: Wie viele Unglücksfälle haben nicht schon vor Tiberius, das heißt vor der Ankunft Christi, den Erdkreis und die Stadt Rom betroffen!"

Staatliche Ermittlungen hatten zu Beginn des 2. Jh. zwar ergeben, dass man den Christen keine direkten Verbrechen vorwerfen könne. Das Christsein selbst galt jedoch als Abfall von der römischen Lebensweise, als Aberglaube, der die Grundlagen des Staates bedrohte. Deshalb musste sich ein Christ vor Gericht verantworten, wenn er wegen seiner Religion angezeigt wurde.

Vor Gericht genügte ein einziges Opfer zu Ehren der römischen Götter als „Unschuldsnachweis". Wer das Opfer standhaft verweigerte, wurde zu Kerkerhaft, Zwangsarbeit oder zum Tod in der Arena verurteilt.

Im 2. Jh. blieben solche Märtyrerschicksale zunächst Einzelfälle, denn Gerichtsverfahren wurden nur nach namentlicher Anzeige eröffnet.

Wer Christen anzeigte, konnte eine Reihe von Beweggründen haben, z. B.:
– „Unsere Tempel veröden, immer weniger Menschen nehmen uns Priester noch ernst!" (ein heidnischer Priester)
– „Ohne meine Erlaubnis ist meine Frau eine Christin geworden!" (ein Ehemann)
– „Niemand kauft mehr unseren Weihrauch und unsere Opfergaben!" (ein Geschäftsmann)
– „Sie spotten über das, was mir heilig ist!" (ein Händler)

Bis zur Mitte des 3. Jh. wuchsen die christlichen Gemeinden stark an. Die Zeiten, in denen das Bekenntnis zu Christus das Leben kosten konnte, schienen bereits vorbei zu sein.

Da schlug im Jahre 250 die Anordnung des neuen Kaisers Decius wie eine Bombe ein: Alle Bewohner des Reiches mussten an einem Bittopfer teilnehmen, um dem Kaiser den Schutz der Götter zu sichern.

Die Teilnahme am Opfer wurde schriftlich bestätigt. Wer nach einer bestimmten Zeit keine Opferbescheinigung vorweisen konnte, musste mit dem Schlimmsten rechnen. Die Anordnung des Decius wurde für viele christliche Gemeinden zu einer Zerreißprobe. Die einen waren davon überzeugt, dass man durch die Verweigerung des Opfers sein Leben riskieren müsse. Andere wollten ihr Leben schützen: um ihre Familien zu versorgen und um den Glauben weitergeben zu können.

Bescheinigung des Opfers an die alten Götter, wie Kaiser Decius sie 250 n. Chr. von allen Bürgern verlangte: „Es ist immer meine Gewohnheit gewesen, den Göttern zu opfern; jetzt habe ich in deiner Gegenwart gemäß deinem Befehl geopfert, das Trankopfer dargebracht und das Opfer gekostet. Ich bitte dich, meine Erklärung zu beglaubigen … Ich, Aurelia Demos, habe diese Erklärung vorgelegt. Ich, Aurelius Ireneus (ihr Gatte) schrieb für sie, da sie des Schreibens nicht kundig ist. Ich, Aurelius Sabinus, der Bevollmächtigte, sah dich opfern."

1 Versucht die Vorwürfe mancher Römer gegen die Christen zu widerlegen.

2 Stellt euch eine Gerichtsverhandlung vor. Versetzt euch in die Situation von Ankläger und Angeklagtem. Rechtfertigt eure Anklage bzw. eure Verteidigung gegenüber einem Richter.

3 In manchen Ländern erleiden Christen noch heute Nachteile. Informiert euch darüber und berichtet in der Klasse.

Die Wende unter Kaiser Konstantin – alles wird gut?

Nachdem er das Orakel des Apoll um Rat gefragt hatte, eröffnete Kaiser Diokletian im Jahre 303 die letzte und blutigste Christenverfolgung. Noch einmal sollte das zerfallende Reich auf der Basis der alten römischen Religion erneuert werden.

Die christlichen Kirchen wurden zerstört, die Heiligen Schriften verbrannt, nahezu alle Bischöfe inhaftiert, religiöse Zusammenkünfte verboten, die Opferpflichten erneuert.

Die brutalen Gewaltmaßnahmen konnten jedoch auch diesmal die Anziehungskraft der christlichen Lehre nicht brechen, im Gegenteil: Zwar schworen viele Christen aus Angst vor den Martern ihrem Glauben ab. Doch die Leidensbereitschaft derer, die das Martyrium auf sich nahmen, überzeugte viele Zweifler. „Sanguis martyrum – semen christianorum" hieß es bald: das Blut der Märtyrer wurde zum Samen der Christenheit.

Knapp zehn Jahre später erkannte der neue Kaiser Konstantin schließlich die Zeichen der Zeit. Wie seine Vorgänger war zwar auch er überzeugt, dass eine gemeinsame Religion für den Zusammenhalt des Staates unverzichtbar sei. Aus dem vergeblichen Kampf gegen das Christentum zog er jedoch Konsequenzen: Weil die alte römische Religion ihre staatstragende Funktion offensichtlich nicht mehr erfüllen konnte, setzte Konstantin alle Hoffnungen auf eine neue Religion – das Christentum. Mit Eusebius priesen viele Christen Konstantin deshalb als den Vollender des Erlösungswerks Christi.

Der eben noch verfolgte Glaube sollte nun plötzlich das Reich neu einen – ein neues Zeitalter begann.

Kupferstich von Matthäus Merian d. Ä., 1630: Der Legende nach erschien Kaiser Konstantin vor der entscheidenden Schlacht gegen seinen Widersacher Maxentius am Himmel ein Kreuz mit der Botschaft: „In hoc signo vinces – in diesem Zeichen wirst du siegen". Bei der Schlacht an der Milvischen Brücke vor Rom im Jahr 312 n. Chr. kämpften erstmals in der Geschichte die Truppen einer Kriegspartei im Zeichen des christlichen Kreuzes.

Rollenspiele durchführen

In eine fremde Haut schlüpfen

In diesem Kapitel gibt es viele Szenen, die sich zum Nachspielen in einem kurzen Theaterstück eignen.

Im Rollenspiel kannst du spielerisch lernen, dich in verschiedenen Rollen zurechtzufinden, da du als Spielerin oder Spieler in die Haut einer anderen Person schlüpfen musst. Dabei ist es wichtig, sich gut zu überlegen, wie sich die Person, die du spielst, in dieser Situation fühlen könnte und verhalten würde. Auch wenn du dich anfangs vielleicht noch nicht so traust, vor den anderen zu spielen, so wirst du bald merken, dass es viel Spaß machen kann, sich in eine andere Person hineinzuversetzen.

Doch wie plant man ein solches Rollenspiel, wie führt man es durch und bewertet es?

Schritte der Vorbereitung
Bevor ihr mit dem Rollenspiel beginnen könnt, müsst ihr es in der Kleingruppe genau planen. Wie aber macht man aus einem erzählten Text ein Rollenspiel? Ihr könnt dazu in den folgenden Schritten vorgehen:

1. **Einteilung:** Überlegt, in welche einzelnen Szenen sich der Text einteilen lässt.
2. **Auswahl:** Welche Szenen eignen sich zum Spielen, welche werden besser nur von einem Erzähler vorgetragen?
3. **Text:** Was sollen die beteiligten Personen in den Spielszenen sprechen? Wie fühlen sie sich dabei? Welcher Gesichtsausdruck und welche Körpersprache sind dafür angemessen?
4. **Ort der Szene:** Wo spielt sich die Situation ab? Könnt ihr mit einfachen Mitteln, z. B. durch eine Zeichnung an der Tafel, ein Bühnenbild gestalten?
5. **Stumme Rollen:** Inwiefern ist es sinnvoll, weitere Personen ohne Text, z. B. Diener, einzubauen?
6. **Requisiten:** Sind besondere Gegenstände nötig, z. B. Kleidungsstücke?
7. **Aufgabenverteilung:** Wer spielt welche Rolle? Wer übernimmt die Gestaltung des Bühnenbilds und besorgt die Requisiten?

Nun kann es losgehen! Viel Vergnügen bei der Vorbereitung und beim Vorspielen!

Eine Schülergruppe beim Rollenspiel

Nachbesprechung
Die eine Gruppe führt das Rollenspiel vor. Die andere schaut aufmerksam zu. Für die Besprechungsrunde nach dem Spiel können folgende Fragen hilfreich sein:

– Haben die Personen ihre Rolle glaubwürdig gespielt?
– Hat die Planung des Rollenspiels geklappt oder nicht?
– Was könnte man verbessern?

Kapitel 7 Rückblick und Ausblick

Die Rolle des Lebens

Wie viele Rollenspiele habt ihr in diesem Kapitel gelesen, nachgespielt oder neu entworfen? Immer ging es dabei um den Beginn der Kirche und die wichtige Rolle begeisterter Jünger.

Mit dem **Pfingsttag** fing alles an: Die Apostel wurden durch die **Kraft des Heiligen Geistes** gestärkt, sodass sie mutig in der Öffentlichkeit Jesus Christus als den Auferstandenen verkündigten. Auf Bildern wird der Heilige Geist oft wie Feuer dargestellt, deshalb ist auch das Bild auf der Einstiegsseite zu diesem Kapitel in roter Farbe gehalten.

Sieger Köder zeigt auch den ersten wichtigen Zeugen für das Evangelium, den hl. Petrus, der einerseits viel für die Sache Jesu riskiert hat, andererseits Jesus aber auch, wie ihr in Mt 26 gelesen habt, feige verleugnet hat. Trotzdem ist **Petrus der „Fels"**, auf dem Jesus Christus seine Kirche gebaut hat und hält gleichsam die Schlüssel des Himmelreichs in seinen Händen.

Der zweite wichtige Verkünder des jungen Christentums ist der **Apostel Paulus**. Wie ihr wisst, hat er zunächst die Christen grausam verfolgt, bevor der Auferstandene dem Leben des Saulus eine völlige Wende gab. Ab diesem Zeitpunkt seiner Berufung lässt ihm die Verbreitung des christlichen Glaubens keine Ruhe mehr. Mit seinen Begleitern unternimmt er viele gefährliche Reisen in die ganze damals bekannte Welt, wird eingesperrt, verfolgt und gequält, schließlich sogar in Rom mit dem Schwert aufgrund seines Glaubens hingerichtet.

Petrus und Paulus steuern das Schiff der **Kirche** gemeinsam durch den Strom der Zeit. Sie einigen sich nach dem Streit darüber, wer zur Kirche gehören darf, auf dem sogenannten **Apostelkonzil** in Jerusalem. Dadurch können nun auch Nichtjuden getauft werden, ohne vorher zum jüdischen Glauben übertreten zu müssen.

Im Lauf der folgenden Jahrhunderte wächst die Zahl der Christen im Römischen Reich. Zunächst müssen Christen, die sich weigern, den römischen Göttern zu opfern, immer wieder mit **Verfolgungen** rechnen.

Erst zu Beginn des 4. Jahrhunderts kommt es im Römischen Reich zu einer wichtigen Wende. **Kaiser Konstantin** setzt seine ganze Hoffnung auf das Christentum, das jetzt die Religion des Römischen Reiches schlechthin wird.

Menschen finden die Rolle ihres Lebens – darum geht es immer wieder. Die Begeisterung der ersten Christen führt dazu, dass die kleine Gruppe der Jesusfreundinnen und -freunde eine wichtige Rolle in der Welt spielt – bis heute.

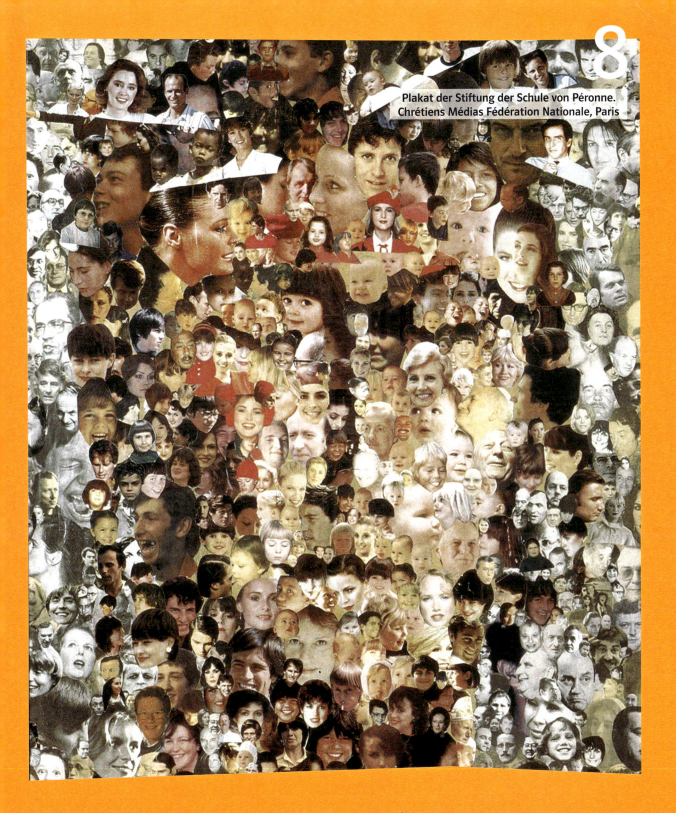

Plakat der Stiftung der Schule von Péronne.
Chrétiens Médias Fédération Nationale, Paris

8 Kirche: eine lebendige Gemeinschaft

Kirche hat viele Gesichter

Ministrantin
„Ich bin Julia und Ministrantin in meiner Pfarrgemeinde St. Johannes. Es macht mir Spaß, im Gottesdienst eine Aufgabe übernehmen zu können. Das tue ich jeden Sonn- und Feiertag. Ich gehe auch gerne einmal in der Woche in unsere Gruppenstunde, in der wir gemeinsam etwas unternehmen."

Pastoralreferentin in der Notfallseelsorge
„Ich bin Stefanie Apel und Pastoralreferentin. Neben meinem Gemeindedienst arbeite ich noch in der Notfallseelsorge mit. Wenn es zu schweren Unfällen auf der Straße oder zu Hause kommt, werde ich als Notfallseelsorgerin gerufen und kümmere mich um die Angehörigen und rede oder bete mit ihnen. Das ist mir sehr wichtig, weil ich mich so wie Jesus um die Ärmsten in unserer Gesellschaft kümmern kann."

Priester in der Gemeinde
„Ich bin Wolfgang Huber und der Pfarrer der Gemeinde St. Martin. Die Botschaft Jesu hat mich in meiner Jugend total begeistert. Deshalb habe ich Theologie studiert und bin Priester geworden. Zu meinen Aufgaben gehört heute die Leitung der Gemeinde. Neben dem sonntäglichen Gottesdienst übernehme ich auch Taufen, Hochzeiten und Beerdigungen in meiner Gemeinde."

Lektorin
„Ich bin Johanna. Ich gehe in die 11. Klasse und bin Lektorin. Im Gottesdienst übernehme ich die Lesung und die Fürbitten. Ich gehe gerne in den Gottesdienst. Dort komme ich zur Ruhe und kann zu Gott beten. Dass ich meinen Beitrag zu einem feierlichen Gottesdienst leisten kann, freut mich. Denn im Gottesdienst kommt die ganze Gemeinde zusammen."

Mitarbeiterin bei der Telefonseelsorge/Jugendtelefon
„Mein Name ist Andrea Braun. Ich bin 40 Jahre alt. Ich engagiere mich in meiner Freizeit bei der Telefonseelsorge der evangelischen und katholischen Kirche. Dort können Menschen kostenlos anrufen, wenn sie Sorgen und Probleme haben. Ich höre ihnen zu und versuche mit ihnen Lösungswege zu finden. Für mich ist dies ein konkretes Zeichen der Nächstenliebe, zu der uns Jesus als Christen gerufen hat."

Gruppenleiter bei Kolping

„Ich bin Mario. Ich leite eine Jugendgruppe in unserer Gemeinde. Jede Woche treffen wir uns im Gemeindehaus zur Gruppenstunde. Im Sommer fahren wir mit allen Jugendgruppen aus der Gemeinde in ein Sommerlager. Als Jugendgruppe engagieren wir uns auch bei Aktionen des BDKJ, wie z. B. der 72-Stunden-Aktion. Mit anderen Jugendlichen was zu tun, ist wirklich super."

> **Info**
>
> **BDKJ** ist die Abkürzung für den Bund der Deutschen katholischen Jugend. Der BDKJ ist der Dachverband verschiedener Jugendverbände wie den Pfadfindern oder Kolping. Er vertritt die Interessen seiner Mitglieder in Politik, Kirche und Gesellschaft. Unter anderem organisiert der BDKJ die **72-Stunden-Aktion** mit, bei der Jugendverbände aufgerufen werden, sich 72 Stunden lang für ein Projekt zu engagieren.

Jugendlicher bei „Kreuz & Quer"

„Hallo, ich bin Fabian und bin 17 Jahre alt. Ich arbeite in der Radioredaktion ‚Kreuz & Quer' der katholischen Kirche. Wir sind die erste Kirchenredaktion, in der Jugendliche für andere Jugendliche die Radiobeiträge machen. Ich finde es super, dass wir Jugendlichen selbst zu Wort kommen. So kann ich den Hörerinnen und Hörern von „DasDing" einen Impuls für ihren Alltag geben. Das macht mir richtig Spaß! Man kann „DasDing" auch im Netz finden."

Junge Kirchenbesucherin

„Ich bin Lisa. Ich finde Kirche ganz in Ordnung. Sonntags gehe ich meist mit meiner Familie in den Gottesdienst. In der Kirche engagiere ich mich aber nicht. Ab und zu bin ich in der Jugenddisko. Früher war ich auch mal auf einem Zeltlager dabei. Ich engagiere mich an anderen Stellen."

1 Beschreibe, welche Aufgaben diese Menschen in der Kirche übernehmen. Welchen Aufgaben und Berufen bist du schon begegnet? Zu welchem Anlass?

2 Wo bist du Kirche schon einmal begegnet? Hattest du schon einmal das Gefühl, zur Kirche zu gehören?

3 Fabian ist bei „Kreuz & Quer". Findest du die Redaktion der katholischen Kirche beim Jugendsender „DasDing" im Internet? Wähle dir einen Podcast aus und stelle ihn deinen Mitschülerinnen und Mitschülern vor.

4 Kennst du Menschen in deinem persönlichen Umfeld, die sich in der Kirche engagieren? Stelle ihnen Fragen über die Aufgaben, die sie in der Kirche übernehmen.

Kirche sein

Die Grunddienste der Kirche

Mit dem Wort **Kirche** bezeichnet man nicht nur die Gebäude, in denen man Gottesdienste und kirchliche Feste feiert. Unter Kirche versteht man auch die aus vielen Millionen Menschen bestehende Gemeinschaft, die als Volk Gottes fortsetzt, was Jesus begonnen hat. Der Glaube an Jesus eint sie und ist ein wichtiger Bestandteil ihres Lebens.

Die Kirche kennt vier Grunddienste.

Jesu Botschaft bezeugen

Jesus hat seinen Jüngerinnen und Jüngern das Reich Gottes verkündet. Sie glaubten ihm und seiner Botschaft und legten Zeugnis (griech. **Martyria**) für ihren Glauben ab. Sie erzählten den Menschen von Jesus und seiner Botschaft und lebten danach.

Auch heute stehen Christinnen und Christen in der Nachfolge Jesu. Daher sind sie aufgefordert, ihren Glauben an das Reich Gottes zu bezeugen und ihre Mitmenschen durch ihre Worte und Taten mit der Botschaft Jesu in Kontakt zu bringen. Auch das Engagement vieler Gläubiger in sozialen, ökologischen und anderen Projekten entspringt diesem Anliegen. Denn alles, was sie in Jesu Namen tun, ist Zeugnis für seine Botschaft.

Ein Pfarrer im Gespräch mit einer christlichen Gemeinde in Indien

Glauben feiern

Christinnen und Christen sollen nicht nur den Glauben an das kommende Reich Gottes verkünden, sondern schon jetzt auf Erden Gottes Gegenwart feiern. In der Eucharistiefeier bringen die Gläubigen ihren Dank und ihr Lob öffentlich zum Ausdruck. Dies bedeutet auch der Begriff „Liturgie" (griech. **Leiturgia**).

Viele wichtige Stationen des Lebens werden in der Gemeinde gefeiert, z. B. wenn die Sakramente, wie die Taufe, im Kreis der Gemeinde gespendet werden.

Gemeindegottesdienst zu Erntedank

Menschen dienen

Jesus war für alle Menschen da. In besonderer Weise kümmerte er sich vor allem um diejenigen, die in Not waren und seine Hilfe brauchten. Ihnen diente er (Dienst: griech. **Diakonia**), indem er sie unterstützte und ihnen half. So konnten auch diese Menschen die Nähe Gottes spüren.

Alle, die Jesus nachfolgen, sollen sich deshalb für andere, besonders für die notleidenden Menschen einsetzen. Denn – so heißt es in der Bibel: „Was ihr dem Geringsten meiner Brüder getan habt, das habt ihr mir getan." Deshalb arbeiten viele Christinnen und Christen auch heute in unterschiedlichen sozialen Projekten für benachteiligte und bedürftige Menschen mit.

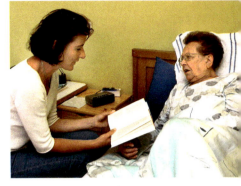

Ehrenamtlicher Besuchsdienst in einem Altenheim

Gemeinschaft Jesu leben

Der gemeinsame Glaube an Gott, den Jesus verkündet hat, verbindet alle Christen. Sie kommen zusammen, um Gott zu danken und zu feiern. So leben sie Gemeinschaft (griech. **Koinonia**) sowohl in der einzelnen Gemeinde als auch weltweit. Diese Gemeinschaft stärkt sie in ihrem Glauben und unterstützt sie bei ihrem Handeln.

Die Kirche als Gemeinschaft ist aber auch ein deutliches Zeichen für andere Menschen, die nicht in die Kirche gehen und nicht an Christus glauben. Sie können in ihr das Zeugnis der Christen sehen, dass es Gott gibt und dass er den Menschen nahe ist.

Junge Christen auf einem Weltjugendtag

Daher sind alle Christen aufgerufen, in Gemeinschaft ihren Glauben sichtbar zu leben, z. B. in der Gemeinde. Denn Jesus hat selbst gesagt: „Wo zwei oder drei in meinem Namen versammelt sind, da bin ich mitten unter ihnen." (Mt 20,20)

---

1 Es sind die Christinnen und Christen, die die Grunddienste in die Tat umsetzen. Oft setzen sie dabei Schwerpunkte. Suche bei den auf S. 142/143 genannten Personen nach solchen Schwerpunkten.

2 Wähle dir einen Grunddienst der Kirche aus und erläutere, wie dieser Auftrag heute erfüllt werden kann.

3 Informiere dich in deiner Gemeinde über verschiedene Vereine und Gruppen. Welchen Dienst verwirklichen sie? Stelle dein Ergebnis deiner Klasse vor.

4 Schlage die Bibelstellen Lk 10,25–37, Mt 28,18–20, 1 Kor 11,23b–25, Apg 2,37–42 in der Bibel nach. Ordne sie den Grunddiensten der Kirche zu.

Eine Gemeinschaft auf dem Weg durch die Zeit

Die Kirche ist eine Gemeinschaft von Menschen auf dem Weg durch die Zeit. Seit Jesu Tod am Kreuz haben Männer und Frauen durch ihr Handeln und ihren Glauben der Kirche ein Gesicht gegeben. Manche von ihnen haben auf besondere Weise ihre Überzeugung und ihre Beziehung zu Gott und den Menschen gelebt. Die katholische Kirche kann solche Menschen heiligsprechen und sie so offiziell zu Vorbildern für alle Christen machen. Sicher habt ihr von einigen heiligen Menschen schon gehört.
Hier könnt ihr einigen Menschen begegnen. Nicht alle von ihnen sind heiliggesprochen worden. Aber sie haben alle in besonderer Weise ihren Glauben in ihrer Zeit gelebt und können daher Vorbilder sein.

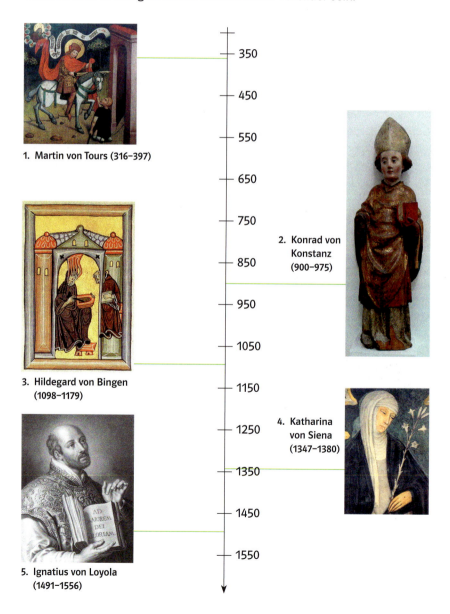

1. Martin von Tours (316–397)
2. Konrad von Konstanz (900–975)
3. Hildegard von Bingen (1098–1179)
4. Katharina von Siena (1347–1380)
5. Ignatius von Loyola (1491–1556)

7. Don Bosco (1815–1888)

6. Vinzenz Paul (1581–1660)

8. Eugen Bolz (1881–1945)

10. Mutter Teresa von Kalkutta (1910–1997)

9. Oscar Romero (1917–1980)

1 Wähle eine Person und erarbeite, was diese Person getan und wie sie ihren Glauben gelebt hat. Welche der vier Grunddienste der Kirche (S. 144/145) lassen sich ihr besonders zuordnen?

2 Oft tragen Christinnen und Christen Namen von Heiligen.
a) Findet solche Namen in eurer Klasse. Recherchiert zu den Heiligen: Wann haben sie gelebt, was haben sie getan, welcher Grunddienst war ihnen besonders wichtig?
b) Oft verdeutlichen Abbildungen der Heiligen etwas von ihrem Leben. Findet ihr solche Abbildungen? Könnt ihr sie erklären?

Die christliche Gemeinschaft trennt sich …

Die Kirche wandte sich von Anfang an nicht nur einer bestimmten Gruppe oder einem einzelnen Volk zu, sondern allen Menschen, die ihr Leben an Jesus ausrichten wollten. Sie wurde deshalb schon bald **katholisch** genannt. Dieser Begriff kommt aus dem Griechischen und heißt wörtlich übersetzt „alle betreffend, allgemein". Zur besseren Unterscheidung grenzt der Begriff „römisch-katholisch" die Kirche, die der Papst in Rom leitet, von den anderen christlichen Kirchen und Glaubensgemeinschaften ab. Mit Martin Luther spaltete sich im 16. Jahrhundert die Kirche in Deutschland in zwei Teile. Diese gingen in den folgenden Jahrhunderten in der Gestaltung des Alltags und des Glaubens getrennte Wege. Die Anhänger Luthers nannten sich **evangelisch**. Sie wollten damit ausdrücken, dass sie Leben und Glauben allein am Evangelium ausrichteten.

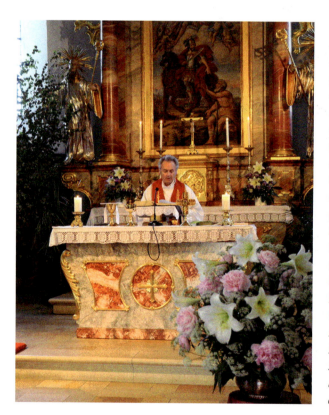

Ich bin Thomas Strehler und Priester der katholischen Gemeinde Sankt Martin. Nach meinem Studium wurde ich durch meinen Bischof zum Priester geweiht. In der katholischen Kirche können nur Männer diese Weihe empfangen. Damit habe ich mich verpflichtet, ehelos zu leben. Als Priester leite ich die Gemeinde und kümmere mich um ihre Mitglieder. Im Gottesdienst am Sonntag lese ich am Ambo das Evangelium und halte die Predigt. Bei der Eucharistiefeier spreche ich die Worte über Brot und Wein, die auch Jesus beim letzten Abendmahl gebraucht hat. Dann wissen wir: In Brot und Wein zusammen ist nun Jesus bei uns auf geheimnisvolle Weise anwesend. Daher bewahren wir die geweihten Hostien, so heißt das Brot, im Tabernakel auf. Denn jedes für sich ist für uns „Leib Christi". Gerne besuche ich die Menschen meiner Gemeinde. Wer Rat sucht, kann auch zu mir kommen. Manchmal möchte jemand beichten. Dazu gehen wir entweder in den Beichtstuhl oder in einen separaten Raum. So können wir uns ungestört unterhalten. Kranken und Sterbenden spende ich die Krankensalbung, eines der sieben Sakramente. Besonders freut es mich aber, wenn ich am Taufbecken hier in der Kirche Menschen taufen kann oder mit ihnen die Erstkommunion oder Hochzeit feiere. Die Weihwasserbecken am Eingang der Kirche erinnern uns jedes Mal neu an unsere Taufe. Die Gewänder, die ich im Gottesdienst trage, wechseln je nach Anlass. In ihnen soll der Sinngehalt der Feier zum Ausdruck kommen. Das weiße Messgewand etwa drückt an hohen Festtagen, wie Weihnachten und Ostern, die besondere Feierlichkeit aus.

… und legt unterschiedliche Schwerpunkte

Ich bin Anja Güntert und evangelische Pfarrerin. Die Basis des evangelischen Glaubens bildet die Bibel. Daher liegt in jeder evangelischen Kirche eine Bibel auf dem Altar. Man nennt sie Altarbibel. Aus ihr wird in jedem Gottesdienst vorgelesen.

In der evangelischen Kirche gibt es zwei Sakramente: Taufe und Abendmahl, weil nach Martin Luther nur von ihnen im Neuen Testament zu lesen ist. Das Taufbecken fehlt daher in keiner Kirche. Das Abendmahlsgeschirr – der Abendmahlsbecher für den Wein und der Teller für das Brot – steht nicht offen in der Kirche. Es ist in der Sakristei eingeschlossen und wir holen es nur bei Gottesdiensten, in denen wir das Abendmahl feiern, aus dem Schrank. Wenn wir das Abendmahl austeilen, wissen wir, dass Jesus Christus anwesend ist. Es wird Brot und Wein ausgeteilt. Wenn wir es empfangen, ist aber „in, mit und unter" dem Brot und dem Wein auf geheimnisvolle Weise Jesu Fleisch und Jesu Blut anwesend. Weil das Brot aber nach evangelischem Verständnis durch das Sprechen der Einsetzungsworte nicht in Jesu Leib verwandelt wird, müssen wir es nach der Abendmahlsfeier auch nicht besonders aufbewahren.

Mein Talar zeigt, dass ich zur öffentlichen Predigt und zur Sakramentsverwaltung berufen bin. Bei uns können auch Frauen Pfarrerin sein, denn im Neuen Testament steht nirgends davon geschrieben, dass nur Männer zugelassen sind. Wie viele Pfarrer und Pfarrerinnen meiner Kirche bin ich verheiratet und habe eine Familie.

1 Betrachte den Priester und die Pfarrerin in ihrer Kirche. Erläutere, welche Unterschiede, aber auch welche Gemeinsamkeiten du feststellen kannst.

2 Führe ein Interview mit Menschen in deinem Umfeld, die evangelisch sind. Frage sie, was für ihren Glauben kennzeichnend ist.

3 Besucht evangelische und katholische Kirchen und stellt sie in der Klasse vor. Vergleicht sie miteinander. Welche Gemeinsamkeiten und Unterschiede gibt es? Findet Erklärungen dafür.

Ökumene heute

Ökumenischer Rat der Kirchen

> **Info**
>
> **Konfession:** Bekenntnis (lat. confessio) zu einer Glaubensgemeinschaft.

Das jahrhundertelange Leiden unter der Trennung der Konfessionen ließ langsam die Sehnsucht nach Versöhnung aufkommen. Im 20. Jahrhundert wuchs in den christlichen Konfessionen das Bedürfnis, wieder aufeinander zuzugehen. Den Menschen wurde bewusst, dass die Spaltung nicht dem Willen Jesu entspricht.

> Alle sollen eins sein: Wie du, Vater, in mir bist und ich in dir bin, sollen auch sie in uns sein, damit die Welt glaubt, dass du mich gesandt hast. (Joh 17,21)

Die christlichen Gemeinschaften wollten alte Vorurteile abbauen. In zahllosen Gesprächen suchten sie nach Gemeinsamkeiten und fanden Verständnis füreinander. Heute arbeiten sie in vielen Bereichen zusammen und stellen sich gemeinsam den Herausforderungen unserer Zeit. Das griechische Wort Ökumene bringt dies zum Ausdruck. Eigentlich meint Ökumene die ganze bewohnte Welt, den ganzen Erdkreis. Heute verwenden wir den Begriff in einem weiten Sinne und dann meint er die Gesamtheit der christlichen Gemeinschaften und alle Bemühungen für die Einheit der Christen. 1948 wurde in Genf der Ökumenische Rat der Kirchen (ÖRK) gegründet. Er hat sich zum Ziel gesetzt, die Ökumene zwischen allen christlichen Gemeinschaften herzustellen.

Bei aller ökumenischen Zusammenarbeit darf aber nicht übersehen werden, dass es neben den vielen grundlegenden Gemeinsamkeiten auch heute noch Trennendes gibt.

> **Info**
>
> **Orthodox** (griech.) bedeutet „(Gott) auf die rechte Weise preisend". Als orthodoxe Christen bezeichnet man die Mitglieder der Kirchen vor allem Osteuropas, die den Papst nicht als Kirchenoberhaupt anerkennen und in denen die Feier des Gottesdienstes eine sehr herausgehobene Stellung hat. Die Trennung zwischen West- und Ostkirche besteht seit 1054.

Ökumenischer Gottesdienst auf einem Katholikentag in Ulm

Aufgaben

Informiere dich im Internet unter http://www.oikumene.org, wie viele Kirchen sich beim ÖRK in Genf beteiligen und wie sich die römisch-katholische Kirche dort einbringt.

Trauung mit Geistlichen beider Konfessionen

Woche für das Leben

Eine Initiative der katholischen und der evangelischen Kirche

1 Besprecht, inwiefern die Bilder auf dieser Doppelseite etwas mit dem Thema „Ökumene" zu tun haben. Erkundigt euch in eurer Pfarrgemeinde oder Seelsorgeeinheit nach weiteren Bereichen, in denen die Konfessionen zusammenarbeiten oder in denen eine Zusammenarbeit sinnvoll wäre.

2 Welche Formen ökumenischer Zusammenarbeit kennst du aus eigener Erfahrung?

Kapitel 8

Kirche – Heimat für die Christen

Meine Diözese ...

Kirchen sind bis heute Orte, an denen Christen sich regelmäßig zum Gebet und Gottesdienst treffen. Die Pfarrkirche ist für viele die erste Kirche, die sie kennenlernen und in der sie sich engagieren und ihren Glauben feiern können. Es gibt aber noch weitere Kirchen, die für viele eine bedeutende Rolle spielen, wie etwa die Bischofskirche, Klosterkirchen oder Wallfahrtskirchen.

Diese Karte zeigt Wallfahrtsorte und Klöster in den Diözesen von Baden-Württemberg, die jedes Jahr von vielen Menschen aufgesucht werden.

> **Info**
>
> Die kleinste rechtlich selbstständige Gemeinschaft von Gläubigen ist die **Pfarrei**.
>
> Mehrere Nachbarpfarreien bilden zusammen ein **Dekanat**.
>
> Die einzelnen Dekanate sind in einem **Bistum (Diözese)** zusammengefasst.

Schwarze Punkte: Klöster
Rote Punkte: Wallfahrtsorte
gelb: Erzbistum Freiburg
grün: Bistum Rottenburg-Stuttgart
weiß: Bistum Mainz
Kirchengebäude: Bischofssitz

Aufgaben

1 Zu welcher Diözese gehört deine Pfarrgemeinde? Sammle Informationen über deine Diözese und deinen Diözesanheiligen.

2 Untersuche die Karte.
 a) Nimm deinen Schulatlas zur Hand und notiere einige Namen der Kirchen, Klöster und Wallfahrtsorte, die auf der Karte fehlen.
 b) Informiere dich über die auf der Karte genannten wichtigen Kirchen. Tragt in der Klasse eure Ergebnisse zusammen und gestaltet eine eigene Karte von eurer Diözese.

3 Im Internet präsentieren sich die Diözesen. Was kannst du über die Entstehung und die Entwicklung deiner Diözese finden? Was erfährst du dort über deinen Bischof und die Kirchengemeinden? Welche Angebote für Jugendliche kannst du außerdem finden? An welchen Orten werden sie angeboten? Wer bietet sie an?

... in einer weltweiten Gemeinschaft

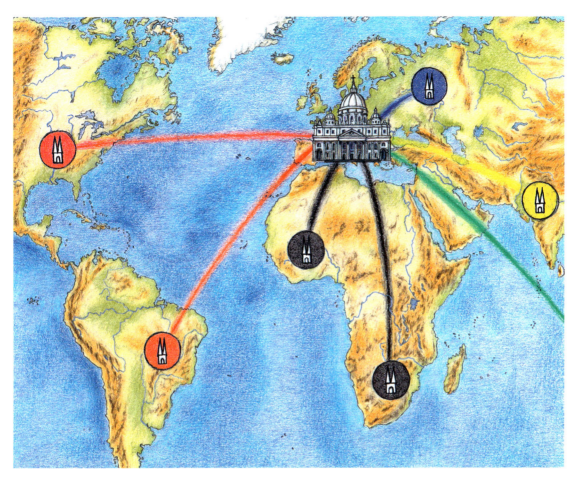

In Rom erhebt sich über der Stelle, wo in einem Gräberfeld für arme Leute seit frühester Zeit das Grab des Apostels Petrus verehrt wird, die größte Kirche der Welt, der Petersdom.

Der Name Petrus kommt aus dem Griechischen und bedeutet „Fels". Jesus hatte seinen Apostel Simon so genannt: „Du bist Petrus und auf diesen Felsen werde ich meine Kirche bauen ..." (Mt 16,18).

Petrus starb in Rom den Märtyrertod. In seiner Nachfolge leitet der Bischof von Rom als Papst die Kirche.

1 Sprecht in der Klasse über die Zeichnung.
   a) Was lässt sich aus ihr über die Kirche ablesen? Was kommt zu kurz?
   b) Entwerft eine eigene Zeichnung zum Thema „Die katholische Kirche ist eine weltweite Gemeinschaft".

2 Erläutere anhand von Beispielen, wo die Weltgemeinschaft der Kirche zum Ausdruck kommt.

Die Kirche als Gebäude

Kirchen sind Orte, an denen sich Christinnen und Christen zum Gottesdienst und zum gemeinsamen Gebet treffen. Sie sind oft den ganzen Tag geöffnet und laden so die Menschen ein, dorthin zu kommen. Sie können zur Ruhe kommen oder beten.

Dazu haben Kirchengebäude eine ganz besondere „Einrichtung". Sie soll helfen, die Gegenwart Gottes und die Gemeinschaft mit Jesus zu erfahren.

Vom Altar bis zum Weihwasserbecken – alles auf einen Blick

Im Blickpunkt der Kirche steht der **Altar**, auf dem die Eucharistiefeier zelebriert wird.

Die **Altarkerzen** betonen die Feierlichkeit der Eucharistie und weisen darauf hin, dass Christus das wahre Licht der Welt ist.

Vom **Ambo**, einem erhöhten Lesepult, wird das Wort Gottes in Lesung, Evangelium und Predigt verkündet.

Der **Beichtstuhl** macht auf die Einladung zur Sündenvergebung im Sakrament der Buße aufmerksam.

Das **ewige Licht** am Tabernakel zeigt, dass Christus selbst gegenwärtig ist.

Das **Kreuz**, das Tod und Auferstehung Jesu Christi in Erinnerung ruft, findet sich nicht nur am Altar.

Marien- oder Heiligenstatuen sind für viele Gläubige besondere Orte des Gebetes. Oft kann man hier Kerzen entzünden.

Da das Christsein mit der Taufe beginnt, stehen die **Taufbecken** oft in der Nähe des Eingangs.

Sitz- und Kniebänke erleichtern es den Gläubigen, den Gottesdienst mitzufeiern.

Im **Tabernakel** wird die Eucharistie aufbewahrt. Er ist daher sehr häufig kostbar gestaltet.

Das **Weihwasserbecken** lädt dazu ein, die Verbindung mit Gott, die in der Taufe begründet ist, bewusst zu bekunden.

Die **Osterkerze** kündet das ganze Jahr von der Gewissheit der Auferstehung von den Toten.

Aufgaben

1 Besuche eine Kirche. Wie fühlst du dich? Suche dir einen Ort, an dem du dich wohlfühlst. Erzähle den anderen davon.
2 Wenn du die Bilder in der Reihenfolge der Begriffe geordnet hast, musst du nur noch die Bedeutung des Lösungswortes erkunden. Gehe dazu ins Internet oder informiere dich in einem Lexikon.
3 Zeichne einen Grundriss deiner Pfarrkirche und trage die Gegenstände im Innenraum an der richtigen Stelle ein.
4 Welche hier nicht aufgeführten Elemente kann man in einer katholischen Kirche außerdem finden? Ergänze sie in deiner Zeichnung.

Kapitel 8

Kirchen – Räume gelebten Glaubens

St. Georg, Oberzell

Ulmer Münster

Die romanische Kirche gleicht einer Burg mit starken Mauern. Sie ist ein mächtiges Bollwerk, das im Krieg als Zufluchtsort diente. Rundbögen bestimmen das Erscheinungsbild: die langen, schmalen Fenster, die Türen, die Deckengewölbe – alles ist halbkreisförmig abgerundet.

Gotik: Hohe Türme, schlanke Säulen sowie Spitzbögen an Fenstern, Türen und Deckengewölben ziehen den Blick nach oben, dem Himmel entgegen. Auch Altäre und Leuchter nehmen an dieser Aufwärtsbewegung teil. Farbige Glasfenster verändern das Licht, im Halbdunkel findet man Ruhe und Andacht.

> **Vorherrschendes Glaubensgefühl:**
> **Glaube als Schutz und Sicherheit**

> **Vorherrschendes Glaubensgefühl:**
> **Sehnsucht nach dem Himmel**

Sankt Peter und Paul, Niederzell

Freiburger Münster

Kapitel 8

Wallfahrtskirche Birnau

Autobahnkirche Baden-Baden

Barockkirchen sind meist lichtdurchflutete, verschwenderisch ausgestattete Prunkräume. In riesigen Deckengemälden öffnet sich scheinbar der Himmel. Reicher Goldschmuck, Marmorsäulen, farbenfroher Stuck, Putten und Girlanden bilden eine prachtvolle Kulisse für die große Dankfeier in der Eucharistie. Dem Barock folgte das heitere und verschnörkelte Rokoko.

Nach der Barockzeit wurden in der Kirchenbaukunst die traditionellen Stilformen nachgebaut, abgewandelt oder neu kombiniert.
So entstanden neuromanische, neugotische und neubarocke Kirchen, aber auch völlig neuartige Kirchenbauten. Als die Zerstörungen des 2. Weltkrieges den Neubau vieler Kirchen erzwangen, wurden verstärkt moderne Stilmittel verwendet.

Vorherrschendes Glaubensgefühl: Jubel über die Herrlichkeit Gottes

Das moderne Glaubensgefühl prägt Kirchen auf unterschiedliche Weise.

Kloster Weingarten

Ökumenische Autobahnkirche „Galluskapelle", Leutkirch

Aufgaben

1 Wo sind in eurer Gegend Kirchen in den genannten Baustilen?

2 Versucht, im Baustil einer modernen Kirche das darin zum Ausdruck gebrachte Glaubensgefühl zu beschreiben.

Kapitel 8

Gotteshäuser anderer Religionen und Konfessionen

→ Mehr zum Synagogengottesdienst erfährst du auf S. 48.

Gläubige Menschen der verschiedenen Religionen und Konfessionen suchen einen Ort, an dem sie zu Gott beten, ihm nahe sein und gemeinsam Gottesdienst feiern können. Die Gestaltung der einzelnen Gotteshäuser drückt aus, was im Zentrum des Glaubens steht und was den Gläubigen besonders wichtig ist.

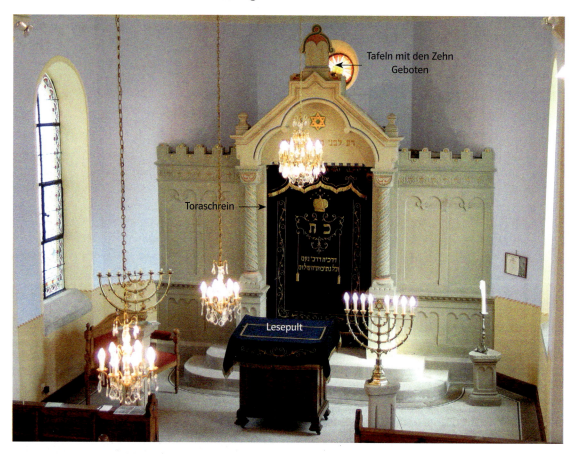

Das Gotteshaus der Juden heißt auf hebräisch *Beit ha Knesset*. Das bedeutet „Haus der Versammlung", genau wie auf Griechisch, nämlich **Synagoge**. Die Menschen versammeln sich, um gemeinsam zu beten und um die Worte der Tora zu hören. Aus diesem Grund ist ganz vorne in der Synagoge der Toraschrein. Dies ist ein wunderschöner Schrank, der mit einem edlen Vorhang verdeckt ist. Darin werden die Torarollen aufbewahrt, die während des Gottesdienstes feierlich herausgenommen und auf ein Pult gelegt und vorgelesen werden. Im Anschluss daran erklärt der Rabbiner den vorgetragenen Text. Es wird darüber auch diskutiert. Die Synagoge dient bis heute den Juden auch als Studierhaus.

Eine sichtbar aufgeschlagene Bibel oder einen sichtbaren Altar gibt es in einer orthodoxen Kirche nicht, dafür aber zahlreiche kostbare Heiligenbilder, sogenannte Ikonen. Eine ganze Wand mit solchen Ikonen trennt den Altarraum vom übrigen Kirchenraum. Man nennt sie Ikonostase. Auf den Ikonen sind Jesus, Maria, biblische Gestalten oder Heilige zu sehen. Die Ikonen spielen eine große Rolle in der **orthodoxen Kirche** und werden besonders verehrt. Denn sie gelten als Zeichen für die Verbindung von Himmel und Erde.

Im Zentrum einer **Moschee** ist die Gebetsnische in der Wand *(Mihrab)*. Sie zeigt den Gläubigen die Richtung nach Mekka *(Qibla)*. Denn während Synagogen nach Jerusalem und christliche Kirchen in der Regel nach Osten, der Himmelsrichtung des Sonnenaufgangs als ein Bild für die Wiederkunft Christi, ausgerichtet sind, orientieren sich Moscheen immer nach Mekka, der heiligen Stadt des Islam mit dem zentralen Heiligtum, der *Kaaba*. So schreibt es der Koran vor.

In diese Richtung richten die gläubigen Muslime ihre reich verzierten Gebetsteppiche aus. In der Gebetsnische steht der Vorbeter, der *Imam*, dahinter reihen sich die Beter ein. Die Gebetsnische kann man als eine Art Pforte, eine Tür in die Welt Gottes betrachten, sie ist wie ein Wegweiser zu ihm.

Aufgaben

1 Vergleicht die Bilder und klärt, worin diese Gotteshäuser Ähnlichkeiten haben. Was ist den Gläubigen hier besonders wichtig?

2 Welche Gemeinsamkeiten und Unterschiede zu einer katholischen Kirche findet ihr?

Kapitel 8 Impulse zum Weiterdenken

Kirche – Wohnhaus Gottes?

Wo mag Gott wohl wohnen? Menschen stellen sich schon immer diese Frage. Antworten gibt es viele. Während einige sagen „im Himmel", meinen andere wiederum, dass Gott in Kirchen, Moscheen, Synagogen oder Tempeln zu finden sei. Schließlich nenne man solche Gebäude ja „Gotteshäuser". Wieder andere glauben, dass Gott überall zu finden sei.

Es stimmt: Gott ist überall zu finden. Daher können wir an jedem Ort zu ihm beten, mit ihm sprechen, ihn um etwas bitten oder ihm danken. Gott hört einem überall zu, ob auf dem Pausenhof, dem Fußballplatz oder abends im Bett. Gott hat immer ein „offenes Ohr" für uns. Wann und wo wir wollen, können wir mit ihm sprechen. Daher ist Gott in Kirchen, Synagogen, Moscheen oder Tempeln auch nicht „mehr" anwesend als an anderen Orten. Aber warum gibt es sie dann? Und warum beten Menschen dort?

Gottesdienst mit Kindern

Man braucht Kirchen, um an Gott zu denken. Natürlich kann man überall an ihn denken, aber sie erinnern uns noch einmal besonders an ihn. Dabei ist allen Gläubigen, die in die Kirche gehen, auch klar: Auch wenn die Kirche „Haus Gottes" heißt, „wohnt" er dort nicht. Denn die Kirche ist für die Menschen da. Paulus schreibt sogar: „Wisst ihr nicht, dass ihr Gottes Tempel seid und der Geist Gottes in euch wohnt?" (1 Kor 3,16).

Kirchen sind sakrale, „heilige" Orte. Bei katholischen Kirchgebäuden wird das durch die Kirchweihe durch den Bischof besonders unterstrichen. Sie sind da, dass Menschen beten, religiöse Handlungen vollziehen und Gott begegnen können. Daher sind Kirchen Orte, die ruhig sind, damit sich die Menschen konzentrieren können. So werden die Menschen, die dorthin kommen, nicht abgelenkt und können zu sich selbst kommen. Das ist eine wichtige Voraussetzung, um auch zu Gott kommen zu können. Gerade, weil die Kirchen „heilige" Orte sind, können Menschen dort „leichter" Gott begegnen als an anderen Orten.

Menschen, die an Gott glauben, wollen aber nicht nur allein, für sich und irgendwo an irgendwelchen Orten zu Gott beten. In bestimmten Situationen ist es gut, allein beten zu können. Auf die Dauer genügt das aber nicht. Denn der Glaube an Gott ist eine freudige Angelegenheit und daher wollen gläubige Menschen sich treffen. Sie kommen in Gotteshäusern zusammen, um gemeinsam zu beten, zu feiern, Gottesdienst zu halten, zu singen und auf das Wort Gottes zu hören. Kirchen zeigen, dass man nicht allein ist, wenn man an Gott glaubt. Religion ist etwas, was man in Gemeinschaft tut. Gott will, dass wir uns untereinander verbinden, denn die Gemeinschaft stärkt den Einzelnen. Jesus sagt: „Wo zwei oder drei zusammen sind, da bin ich mitten unter ihnen" (Mt 20,20).

Gotteshäuser sind also Orte der Begegnung: Gläubige begegnen Gott. Sie richten sich auf ihn aus. Sie begegnen sich aber auch untereinander. Sie kommen zusammen, um zu beten und ihren Glauben zu feiern.

Ein Interview führen

Ein Interview ist ein vorbereitetes Gespräch. Man befragt alleine oder mit anderen zusammen Leute zu einem bestimmten Thema. Dadurch erfährt man, was sie dazu wissen, welche Meinung sie darüber haben und welche Gedanken sie sich dazu machen.

Erster Schritt: Vorbereitung
Damit dein Interview gelingt und du viele gute Antworten bekommst, ist es wichtig, einige Dinge im Vorfeld zu planen:

1. Inhalt und Thema bestimmen
Zu Beginn musst du dir überlegen, was du von den befragten Personen wissen willst: etwas ganz Konkretes zu einem bestimmten Gebiet, z. B. zur Kirchenarchitektur deiner Pfarrkirche. Oder die Einstellung *vieler* Menschen zu einem bestimmten Thema, z. B. zur katholischen Kirche.

2. Ins Thema einarbeiten
Wenn du weißt, was du wissen willst und von wem, verschaffst du dir einen Überblick über das entsprechende Thema. Dazu liest du Bücher, Zeitschriften, Internetseiten usw. zum Thema oder schaust dir einen Film an bzw. hörst dir Radiobeiträge dazu an.

3. Interviewpartner finden und Kontakt aufnehmen
Überlege nun, wen du zum Thema interviewen könntest. Für den Kirchenbau bietet sich z. B. ein Kirchenbaumeister der Diözese an. Nimm dann Kontakt mit der Person auf. Stelle dich der Person vor. Erkläre ihr den Grund für das Interview und ob oder wo es veröffentlicht werden soll. So weiß dein Gesprächspartner, was mit seinen Äußerungen passiert. Vielleicht kannst du dabei auch schon sagen, was du gerne wissen möchtest. So kann sich auch dein Partner auf das Gespräch mit dir vorbereiten.

4. Fragebogen erstellen
Erstelle nun einen Fragenkatalog. Was ist für dein Thema wichtig? Was möchtest du wissen? Überlege kritisch, was du die Person fragen kannst und darfst. Denn nicht jede Frage ist angebracht. Versuche im Vorfeld, dich in deinen Interviewpartner hineinzuversetzen. Achte darauf, dass du deine Fragen höflich und sachlich formulierst. Bringe die Fragen in die richtige Reihenfolge. Lass aber auch noch Platz für Fragen, die sich erst im Gespräch ergeben.

5. Zeit und Ort festlegen
Organisiere einen Raum für das Gespräch und vereinbare den Ort und die Zeit mit deinem Gesprächspartner. Wichtig ist, dass du das Interview ohne Zeitdruck und ungestört führen kannst. Überlege dir, wie du das Gespräch aufzeichnen willst. Du kannst die Antworten mitschreiben oder von anderen mitschreiben lassen, du kannst das Gespräch mit einem Kassettengerät oder MP3-Player aufnehmen oder eine Videokamera einsetzen. Dafür musst du das Einverständnis deines Gesprächpartners einholen und gegebenenfalls das Gerät besorgen.

Zweiter Schritt: Durchführung
Du begrüßt deinen Gesprächspartner und bedankst dich gleich zu Beginn, dass er mit dir dieses Gespräch führt. Danach stellst du wie geplant die vorbereiteten Fragen. Achte aber darauf, dass es vielleicht auch Fragen gibt, die dein Gesprächspartner nicht beantworten kann oder möchte. Wenn du das merkst, gehst du zur nächsten Frage über.

Dritter Schritt: Nachbereitung
Beginne nach dem Interview gleich mit der Ausarbeitung. Vergleiche, was du mitgeschrieben hast, mit dem der anderen oder höre die Tonbandaufnahme ab bzw. schau dir die Aufzeichnung an. Für die Präsentation des Interviews ist es hilfreich, wenn du die Antworten auf deine Fragen in einem kurzen Text zusammenfasst. Bevor du das Interview der Klasse vorstellst, kannst du den Text deinem Gesprächspartner vorlegen. Frage ihn, ob du seine Aussagen richtig wiedergegeben hast.

Tauscht anschließend eure Eindrücke aus. Was war neu oder besonders interessant?

Kirche – eine lebendige Gemeinschaft

Wenn wir von der Kirche sprechen, denken wir oft zuerst an die **Kirche als Gebäude**. Dabei ist Kirche zuallererst eine Gemeinschaft von Menschen, die an Jesus glauben. Aber die einzelnen Menschen, die Jesu Botschaft verkünden und nach ihr leben, sind lebendige Bausteine der Kirche.

Jeder Einzelne kann Jesus in der Welt ein Stück weit sichtbar werden lassen. Denn jeder Christ und jede Christin hat von der Kirche den Auftrag, den Glauben **zu bezeugen**, ihn **zu feiern**, den Menschen **zu dienen** und **Gemeinschaft zu leben**. Jeder kann in Wort und Tat die frohe Botschaft verkünden und der Kirche ein Gesicht verleihen.

Christinnen und Christen wissen, dass sie in einer großen **Gemeinschaft** der Glaubenden leben. Sie besteht nicht nur aus den vielen Christen, die heute leben, sondern aus allen, die seit der Zeit Jesu gelebt haben. Alle zusammen bilden die Kirche. Viele Christinnen und Christen vor uns haben sich mit ihren Worten und Taten für eine bessere und gerechtere Welt eingesetzt, wie sie Jesus vor Augen hatte. Sie haben ihre Fähigkeiten eingebracht, damit das „Reich Gottes" auf Erden erfahrbar wird. Dazu sind die Christen, also alle, die getauft sind, heute noch aufgefordert.

Der Weg der Kirche durch die Jahrhunderte war nicht immer frei von Konflikten. Auf der Suche nach dem „richtigen" Weg zu Gott, spaltete sich die christliche Gemeinschaft in verschiedene **Bekenntnisse**. Heute bemühen sich die christlichen Kirchen, wieder aufeinander zuzugehen, um trotz ihrer Unterschiede miteinander den christlichen Glauben zu verkünden. Durch das gemeinsame Zeugnis kann Jesus ein noch deutlicheres Gesicht in der Welt bekommen.

Christen bringen wie auch die Anhänger anderer Religionen ihren Glauben nicht nur in Worten und Taten zum Ausdruck, sondern auch in der Gestaltung ihrer Gebetsräume. Daher waren und sind Kirchen immer auch Ausdruck einer bestimmten Glaubensvorstellung. Die Lebendigkeit der Kirche lässt sich also auch an ihren Gebäuden ablesen. Die Betrachtung anderer Gotteshäuser führt deutlich vor Augen, was Menschen einer Religion glauben und was ihnen wichtig ist.

Isolde Ohlbaum, Engelstatue in Barcelona, 2003

Es müssen nicht Männer mit Flügeln sein,
die Engel.
Sie gehen leise, sie müssen nicht schrein,
oft sind sie alt und hässlich und klein,
die Engel.

Sie haben kein Schwert, kein weißes Gewand,
die Engel.
Vielleicht ist einer, der gibt dir die Hand,
oder er wohnt neben dir, Wand an Wand,
der Engel.

Dem Hungernden hat er das Brot gebracht,
der Engel.
Dem Kranken hat er das Bett gemacht,
und er hört, wenn du ihn rufst, in der Nacht,
der Engel.

Er steht im Weg und er sagt: Nein,
der Engel,
groß wie ein Pfahl und hart wie ein Stein –
es müssen nicht Männer mit Flügeln sein,
die Engel.
(Rudolf Otto Wiemer)

9 Religionen haben ihre eigene Sprache

Sprache kann Wirklichkeit verändern

Ein Tisch ist ein Tisch

Ich will von einem alten Mann erzählen, von einem Mann, der kein Wort mehr sagt, ein müdes Gesicht hat, zu müd zum Lächeln und zu müd, um böse zu sein. […] Im obersten Stock des Hauses hat er sein Zimmer. […] In seinem Zimmer sind zwei Stühle, ein Tisch, ein Teppich, ein Bett und ein Schrank. […] Und wenn der Mann am Tisch saß, hörte er den Wecker ticken, immer den Wecker ticken. […]

„Immer derselbe Tisch", sagte der Mann, „dieselben Stühle, das Bett, das Bild. Und dem Tisch sage ich Tisch, dem Bild sage ich Bild, das Bett heißt Bett, und den Stuhl nennt man Stuhl. Warum denn eigentlich?" Die Franzosen sagen dem Bett „li", dem Tisch „tabl", nennen das Bild „tablo" und den Stuhl „schäs", und sie verstehen sich. Und die Chinesen verstehen sich auch.

„Weshalb heißt das Bett nicht Bild?", dachte der Mann und lächelte. […] „Jetzt wird sich alles ändern", rief er und sagte von nun an dem Bett „Bild".

„Ich bin müde, ich will ins Bild", sagte er, und morgens blieb er oft lange im Bild liegen und überlegte, wie er nun dem Stuhl sagen wolle, und er nannte den Stuhl „Wecker". Er stand also auf, zog sich an, setzte sich auf den Wecker und stützte die Arme auf den Tisch. Aber der Tisch hieß jetzt nicht mehr Tisch, er hieß jetzt Teppich. Am Morgen verließ also der Mann das Bild, zog sich an, setzte sich an den Teppich auf den Wecker und überlegte, wem er wie sagen könnte.

Dem Bett sagte er Bild.
Dem Tisch sagte er Teppich. Dem Stuhl sagte er Wecker.
Der Zeitung sagte er Bett.
Dem Spiegel sagte er Stuhl.
Dem Wecker sagte er Fotoalbum.
Dem Schrank sagte er Zeitung.
Dem Teppich sagte er Schrank.
Dem Bild sagte er Tisch.
Und dem Fotoalbum sagte er Spiegel.

Also: Am Morgen blieb der alte Mann lange im Bild liegen, um neun läutete das Fotoalbum, der Mann stand auf und stellte sich auf den Schrank, damit er nicht an die Füße fror, dann nahm er seine Kleider aus der Zeitung, zog sich an, schaute in den Stuhl an der Wand, setzte sich dann auf den Wecker an den Teppich, und blätterte den Spiegel durch, bis er den Tisch seiner Mutter fand.

Der Mann fand es lustig, und er übte den ganzen Tag und prägte sich die neuen Wörter ein. Jetzt wurde alles umbenannt: Er war jetzt kein Mann mehr, sondern ein Fuß, und der Fuß war ein Morgen und der Morgen ein Mann.

Jetzt könnt ihr die Geschichte selbst weiterschreiben. Und dann könnt ihr, so wie es der Mann machte, auch die andern Wörter austauschen:

läuten heißt stellen,
frieren heißt schauen,
liegen heißt läuten,
stehen heißt frieren,
stellen heißt blättern.

So dass es dann heißt: Am Mann blieb der alte Fuß lange im Bild läuten, um neun stellte das Fotoalbum, der Fuß fror auf und blätterte sich auf den Schrank, damit er nicht an die Morgen schaute.

[…] Und es kam soweit, dass der Mann lachen musste, wenn er die Leute reden hörte. Er musste lachen, wenn er hörte, wie jemand sagte: „Gehen Sie morgen auch zum Fußballspiel?" Oder wenn jemand sagte: „Jetzt regnet es schon zwei Monate lang." Oder wenn jemand sagte: „Ich habe einen Onkel in Amerika."

Er musste lachen, weil er all das nicht verstand. […]

(Peter Bichsel)

Was Sprache alles kann

Obwohl der alte Mann am Ende der Geschichte von Peter Bichsel lachen muss, ist es doch eine traurige Geschichte. Dabei spielt er doch nur ein scheinbar einfaches Spiel!

„Jetzt wird sich alles ändern."

Das sagt der alte Mann, als er auf die Idee kommt, die Dinge neu zu benennen. Und was ändert sich? In seiner Umwelt ist der alte Mann am Ende ganz isoliert. Umgekehrt könnte man sagen: Er schafft sich durch seine Sprache seine eigene Welt – es ändert sich für ihn also wirklich alles!

Was meint ihr dazu? Was „kann" eigentlich Sprache?
Es gibt Sätze, die ändern in dem Moment, in dem sie ausgesprochen werden, alles. Ob es sich dabei um schlechte Nachrichten oder beleidigende Sätze handelt oder um erfreuliche Nachrichten oder verzeihende Sätze: Sprache kann offenbar Wirklichkeit verändern.

Davon zeugt auch die Bibel. Und wer mit Worten alles verändern kann, spricht mit Macht. Das gilt in höchstem Maße für Gott – dessen Wort erst die Welt ins Dasein ruft.
Das große Schöpfungslied am Anfang der Bibel ist nach diesem Muster komponiert: Gott sprach – und es wurde.

> Im Anfang schuf Gott Himmel und Erde; [2]die Erde aber war wüst und wirr, Finsternis lag über der Urflut, und Gottes Geist schwebte über dem Wasser.
> [3]Gott sprach: Es werde Licht. Und es wurde Licht. Gott sah, dass das Licht gut war.
> (Gen 1,1–3)

Die Verfasser dieses Schöpfungsliedes machen damit deutlich, dass der Gott Israels der mächtigste Gott ist – mächtiger noch als alle anderen Götter, die man damals noch in den Nachbarvölkern verehrte. Sein bloßes Wort reicht aus, um Dinge zu schaffen. Und dieser Gott schafft Gutes.

Die ersten Christen waren davon überzeugt, dass Jesus Christus diese Macht auch zukam. Der Evangelist Markus erzählt, dass in Jericho ein blinder Bettler namens Bartimäus versuchte, zu Jesus zu gelangen:

> [51]Und Jesus fragte ihn: Was soll ich dir tun? Der Blinde antwortete: Rabbuni, ich möchte wieder sehen können. [52]Da sagt Jesus zu ihm: „Geh! Dein Glaube hat dir geholfen." Im gleichen Augenblick konnte er wieder sehen, und folgte Jesus auf seinem Weg.
> (Mk 10,51–52)

Aufgaben

1 Probiere die Idee des alten Mannes einmal selbst aus:
a) Überlege eine kurze Erzählung über deinen Schulweg – mit „Vokabelliste".
b) Erzählt euch gegenseitig eure Geschichte mit den neuen Wörtern.
c) Tauscht euch aus: Was habt ihr verstanden (mit/ohne Vokabelliste), was nicht? Was war komisch?

2 Schreibe die Geschichte weiter: Was wird wohl aus dem alten Mann?

3 Es gibt Sätze, die die Wirklichkeit verändern, wenn sie ausgesprochen werden. Welche Sätze, die schon einmal jemand zu dir gesagt hat oder die du zu anderen gesagt hast, fallen dir ein?

Wörter, die über sich selbst hinauswachsen: Metaphern

Lässt sich mit Wörtern alles ausdrücken?
Meistens können wir unsere Welt und unsere Erfahrungen mit Sprache gut beschreiben. Doch es gibt einiges, wo wir mit unseren Wörtern an Grenzen stoßen. Hast du schon einmal versucht zu erklären, was Liebe ist? Da geraten wir bei unseren Erklärungen ganz schön ins Stottern. Manchmal ist es einfacher, das fragliche Wort mit einem anderen zu erklären:

> Freundschaft ist …
>
> Einsamkeit ist …

Eine solche Erklärung „im übertragenen Sinn", die mit einigen wenigen Worten ein Bild in uns entstehen lässt, das die Sache viel besser beschreibt als eine präzise Erklärung, wird als „Metapher" bezeichnet. Aus unserem Alltag sind Metaphern nicht wegzudenken. Viele Redensarten sind metaphorisch; und vom Sportbericht bis zum Liebesgedicht gilt: Ohne Metaphern geht es nicht. Die Metaphern auf dieser Doppelseite lassen sich gut entschlüsseln, aber was bleibt dann davon übrig?

Metaphern im Sportbericht
Was wäre wohl ein Fußball-Bericht ohne Metaphern? Ganz einfach: langweilig! An einem Spielbericht aus der ersten Fußball-Bundesliga lässt sich das leicht überprüfen:

> **VfL setzt Talfahrt auch gegen Nürnberg fort**
> Bochum (dpa) – Der 1. FC Nürnberg nimmt Kurs auf Europa, doch Trainer Hans Meyer holte seine Schützlinge schnell wieder auf den Boden zurück. „Wenn wir so spielen wie in der zweiten Hälfte, können sich die Spieler den einstelligen Tabellenplatz total abschminken", schimpfte der 64-Jährige nach dem überaus glücklichen 2:0-Erfolg beim VfL Bochum. Stattdessen stimmte er ein Loblied auf den Revierclub an, der nach vier Rückrundenspielen ohne ein einziges Tor wieder tief in den Tabellenkeller rutschte. Der Club-Coach leistete seinem völlig frustrierten Kollegen Marcel Koller moralischen Beistand: „Natürlich hängst du nach einer solchen Niederlage mächtig in der Wäsche. Aber wenn der Verein und das Umfeld die Ruhe bewahren, hat Bochum große Chancen, den Klassenverbleib zu schaffen."
> „Wir hätten das Spiel nicht verlieren dürfen. Aber wir machen einen Schritt nach vorn und zwei Schritte zurück", jammerte VfL-Kapitän Thomas Zdebel. Zwar habe man ein gutes Spiel gezeigt, stehe „aber wieder mit leeren Händen da". Wie vernagelt war das von Raphael Schäfer hervorragend gehütete FCN-Tor. „Schäfer hat uns in dieser Phase am Leben gehalten", räumte Meyer ein, dem die am Ende durch die beiden Kontertore von Saenko eingefahrenen drei Punkte „wie ein Geschenk" erschienen. Ganz andere Sorgen hat der VfL. Der Aufsteiger steht mal wieder am Scheideweg. Die nächsten Partien gegen die ebenfalls vom Abstieg bedrohten Konkurrenten Arminia Bielefeld und Alemannia Aachen werden Richtung weisend. „Wir müssen jetzt Ruhe bewahren und den Kopf hoch nehmen", sagte VfL-Trainer Koller. Der Schweizer schöpft seine Zuversicht daraus, dass die Abwehr stabiler steht und man sich vorn zumindest viele Chancen erarbeitet. „Wenn wir den Mut aus der zweiten Halbzeit mitnehmen, bin ich überzeugt, dass wir auch wieder Tore erzielen."
>
> *(Auszüge aus dem Bericht der WAZ vom 12.02.2007, nach dpa)*

Info

Eine **Metapher** (gr. μετα-φερειν = hinübertragen) ist eine sprachliche Verknüpfung zwischen einem *wörtlichen* und einem *übertragenen* Sachverhalt. Sie hilft, schwer Sagbares in Worte zu fassen, regt die Fantasie an und verleiht der Sprache so zusätzlich Lebendigkeit.

Aufgaben

Übertrage den Fußball-Bericht ohne die Sätze, die Metaphern enthalten, in dein Heft.
Wie viel musst du abschreiben?

Metaphern in Redewendungen

„Lass dich doch nicht ins Bockshorn jagen!" Vielleicht haben deine Eltern dir das schon einmal gesagt und meinen damit, dass du dich nicht einschüchtern lassen sollst. Das ist eine sehr alte Redewendung, die wir heute gar nicht mehr genau entschlüsseln können. Trotzdem wissen wir, was gemeint ist.

Es gibt aber zahlreiche Redensarten, die ganz alltägliche Situationen und Erfahrungen durch Bilder ausdrücken und so unsere Sprache bereichern. Vielleicht kennst du einige.

Anika, 12 Jahre

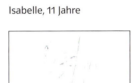

Isabelle, 11 Jahre

Anja, 12 Jahre

Jessie, 11 Jahre

Katharina, 12 Jahre

Metaphern in Liebesgedichten

Manche Dinge lassen sich überhaupt nicht ohne Metaphern ausdrücken: z. B. Gefühle. Wer ein Liebesgedicht ohne sprachliche Bilder schreiben will, wird schnell verzweifeln – und das Ergebnis wird wohl nicht sonderlich romantisch sein …

Seraphine

Dass du mich liebst, das wusst ich,
Ich hatt es längst entdeckt;
Doch als du mirs gestanden,
Hat es mich tief erschreckt.

Ich stieg wohl auf die Berge
Und jubelte und sang;
Ich ging ans Meer und weinte
Beim Sonnenuntergang.

Mein Herz ist wie die Sonne
So flammend anzusehen,
Und in ein Meer von Liebe
Versinkt es groß und schön.

Heinrich Heine (1797–1856)

---

1 Welche Redensarten stecken hinter den Zeichnungen?

2 Schreibe das Liebesgedicht von Heinrich Heine um und zwar ohne Metaphern. Was hältst du von dem Ergebnis?

3 Interviewe einige Menschen, mit welcher Metapher sie folgende Worte umschreiben würden: Liebe, Hoffnung, Glaube, Einsamkeit, Wut. Vielleicht fällt dir noch mehr ein. Vergleiche deren Metaphern mit deinen eigenen.

4 Gestalte mit anderen zusammen eine kreative Metaphernsammlung zu einem Oberthema in Form einer Collage, eines Fotoprojektes oder als gespielte Szenenfolge.

Metaphern in der Bibel

Elija begegnet Gott

Als der Prophet Elija durch die Königin Isebel verfolgt wurde, flüchtete er in die Wüste. Im Alten Testament wird seine Geschichte so erzählt:

> [5]Dann legte er sich unter den Ginsterstrauch und schlief ein. Doch ein Engel rührte ihn an und sprach: Steh auf und iss! [6]Als er um sich blickte, sah er neben seinem Kopf Brot, das in glühender Asche gebacken war, und einen Krug mit Wasser. Er aß und trank und legte sich wieder hin. [7]Doch der Engel des Herrn kam zum zweiten Mal, rührte ihn an und sprach: Steh auf und iss! Sonst ist der Weg zu weit für dich. [8]Da stand er auf, aß und trank und wanderte, durch diese Speise gestärkt, vierzig Tage und vierzig Nächte bis zum Gottesberg Horeb.
> [9]Dort ging er in eine Höhle, um darin zu übernachten. Doch das Wort des Herrn erging an ihn: Was willst du hier, Elija? [10]Er sagte: Mit leidenschaftlichem Eifer bin ich für den Herrn, den Gott der Heere, eingetreten, weil die Israeliten deinen Bund verlassen, deine Altäre zerstört und deine Propheten mit dem Schwert getötet haben. Ich allein bin übrig geblieben und nun trachten sie auch mir nach dem Leben. [11]Der Herr antwortete: Komm heraus und stell dich auf den Berg vor den Herrn! Da zog der Herr vorüber: Ein starker, heftiger Sturm, der die Berge zerriss und die Felsen zerbrach, ging dem Herrn voraus. Doch der Herr war nicht im Sturm. Nach dem Sturm kam ein Erdbeben. Doch der Herr war nicht im Erdbeben. [12]Nach dem Beben kam ein Feuer. Doch der Herr war nicht im Feuer. Nach dem Feuer kam ein sanftes, leises Säuseln. [13]Als Elija es hörte, hüllte er sein Gesicht in den Mantel, trat hinaus und stellte sich an den Eingang der Höhle.
> (1 Kön 19,5–13)

Silke Rehberg, Elija am Horeb, 2000

Info

Der Name **Elija** bedeutet: „Mein Gott ist Jahwe". Elija trat im 9. Jh. v. Chr. kompromisslos für den Glauben an Jahwe ein. Als sich die phönizische Religion des Gottes Baal in Israel verbreitete, verlangte er von König Ahab und dem Volk Israel die Abkehr von den Baalsopfern. Aus diesem Grund wurde er immer wieder verfolgt.

Auch die Juden verehren den **Propheten Elija**, wie auch die Muslime (im Koran heißt er Ilyas).

Aufgaben

1. Spielt die Geschichte von Elija nach – am besten mit Instrumenten begleitet.
2. Schreibt alle Metaphern aus dem Text heraus, die euch auffallen. Versucht sie zu entschlüsseln.
3. Wie versteht ihr die Geschichte, nachdem ihr die Metaphern übersetzt habt?

Hat Gott eine Nase?

Viele Beschreibungen in der Bibel klingen fast so, als wäre Gott ein Mensch. Gott *hört* auf das Gebet, er *sieht*, wie Menschen handeln, er *spricht* zu einzelnen Personen – ja, er *riecht* sogar die Opfergaben. Hat Gott denn eine Nase, einen Mund, Augen und Ohren?

Wir sprechen offenbar in sehr menschlichen Bildern von Gott. Da stellt sich die Frage: Können wir überhaupt anders von Gott sprechen? Solche Sprachbilder oder Metaphern sind notwendig, um etwas über Gott auszusagen. Aber wir müssen uns bewusst sein, dass es sich immer um bildliche Annäherungen, also um Metaphern handelt. Zur biblischen Zeit wie heute erschallte keine donnernde Stimme vom Himmel. Wenn in der Bibel jemand so von Gott erzählt, ist das ein Versuch, in Worte zu fassen, wie Menschen die Erfahrung gemacht haben, dass Gott ihnen etwas mitteilt.

Hat Gott Augen zum Sehen?

Dein Lager soll heilig sein, damit er bei dir nichts Anstößiges sieht und sich nicht von dir abwendet.
(Dtn 23,15)

Hat Gott einen Mund zum Sprechen?

Danach gingen Mose und Aaron zum Pharao und sagten: So spricht Jahwe, der Gott Israels: Lass mein Volk ziehen, damit sie mir in der Wüste ein Fest feiern können.
(Ex 5,1)

Hat Gott Hände zum Greifen?

Gott, der Herr, formte aus dem Ackerboden alle Tiere des Feldes und alle Vögel des Himmels und führte sie dem Menschen zu, um zu sehen, wie er sie benennen würde.
(Gen 2,19)

Hat Gott Ohren zum Hören?

Ich rufe zu Gott, ich schreie, ich rufe zu Gott, bis er mich hört.
(Ps 77,2)

Hat Gott eine Nase zum Riechen?

Der Herr roch den beruhigenden Duft und der Herr sprach bei sich: Ich will die Erde wegen des Menschen nicht noch einmal verfluchen.
(Gen 8,21)

Unbekannter Künstler, Die Erschaffung der Erde und der Pflanzen, o. J.

---

1 Was bedeuten die biblischen Metaphern, die davon sprechen, dass Gott riecht, hört, spricht, sieht, greift?
2 Fallen dir eigene Metaphern für Gott und sein Handeln ein? Versuche sie zu zeichnen.
3 Lies noch weitere biblische Metaphern nach und erkläre sie: Koh 1,2 f.; Mt 4,19; 1 Joh 3,1; Hos 11,4.
4 Im Koran der Muslime finden sich die „99 schönsten Namen Gottes". Du findest sie leicht im Internet. Sie beschreiben Eigenschaften und Fähigkeiten Gottes. Finde Beispiele für Metaphern in diesen Namen.

Mehr als Wörter: Symbole

Ein Tisch ist mehr als ein Tisch
Was ist das?

Runder Tisch

Ein Tisch, wirst du sagen.

Und das kannst du auch begründen. Du kannst ihn genau beschreiben: Er hat eine Tischplatte und Füße. Man kann an ihm sitzen und etwas darauf stellen. Er sieht kostbar, aber auch gebraucht aus. Die Tischplatte ist rund. Auf dem inneren Bereich ist ein Muster erkennbar. Der äußere Rand hat ein anderes Muster und die Tischplatte wird nach außen schmaler. Die Tischbeine sind mit kunstvollen Ornamenten verziert …

Je genauer du ihn betrachtest, desto mehr Details fallen dir auf. Vielleicht kommt dir auch schon eine Idee, wohin er passen würde? Wer hat an solch einem Tisch gesessen? Er weist Gebrauchsspuren auf – was ist wohl an ihm schon geschehen?

Du merkst: Der Tisch ist nicht mehr nur irgendein Tisch, denn er erzählt eine Geschichte!

Wer genau hinschaut, sieht hinter der äußeren Erscheinung mehr: eine verborgene, innere Wirklichkeit. Sie hat mit Erfahrungen, Gefühlen, Ideen und Fantasie zu tun – daher sehen verschiedene Menschen in diesem Tisch vielleicht auch verschiedene Dinge.

Wenn eine äußere Schicht mit einer inneren Schicht verknüpft wird, sprechen wir auch von einem **Symbol**.

Schon in der Antike kam es vor, dass zwei Menschen einen Vertrag schließen wollten, der über ihre eigene Lebenszeit hinaus gelten sollte. Dafür verwendeten sie z. B. eine zweigeteilte Tontafel als Symbol. Sie nahmen eine Tontafel und brachen sie durch. Dabei entstand eine Bruchlinie, die ganz einzigartig war. Beide Vertragspartner erhielten eine Hälfte der Tontafel und konnten sie z. B. weitervererben. Ihre Rechtsnachfolger konnten sich später mit ihrer Hälfte ausweisen: Zusammen mit dem Gegenstück bildeten beide Teile wieder das Ganze. Auch Freunde, die sich für lange Zeit trennen mussten, verwendeten ein solches Symbol, indem sie eine Münze, eine Tontafel oder einen Ring in zwei Hälften zerbrachen.

Während die äußere Schicht für jeden sichtbar ist, bleibt das innere Geschehen verborgen. Am deutlichsten wird das bei symbolischen Handlungen, z. B. bei einem Handschlag als Geste der Versöhnung oder einem Kuss als Geste der Zuneigung: Wenn die beiden Beteiligten innerlich das Symbol nicht mit vollziehen, kommt es nicht wirklich zustande. Das scheinbare Symbol bleibt dann eine bloße Fassade.

> **Info**
>
> **Symbol** (gr. συμ-βαλλω = ich werfe zusammen)
> Ein Symbol ist eine Zusammenfügung von zwei Schichten:
>
> 1. Die *äußere Schicht* eines Symbols ist das, was ein Mensch z. B. mit den Augen sehen kann.
> 2. Die *innere Schicht* eines Symbols ist das, was Menschen aufgrund ihrer Erfahrungen, Erinnerungen und Sehnsüchte darin lesen können; man könnte auch sagen: in das Symbol hineininterpretieren können. Eine andere Formulierung ist: das, was man mit dem Herzen sehen kann.

Zeichen, Metaphern und Symbole

Ohne Metaphern und Symbole lässt sich Religion nicht verstehen. Denn in allen Religionen geht es um das, was den Menschen im Innersten betrifft. Was Menschen in ihrem Leben mit anderen Menschen und mit Gott erleben, ist oft schwer in Worte zu fassen. Metaphern und Symbole *deuten* die Wirklichkeit. Darin unterscheiden sie sich von den bloßen Zeichen.

Zeichen …
stehen für etwas anderes. Sie be-zeichnen eine Sache mit einem Bild. Sie sind eindeutig und müssen es auch sein: Wenn beispielsweise im Straßenverkehr ein Verkehrszeichen nicht eindeutig wäre, wäre es gefährlich für die Verkehrsteilnehmer. Wenn unsere Buchstaben verschiedene Bedeutung haben könnten, könntest du diesen Text gar nicht lesen.

Symbole …
verknüpfen die äußere Schicht eines Gegenstandes mit einer inneren Schicht, die nur mithilfe von Erfahrungen lesbar ist. Da jeder Mensch seine eigenen Erfahrungen macht, sind Symbole *nie* eindeutig. Symbole bleiben nicht an der Oberfläche, sondern können sehr tiefgründig sein. Sie können Erfahrungen, Erinnerungen, Hoffnungen und Gefühle in einem Gegenstand bündeln.

Gerhard Richter: Tisch, 1962

Aufgaben

1 Verfasse eine Erzählung zur Geschichte des runden Tisches aus S. 170.
2 Hast du einen Gegenstand, der dir ganz wichtig ist, in dem du mehr siehst als andere Menschen?
   a) Beschreibe seine beiden Schichten.
   b) Bringt eure Gegenstände mit in die Schule und gestaltet eine kleine Ausstellung.
3 Der zeitgenössische Künstler Gerhard Richter hat 1962 einen einfachen Tisch gemalt. Wie deutest du sein Bild? Beschreibe die verschiedenen Schichten.
4 Auf dieser Seite sind verschiedene Zeichen und Symbole verstreut. Teste dich selbst: Was ist ein Symbol, was ist ein Zeichen? Begründe. Ist deine Entscheidung immer eindeutig?

Symbole deuten

Im Schaufenster eines Sportgeschäfts wird ein neues Snowboard zum Werbeslogan „The Winner's Board" vor diesem großen Fotoplakat ausgestellt.

Um zu verstehen, wie dieses Bild wirkt, musst du zuerst ganz genau hinschauen. Beobachte, was du auf dem Bild alles erkennen kannst – auch die Kleinigkeiten!
- Das Foto zeigt …
- Im Hintergrund sieht man …
- Die Person trägt …
- Ihre Haltung drückt aus …
- Das Wetter ist …
- Die wichtigsten Farben sind …
- …

All diese Beobachtungen beziehen sich auf die äußere Schicht. Es sind Sachinformationen über das, was auf dem Foto zu sehen ist.
Doch als Teil eines Werbeplakates sind es nicht nur diese Informationen, die auf uns wirken. Auch Bilder haben eine zweite Schicht: Sie sprechen unsere Erfahrungen und unsere Gefühle an.

Um das zu bemerken, musst du wieder genau hinschauen – diesmal aber auf dich selbst! Überlege, welche Gefühle, Erinnerungen oder Vorstellungen das Bild in dir weckt:
- Das Bild spricht Gefühle an wie …
- Es weckt in mir Erinnerungen an …
- Wenn ich das Bild sehe, wünschte ich …
- …

Wie Symbole haben Bilder also zwei Schichten: die der Informationen und die der Gefühle oder Emotionen. Wer sie zu lesen versteht, kann Bilder auf überraschende Weise deuten.
In der Werbung macht sich ein Hersteller diese beiden Schichten zunutze, um sein Produkt besser zu verkaufen. Beim Betrachten eines Bildes assoziieren (lat. associare = verbinden) wir bestimmte Erinnerungen und Gefühle mit ihm, die zugleich Erwartungen und Hoffnungen wecken können.
Auch die folgenden Bilder können beim Betrachten Gefühle, Erinnerungen und Erwartungen wecken. Beschreibe sie wieder genau, beobachte an dir selbst, was sie in dir auslösen und überlege dann, für welche Werbung sie gebraucht werden könnten.

Aufgaben

1 In Zeitschriften oder im Internet findest du viele Werbebilder. Klebe Beispiele in dein Heft und beschreibe ganz genau, welche Informationen die Bilder enthalten und welche Gefühle sie ansprechen.

2 Inwiefern können die Erwartungen erfüllt werden, die die Werbung weckt? Begründe deine Antwort.

Kapitel 9

Auf dieser Seite findest du in einem Lied und einigen Bildern ganz verschiedene Symbole, die dir im Alltag begegnen können. Allen ist gemeinsam, dass du sie entschlüsseln musst, um sie zu verstehen, indem du neben ihrer äußeren Schicht auch die tiefere innere Schicht wahrnimmst und beschreibst.

1. Ein Funke, aus Stein geschlagen, wird Feuer in kalter Nacht.
2. Glut, in Wassern gesunken, wird Glanz in spiegelnder Flut.
3. Ein Lachen in deinen Augen vertreibt die blinde Wut.

Ein Stern, vom Himmel gefallen, zieht Spuren von Gottes Macht.
Ein Strahl, durch Wolken gedrungen, wird Quell von neuem Mut.
Ein Licht, in dir geborgen, wird Kraft in tiefer Not.

R So wie die Nacht flieht vor dem Morgen, so zieht die Angst aus dem Sinn.
so wächst ein Licht, in dir geborgen, die Kraft zum neuen Beginn.

1 Erkläre den Satz „Bilder muss man doppelt lesen".

2 Gestalte einen Lebensbaum als Symbol für dein Leben. Er kann frische und abgeknickte Zweige enthalten, dünne und dicke Äste, Laub oder Nadeln, Blüten und Früchte. Wofür könnte was stehen?

3 In eurer Klassengemeinschaft habt ihr inzwischen schon einiges erlebt. Gestaltet gemeinsam einen Weg mit Naturmaterialien, der diese Geschichte symbolisiert.

4 Betrachte noch einmal das Bild auf S. 163 und lies das Gedicht von R. O. Wiemer. Warum werden Engel fast immer mit Flügeln dargestellt? Erläutere, welche symbolische Bedeutung ein „Engel" verkörpert.

Symbolhandlungen – Symbolfiguren

In der Bibel finden sich unzählige Symbole: einige kennst du, andere nicht. Manche bedeuten heute noch für Christen dasselbe wie zur biblischen Zeit, manche sind uns so fremd, dass erst noch erforscht wird, was damals wohl damit gemeint sein könnte – eine echte Detektivarbeit! In einigen Bibeltexten bemerkt man das Symbolische sofort, in anderen muss man schon genauer hinsehen. Bisher hast du vor allem Gegenstände und Bilder als Symbole kennengelernt. Es gibt aber auch symbolische Handlungen. Einige biblische Beispiele dafür findest du in den folgenden Schriftstellen.

> Jesus wäscht den Jüngern die Füße:
> Jesus (…) ⁴stand vom Mahl auf, legte sein Gewand ab und umgürtete sich mit einem Leinentuch. ⁵Dann goss er Wasser in eine Schüssel und begann, den Jüngern die Füße zu waschen und mit dem Leinentuch abzutrocknen, mit dem er umgürtet war. ⁶Als er zu Simon Petrus kam, sagte dieser zu ihm: „Du, Herr, willst mir die Füße waschen?" ⁷Jesus antwortete ihm: „Was ich tue, verstehst du jetzt noch nicht; doch später wirst du es begreifen." ⁸Petrus entgegnete ihm: „Niemals sollst du mir die Füße waschen!" Jesus erwiderte ihm: „Wenn ich dich nicht wasche, hast du keinen Anteil an mir." ⁹Da sagte Simon Petrus zu ihm: „Herr, dann nicht nur meine Füße, sondern auch die Hände und das Haupt."
> ¹²Als er ihnen die Füße gewaschen, sein Gewand wieder angelegt und Platz genommen hatte, sagte er: „Begreift ihr, was ich an euch getan habe? ¹³Ihr sagt zu mir Meister und Herr und ihr nennt mich mit Recht so; denn ich bin es. ¹⁴Wenn nun ich, der Herr und Meister, euch die Füße gewaschen habe, dann müsst auch ihr einander die Füße waschen."
> (Joh 13,4–9.12–14)

> Johannes der Täufer tauft im Jordan:
> ⁴So trat Johannes der Täufer in der Wüste auf und verkündigte Umkehr und Taufe zur Vergebung der Sünden. ⁵Ganz Judäa und alle Einwohner Jerusalems zogen zu ihm hinaus; sie bekannten ihre Sünden und ließen sich im Jordan von ihm taufen. ⁶Johannes trug ein Gewand aus Kamelhaaren und einen ledernen Gürtel um seine Hüften und er lebte von Heuschrecken und wildem Honig. ⁷Er verkündete: Nach mir kommt einer, der ist stärker als ich; ich bin es nicht wert, mich zu bücken, um ihm die Schuhe aufzuschnüren. ⁸Ich habe euch nur mit Wasser getauft, er aber wird euch mit dem Heiligen Geist taufen.
> (Mk 1,4–8)

Das Übergießen mit Wasser fällt uns als erstes ein, wenn wir an die Taufe denken. Aber was ist an dieser Handlung symbolisch? Eine Hilfe zum Verständnis finden wir in einem Brief von Petrus:

> ²¹Dem entspricht die Taufe, die jetzt euch rettet. Sie dient nicht dazu, den Körper von Schmutz zu reinigen, sondern sie ist eine Bitte an Gott um ein reines Gewissen aufgrund der Auferstehung Jesu Christi, ²²der in den Himmel gegangen ist; dort ist er zur Rechten Gottes und Engel, Gewalten und Mächte sind ihm unterworfen.
> (1 Petr 3,21–22)

Jesu Begegnung mit einem Blinden:
Zur Zeit Jesu wurden Krankheiten als Strafe Gottes gedeutet. Die Jünger führen das Schicksal des Blinden auf eine Sünde zurück und befragen Jesus dazu.
Unterwegs sah Jesus einen Mann, der seit seiner Geburt blind war. ²Da fragten ihn seine Jünger: „Rabbi, wer hat gesündigt? Er selbst? Oder haben seine Eltern gesündigt, sodass er blind geboren wurde?" ³Jesus antwortete: „Weder er noch seine Eltern haben gesündigt, sondern das Wirken Gottes soll an ihm offenbar werden."
⁶Als er dies gesagt hatte, spuckte er auf die Erde; dann machte er mit dem Speichel einen Teig, strich ihn dem Blinden auf die Augen ⁷und sagte zu ihm: „Geh und wasch dich in dem Teich Schiloach!" Schiloach heißt übersetzt: Der Gesandte. Der Mann ging fort und wusch sich. Und als er zurückkam, konnte er sehen.
(Joh 9,1–3.6–7)

Auch Menschen können Symbole sein. Wir sprechen von „Symbolfiguren", wenn ein Mensch für eine bestimmte Sache, eine Bewegung, ein Programm steht.

1 Suche dir eine der Bibelstellen aus:
a) Welche Symbolhandlung wird hier beschrieben? Beschreibe die äußere und die innere Schicht.
b) Diese Symbolhandlungen sind den Menschen vor fast 2000 Jahren wichtig gewesen. Überlege, woran Menschen, die nicht religiös sind, bei dieser Symbolhandlung als erstes denken würden.
c) Was verbinden Christen (und wenn du es weißt: Juden, Muslime, Hindus …) mit dieser Symbolhandlung?
2 Welche Symbolfiguren sind oben abgebildet? Finde heraus, wer sie sind und wofür sie stehen. Finde jemanden, der oder die in deiner Nähe so etwas wie eine Symbolfigur ist.

Kapitel 9 Impulse zum Weiterdenken

Michael Ende: Momo

Die Bücher des deutschen Schriftstellers Michael Ende (1929–1995) sind weltbekannt und werden von Kindern, Jugendlichen und Erwachsenen gleichermaßen verschlungen. Die bekanntesten sind „Die unendliche Geschichte", „Jim Knopf und Lukas der Lokomotivführer" und „Momo".
Momo lebt am Rande einer Großstadt und besitzt nichts als das, was sie findet oder was man ihr schenkt, doch sie hat eine außergewöhnliche Gabe: Sie ist eine wunderbare Zuhörerin. Eines Tages aber treten die grauen Herren auf den Plan. Sie haben es auf die kostbare Lebenszeit der Menschen abgesehen – und Momo ist die Einzige, die ihnen noch Einhalt gebieten kann …
Du kannst das Buch lesen – und es ist ein schönes Buch. Wenn du dir die Mühe machst, die „zweite Schicht" freizulegen, lässt es dich kaum mehr los, so spannend ist es.

Beppo, der Straßenkehrer

Wenn jemand auch sehr viele Freunde hat, so gibt es darunter doch immer einige wenige, die einem ganz besonders nahe stehen und die einem die allerliebsten sind. Und so war es auch bei Momo. Sie hatte zwei allerbeste Freunde, die beide jeden Tag zu ihr kamen und alles mit ihr teilten, was sie hatten. Der eine war jung und der andere war alt. Und Momo hätte nicht sagen können, welchen von beiden sie lieber hatte. Der Alte hieß Beppo Straßenkehrer. […] Er fuhr jeden Morgen lange vor Tagesanbruch mit seinem alten, quietschenden Fahrrad in die Stadt zu einem großen Gebäude. Dort wartete er in einem Hof zusammen mit seinen Kollegen, bis man ihm einen Besen und einen Karren gab und ihm eine bestimmte Straße zuwies, die er kehren sollte. […]
Wenn er so die Straßen kehrte, tat er es langsam, aber stetig: bei jedem Schritt einen Atemzug und bei jedem Atemzug einen Besenstrich. Schritt – Atemzug – Besenstrich. […] Dazwischen blieb er manchmal ein Weilchen stehen und blickte nachdenklich vor sich hin. Und dann ging es wieder weiter Schritt – Atemzug – Besenstrich – – –.
Während er sich so dahinbewegte, vor sich die schmutzige Straße und hinter sich die saubere, kamen ihm oft große Gedanken. Aber es waren Gedanken ohne Worte, Gedanken, die sich so schwer mitteilen ließen wie ein bestimmter Duft, an den man sich nur gerade eben noch erinnert, oder wie eine Farbe, von der man geträumt hat. Nach der Arbeit, wenn er bei Momo saß, erklärte er ihr seine großen Gedanken. Und da sie auf ihre besondere Art zuhörte, löste sich seine Zunge, und er fand die richtigen Worte.
„Siehst du, Momo", sagte er dann zum Beispiel, „es ist so: Manchmal hat man eine sehr lange Straße vor sich. Man denkt, die ist so schrecklich lang; das kann man niemals schaffen, denkt man."

Er blickte eine Weile schweigend vor sich hin, dann fuhr er fort: „Und dann fängt man an, sich zu beeilen. Und man eilt sich immer mehr. Jedes Mal, wenn man aufblickt, sieht man, dass es gar nicht weniger wird, was noch vor einem liegt. Und man strengt sich noch mehr an, man kriegt es mit der Angst, und zum Schluss ist man ganz außer Puste und kann nicht mehr. Und die Straße liegt immer noch vor einem. So darf man es nicht machen."
Er dachte einige Zeit nach. Dann sprach er weiter: „Man darf nie an die ganze Straße auf einmal denken, verstehst du? Man muss nur an den nächsten Schritt denken, an den nächsten Atemzug, an den nächsten Besenstrich. Und immer wieder nur an den nächsten."
Wieder hielt er inne und überlegte, ehe er hinzufügte: „Dann macht es Freude; das ist wichtig, dann macht man seine Sache gut. Und so soll es sein."
Und abermals nach einer langen Pause fuhr er fort: „Auf einmal merkt man, dass man Schritt für Schritt die ganze Straße gemacht hat. Man hat gar nicht gemerkt wie, und man ist nicht außer Puste." Er nickte vor sich hin und sagte abschließend: „Das ist wichtig."

176

Übertragen und symbolisieren

Metaphern und Symbole: Wer sie verstanden hat, kann sie sich methodisch zunutze machen. Wer weiß, was Metaphern und Symbole leisten, kann Texte genauer erfassen oder Situationen und Empfindungen besser verstehen. Mithilfe von Metaphern und Symbolen lassen sich auch Dinge, die wir nur schwer in Worte fassen können, anderen mitteilen.

Metapher-Meditation
Bei einer Metapher-Meditation geht es darum, sich einem Thema, einem Problem oder einem Begriff zu nähern. Und so geht ihr vor:
- Ihr nehmt euch 5–10 Minuten Zeit, um über das Thema nachzudenken.
- Jede und jeder schreibt eine oder mehrere Metaphern auf einen Zettel.
- Die Zettel werden eingesammelt und nacheinander vorgelesen.
- Über die persönlichen Metaphern kommt ihr mit folgenden Fragen schnell ins Gespräch: Welche hat mir besonders gut gefallen? Welche scheint mir nicht zu passen? Welche möchte ich gerne erklärt bekommen?

Bodenbilder gestalten
Symbole verknüpfen zwei Schichten: das Äußere, also das Erscheinungsbild, mit dem Inneren, d. h. den Erfahrungen, Erinnerungen, Gefühlen. Sie können uns helfen, verschiedenen Erfahrungen und Gedanken, die wir mit einer Geschichte oder einer Situation verbinden, auszudrücken.

Besonders gut geht dies in Bodenbildern. Diese werden nicht gemalt, sondern aus verschiedenen Gegenständen und Materialien gelegt.

Was ihr braucht:
- Euer Raum sollte möglichst sauber und aufgeräumt sein. Außerdem braucht ihr etwas Platz.
- Ihr benötigt Legematerial. Das könnt ihr für ein bestimmtes Bild zusammen sammeln, oder aber ihr legt eine Sammlung an, z. B. aus Naturmaterialien wie Sand, Trockenblüten, Steinen, Ästen usw.; aus Alltagsdingen wie Kerzen, Schlüsseln, Glas usw.; aus Spielzeug wie Bauklötzen, Figuren, Murmeln, Seilen, Häusern, Tieren usw. sowie buntes Papier und Stoff in allen Formen.

Und so geht ihr vor:
- Ihr legt euer Legematerial bereit und setzt euch in einen Kreis. Wenn ihr euch mit einer Geschichte beschäftigen wollt, liest sie eine(r) vor. Wenn ihr eine bestimmte Frage verfolgt, formuliert sie noch einmal gemeinsam.
- Dann nehmt ihr euch 5 Minuten Zeit zu überlegen, welche Materialien für das Thema interessant sein könnten. Sie können für sich stehen oder symbolische Bedeutung haben.
- Wenn ihr ein großes Bodenbild gestaltet, könnt ihr entweder gemeinsam Stück für Stück überlegen und entscheiden oder alle fügen reihum ein Teil hinzu und erklären es.
- Zuletzt überlegt ihr, ob ihr mit dem Ergebnis zufrieden seid oder ob noch etwas fehlt. Besprecht euer Ergebnis.
- Wenn ihr wollt, kann jede(r) eine Figur an einen Ort im Bodenbild stellen und überlegen, was sich an der Situation oder der Geschichte ändert, wenn man sie von diesem Ort aus betrachtet.

Ihr könnt auch allein oder zu zweit arbeiten. Am Ende stellt ihr euch die Bodenbilder gegenseitig vor.

Kapitel 9 Rückblick und Ausblick

Eine Sprache für das Unsagbare finden

Dieses Kapitel ist ein ganz besonderes Kapitel. Vieles an Sprache, an Metaphern und Symbolen hängt davon ab, wer sie benutzt. Deshalb kann man das, was in diesem Kapitel Thema war, auch nicht allgemein zusammenfassen. Vielmehr bleibt vieles, was du lernen konntest, etwas sehr Persönliches. Und das gilt nicht nur für dich: Auch wir, die Autorinnen und Autoren dieses Buches, können dir am Ende nur unsere ganz persönlichen Gedanken über dieses Kapitel schreiben.

Vielleicht hast du nicht alles genauso gesehen – aber wenn du verstanden hast, worum es uns gegangen ist, dann kannst du selbst entscheiden, was du damit anfängst, ob du diese Gedanken auch für wichtig hältst und ob du eigene Ideen darin wiedergefunden hast. Dass unsere Gedanken in diesem Buch stehen, bedeutet übrigens nicht automatisch, dass sie alle richtig sein müssen. Vielleicht hast du zu manchen Texten oder Bildern eine ganz andere Meinung oder ihr habt gemeinsam andere Standpunkte eingenommen. Leider gibt es umgekehrt nicht viele Möglichkeiten, wie ihr uns von euren Sichtweisen erzählen und uns vielleicht sogar davon überzeugen könnt.

Wir haben mit etwas ganz Alltäglichem angefangen: mit der **Sprache**. Während du das Ergebnis liest, bilden sich in deinem Kopf ihre Teile heraus: die Wörter. Über unsere Sprache denken wir nicht oft nach. Wir sprechen zwar dieselbe Sprache, aber jede(r) drückt die eigenen Erfahrungen anders aus. Es gibt sogar Wörter, die verschiedene Menschen jeweils anders verstehen. Trotzdem **verstehen wir uns**. Und manche Erfahrungen, seien es sehr schöne oder ganz schlimme, können wir gar nicht in Sprache fassen: weil zu viele Dinge gleichzeitig dafür wichtig sind, oder weil wir nicht die richtigen Worte finden. Manchmal wollen wir sie auch gar nicht in Worte fassen, damit sie nicht noch einmal in unserer Erinnerung lebendig werden.

Alle Religionen versuchen sehr wahrscheinlich, auf viele Arten und Weisen Wege zu finden, das Unsagbare doch in Worte zu fassen. Warum? Weil es sie bewegt! Weil sie es als Bereicherung für ihr Leben ansehen, als etwas, das ihr Leben trägt – in fröhlichen wie in leidvollen Tagen. Dass gerade letztere eine harte Probe für jeden religiösen Menschen darstellen – auch davon zeugen diese Versuche, Erfahrungen ins Wort zu bringen.

Ob diese Erfahrungen mit Gott, mit Jesus und mit Menschen für dein Leben auch wichtig sind, kannst natürlich nur du entscheiden. Manche sagen z. B., dass heute keiner mehr die Bibel ernst nehmen könne. Vermutlich liegt das an den vielen Metaphern und Symbolen, die uns manchmal so fremd geworden sind, dass wir sie gar nicht verstehen oder gar nicht erst bemerken. „Gott spricht" – ein Sprachbild ... hättest du das vorher gedacht?

Wir haben mit einfachen **Metaphern** und **Symbolen** angefangen. Aber im Laufe der Zeit sind immer mehr Wörter hinzukommen, die wir nicht so einfach verstehen können, und viele davon finden sich in den anderen Kapiteln dieses Religionsbuches wieder: Himmel, Hölle, Engel, Gott erscheint, Sohn Gottes, Auferstehung ...

Toll wäre es, wenn das Kapitel dir geholfen hat, deine **Erfahrungen** mit dem Glauben oder mit anderen Dingen mithilfe von Symbolen und Metaphern besser **auszudrücken**. Oder wenn dir die Erzählungen aus der Geschichte des Christentums etwas verständlicher geworden sind.

10 Ich und die Gruppe

10 Gemeinschaft macht stark!

Kapitel 10

Sich selbst und andere akzeptieren

Jeder ist einmalig

Die Fingerabdrücke von allen Menschen sind zum Verwechseln ähnlich. Und doch hat jeder Mensch seinen eigenen, unverwechselbaren Fingerabdruck.
Seit Langem schon weist die Polizei damit nach, wer etwas mit seinen Fingern berührt hat.

Ich danke dir, dass du mich so wunderbar gestaltet hast. Ich weiß: Staunenswert sind deine Werke. (Psalm 139,14)

Hier siehst du zwei menschliche Haare unter einem Mikroskop vergrößert. Sogar an einem einzelnen Haar kann man mit einer DNA-Analyse einen Menschen zweifelsfrei identifizieren.

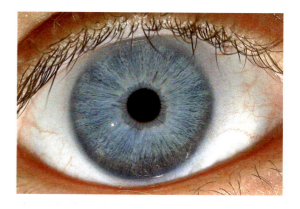

Auch die schöne Regenbogenhaut jedes Menschen ist absolut einmalig. Es gibt technische Geräte, mit denen man Personen durch Vergleichen dieses Teils des Auges erkennen kann.

Nicht einmal die Bäume des Waldes machte Gott gleich, wie viel weniger die Menschen.
Sprichwort

☞ Lege ein Blatt Papier und Stifte bereit. Setze dich bequem hin und schließe die Augen. Was fühlst du gerade? Fühlst du dich in deinem Körper wohl? Worüber hast du dich heute schon gefreut? Was ist dir heute wichtig? Womit an dir bist du zufrieden? Gibt es etwas, womit du unzufrieden bist? Atme tief durch und öffne langsam die Augen. Bringe deine Gedanken auf ein Blatt Papier. Schreibe oder male sie.

Aufgaben

1 Wie siehst du dich selbst? Nimm ein Blatt Papier und benutze es als Spiegel, indem du ein Bild von dir selbst malst. Schreibe deinen Namen darauf und Eigenschaften, die dich einzigartig machen.

2 Hast du auch schon die Erfahrung gemacht, dass ein positiver Zuspruch gut tut und das Selbstvertrauen enorm steigert? Sprecht euch anerkennende Botschaften zu: Klebt einander einen Pappteller auf den Rücken. Schreibt darauf, was ihr am anderen toll findet. Sprecht abschließend mit eurem Lehrer/eurer Lehrerin über eure gegenseitigen Botschaften.

Dass du anders bist, finde ich gut!

In einer Gruppe oder Gemeinschaft treffen Menschen zusammen, die alle ziemlich unterschiedlich sind. Der eine ist pflichtbewusst und mag Fußball, der andere ist ein Organisationstalent und findet die SMV wichtig. Jeder ist mit seinen Interessen und Neigungen einmalig. Auch in seinen Gefühlen und seinem Verhalten ist jeder einmalig. Je nachdem, mit welchen Menschen man zusammen ist oder je nach Situation, verhält man sich anders: in der Schule anders als in der Familie, im Freundeskreis oder im Sportverein. Sogar für Menschen, die einen näher kennen, ist man nicht absolut berechenbar.

Wenn sich einer z. B. in der Klasse anders verhält, anders denkt oder andere Interessen hat, findet man das anfangs erst einmal komisch. Man reagiert dann eher zurückhaltend oder drückt ihm einen Stempel auf. Dadurch wird er auf eine bestimmte Rolle festgelegt. Es sollte aber jeder darauf achten, anderen immer wieder eine Chance zu geben, aus Vorurteilen oder festgesetzten Rollen auszubrechen. Dies erfordert von jedem eine flexible Wahrnehmung. Es gibt immer mehrere Ansichten! Und auch die eigene Wahrnehmung kann sich aufgrund unterschiedlicher Erfahrungen und Situationen ändern: Du hast am ersten Schultag am Gymnasium von einigen, die du bis dahin noch nicht kanntest, vielleicht anders gedacht, als du es jetzt tust, nachdem du sie besser kennengelernt hast.

Was siehst du?

1 Überlege für dich: Denkst du über jeden deiner Klassenkameradinnen und -kameraden dasselbe wie am ersten Schultag? Warum hat sich deine Meinung über sie geändert? Warum vielleicht nicht?

2 Verschiedene Menschen betrachten diese Sommerwiese. Versetzt euch in die jeweilige Person hinein und überlegt, was diese Wiese für sie bedeuten könnte. Tragt eure Ansichten vor und besprecht, was dies für die Wahrnehmung unserer Mitmenschen und Umwelt bedeutet.

Gefühle entdecken

Unsicherheit und Angst

Wenn Michael abends im Bett liegt und es dunkel ist, geht ihm viel durch den Kopf. Manchmal hört er ein unbekanntes Geräusch, und er wird ganz still. Er lauscht. Er spürt einen Druck auf seinem Herzen. Dann kann er nicht einschlafen und liegt lange wach. Findet er Freunde in der neuen Klasse? Bleibt er in der Pause allein stehen oder kommt jemand zum Spielen? Aus seiner Grundschulklasse ist nur Philipp ans gleiche Gymnasium mitgegangen. Dann fällt ihm auch noch Claudius ein, sein Cousin. Er ist zwei Jahre älter als Michael und geht in die 6c. Er hatte das letzte Jahr ganz schlechte Noten und musste deshalb die 6. Klasse wiederholen. Immer wieder sagt er, das Gymnasium sei viel schwerer als die Grundschule. Dabei war Claudius richtig gut in der Grundschule!

Michael denkt an diesem Abend noch über vieles nach. Ihm gehen die Bilder aus der Tagesschau durch den Kopf, die eine Hochwasserkatastrophe gezeigt haben. Was ist, wenn sein Haus überschwemmt wird? Wenn er deshalb ganz woanders hin muss? Und er erinnert sich an den letzten Streit seiner Eltern, als seine Mutter ganz verzweifelt war. Mitten in der Nacht hat sie Vater angeschrien: „Wenn du immer nur an deinen Job denkst, kannst du gleich die Firma heiraten!" Was soll denn sein, wenn sich seine Eltern trennen? Wo kommt er dann hin? Er hat doch beide lieb. Susanne, die mit ihm in der Grundschule war, sieht ihren Vater nur am Wochenende.

Michael liegt noch lange wach.

Aufgaben

1. Besprecht gemeinsam, wie sich Michael fühlt und welche Gefühle er hat.
2. Erinnere dich, welche Gefühle du heute zu Schulbeginn hattest und notiere sie dir.
3. Drücke Gefühle mit Farben in einem Bild aus. Betrachtet in der Klasse die fertigen Bilder und beschreibt sie. Erzählen eure Bilder vielleicht sogar Geschichten?
4. Überlegt euch Situationen aus eurem Schulalltag und stellt diese in einem Rollenspiel dar. Achtet im Spiel besonders auf die Gefühle der beteiligten Personen.
5. Macht euch Gedanken zum Wortfeld „Gefühle".
   a) Sammelt all diejenigen Gefühle, die euch spontan einfallen.
   b) Ordnet die Gefühle nach ihrer Stärke. Wie lässt sich die Ordnung, die ihr gefunden habt, für die Klasse darstellen?

Gefühle zeigen

Wenn wir mit anderen Menschen zusammenkommen, dann bestimmen in vielen Situationen unsere Gefühle unser Handeln. Manchmal sind wir uns dieser Gefühle bewusst, etwa wenn wir uns freuen und unsere Freude anderen zeigen, wie das Mädchen auf dem Foto. Manchmal gibt es auch Gefühle, die sich in unserem Handeln ausdrücken, ohne dass sie uns bewusst sind. Wir reagieren z. B. gereizt, weil wir schlecht gelaunt sind. Aber dürfen wir Mitschüler beschimpfen, nur weil wir schlechte Laune haben? Wer möchte schon von einem Freund angegiftet werden, weil dieser eine schlechte Note kassiert hat?

Unseren Gefühlen sind wir aber nicht machtlos ausgeliefert. Wir können lernen, sie bewusst wahrzunehmen, um dann mit ihnen umzugehen. Wenn wir merken, dass wir schlecht gelaunt sind, können wir uns fragen, welchen Grund es hierfür gibt. Wir können uns zurückziehen oder unseren Freunden mitteilen, dass wir in Ruhe gelassen werden wollen. Dann ist es für andere auch möglich, sich uns gegenüber entsprechend zu verhalten.

Zeit und Übung sind nötig, um die eigenen Gefühle wahrnehmen und anderen mitteilen zu lernen. Und auch dann gelingt es vielleicht nicht immer. Wenn es aber gelingt, dann kann dies zu einem besseren Verhältnis zu anderen führen.

> fröhlich, erfreut, ausgelassen, bestürzt, erschrocken, entnervt, beleidigt, verärgert, verunsichert, zufrieden, belästigt, gespannt, begeistert, wütend, aufgeregt, gereizt, scheu, munter

Tipps

**Tipps zum Umgang mit heftigen Gefühlen:
Bevor du handelst …**

1. Atme erst einmal tief durch oder zähle langsam bis zehn, damit du einen klaren Gedanken fassen kannst.
2. Überlege, welche Entscheidung jetzt getroffen werden muss.
3. Zähle deine Handlungsmöglichkeiten auf und überlege, welche Folgen sie haben könnten.
4. Entscheide dich für die deiner Meinung nach beste Handlungsweise und setze sie um.
5. Denke, wenn alles vorbei ist, über deine Entscheidung nach. Würdest du das nächste Mal wieder so handeln?

1 Grün vor Neid, rot vor Wut … Malt einen Regenbogen auf ein großes Stück Papier. Sucht passend zu den Farben möglichst viele verschiedene Gefühle und schreibt sie auf den entsprechenden Farbstreifen.

2 Lest euch die Tipps zum Umgang mit heftigen Gefühlen durch und spielt sie anhand schwieriger Situationen durch. Haltet ihr sie für hilfreich für einen angemessenen Umgang mit heftigen Gefühlen? Ergänzt die Liste aus dem Kasten links, wenn ihr es für nötig haltet.

Leben in der Gemeinschaft

Ich übernehme Verantwortung für die Gemeinschaft

Ihr wurdet zu Beginn des Schuljahres in einer Klasse zusammengewürfelt und habt jetzt gemeinsam Religionsunterricht. Zusammen lernen macht Spaß. Vor allem, wenn jeder aktiv dazu beiträgt, dass aus dem zufälligen Zusammensein eine Gemeinschaft wird, in der alle ihren Platz finden. Soll eure Klasse eine solche Gemeinschaft werden, bedeutet das für jeden Einzelnen, dass er auf andere Rücksicht nehmen, hilfsbereit und ehrlich sein muss. Außerdem muss er lernen, den anderen in seinem Anderssein zu akzeptieren, ihm mit Respekt zu begegnen oder sich an vereinbarte Regeln zu halten. Denn letztlich möchte jeder von uns respektvoll und gerecht behandelt werden. Andere können sich dann auf ihn verlassen und fassen Vertrauen. In einer solchen Atmosphäre kann Gemeinschaft wachsen.

Wir sitzen alle im gleichen Boot

Lea: Heute haben wir in Reli ein tolles Spiel gemacht. Zuerst haben wir die Mitte des Klassenzimmers freigeräumt und dort alle Stühle zusammengestellt. Dann ist jeder auf einen Stuhl gestiegen. Sobald wir alle oben waren, hat Herr Bauer – du weißt, unser Relilehrer – einen Stuhl nach dem anderen von außen weggenommen.

Vera: Aber da fällt doch einer runter!

Lea: Nicht, wenn man zusammenrückt! Es geht darum, für die ganze Klasse möglichst wenig Stühle zu brauchen. Herr Bauer hat aber immer wieder gesagt: „Vorsicht! Das Wichtigste ist, dass keiner unglücklich stürzt und sich wehtut!"

Vera: Wie viele Stühle waren es denn am Schluss?

Lea: Zuerst 16, beim zweiten Mal aber nur noch 13. Da haben wir schon gewusst, dass man zusammenarbeiten muss. David hat gesagt, das sei wie beim Fußball, die Mannschaft, die zusammenhält, gewinnt meistens.

Vera: Wie viele seid ihr denn überhaupt in Reli?

Lea: 31!

Vera: Wow!

Aufgaben

1. Spielt das Spiel nach. Setzt euch danach im Kreis zusammen und überlegt euch: Was ist als Hilfe angenehm, was ist unangenehm, wenn man so eng zusammensteht? Sprecht darüber, was das Spiel über *Verantwortung übernehmen* aussagt.
2. Blindenspaziergang: Suche dir einen Partner. Verbinde ihm mit einem Tuch die Augen. Führe nun den „Blinden" durch das Schulhaus. Achte darauf, dass er an nichts stößt, stolpert oder stürzt. Wechselt euch nach einiger Zeit ab. Zeichnet nach eurem „Ausflug" die Umrisse eurer Hände ins Heft. Die eine Hand bekommt die Überschrift „Ich führe dich", die andere „Ich werde von dir geführt". Notiert in die Hände Stichwörter, die eure Gefühle während des Spaziergangs ausdrücken.
3. Tauscht euch in Kleingruppen aus, wie ihr eure Gemeinschaft in der Religionsklasse wahrnehmt. Malt den bisherigen Weg der Klasse aus eurer Sicht. Was soll sich ändern? Was muss jeder Einzelne von euch dafür tun? Stellt eure Bilder im Plenum zur Diskussion.

Auf die Gemeinschaft kommt es an

Auf den ausgedehnten Reisen erzählte der Apostel Paulus von Jesu Leben, seinem Tod und seiner Auferstehung. Die Menschen, die er von der Botschaft und Lehre Jesu begeistern konnte, schlossen sich zu christlichen Gemeinden zusammen. Wenn Paulus weiterreiste, blieb er mit den neuen Gemeinden in Briefkontakt. Auch in Korinth hatte Paulus eine Gemeinde aufgebaut. Nach seiner Abreise bildeten sich innerhalb dieser Gemeinde verschiedene Gruppierungen, die bald heillos zerstritten waren.

Im Brief an die Korinther lesen wir, wie Paulus sie deshalb ermahnt:

> Auch der Leib besteht nicht nur aus *einem* Glied, sondern aus vielen Gliedern. ¹⁵Wenn der Fuß sagt: Ich bin keine Hand, ich gehöre nicht zum Leib!, so gehört er doch zum Leib. ¹⁶Und wenn das Ohr sagt: Ich bin kein Auge, ich gehöre nicht zum Leib!, so gehört es doch zum Leib. ¹⁷Wenn der ganze Leib nur Auge wäre, wo bliebe dann das Gehör? Wenn er nur Gehör wäre, wo bliebe dann der Geruchssinn?
> ¹⁸Nun aber hat Gott jedes einzelne Glied so in den Leib eingefügt, wie es seiner Absicht entsprach. ¹⁹Wären alle zusammen nur *ein* Glied, wo bliebe dann der Leib? ²⁰So aber gibt es viele Glieder und doch nur *einen* Leib. ²¹Das Auge kann nicht zur Hand sagen: Ich bin nicht auf euch angewiesen. Der Kopf kann nicht zu den Füßen sagen: Ich brauche euch nicht. ²²Im Gegenteil, gerade die schwächer scheinenden Glieder des Leibes sind unentbehrlich. ²³Denen, die wir für weniger edel ansehen, erweisen wir um so mehr Ehre und unseren weniger anständigen Gliedern begegnen wir mit um so mehr Anstand, ²⁴während die anständigen das nicht nötig haben. Gott aber hat den Leib so zusammengefügt, dass er dem geringsten Glied mehr Ehre zukommen ließ, ²⁵damit im Leib kein Zwiespalt entstehe, sondern alle Glieder einträchtig füreinander sorgen. ²⁶Wenn darum ein Glied leidet, leiden alle Glieder mit; wenn ein Glied geehrt wird, freuen sich alle anderen mit ihm.
> (1 Kor 12,14–26)

Statue des heiligen Paulus

1 Fasse mit deinem Banknachbarn kurz in eigenen Worten zusammen, was Paulus über den „Leib" sagt.
 a) Was meint Paulus mit dem Bild vom Leib?
 b) Hätte Paulus das Sprachbild des Leibes auch durch eine Übung wie auf der linken Seite verdeutlichen können? Schreibt einen neuen Text, in dem Paulus die Korinther auf diese Weise zur Einsicht bringen will.

2 Überlege, welche Aufgaben jeder von euch in der Klasse, in der Familie, im Sportverein oder in der Pfarrgemeinde hat, damit ihr als Gemeinschaft leben könnt. Zeichne ein Leib-Bild und erkläre es den anderen.

3 Alle sind „ein Leib", schreibt Paulus. Heißt das, dass ein Einzelner sich immer der Mehrheit unterordnen muss? Diskutiert, wie sich Paulus verhält, der die Korinther mit ernsten Worten ermahnt.

Damit Gemeinschaft gelingt

Miteinander auskommen

Sicherlich habt ihr selbst schon die Erfahrung gemacht, dass das Zusammenleben in der Klasse friedlicher ist, wenn es Regeln gibt, die alle kennen und beachten. Regeln grenzen zwar in gewisser Weise die persönlichen Freiräume ein, schützen sie aber auch, weil sie vorgeben, bis zu welcher Grenze der Einzelne frei handeln kann. So bedeutet beispielsweise die Regel, den anderen aussprechen zu lassen, dass man selbst mit seinem Redebeitrag warten muss. Gleichzeitig weiß man aber, dass man, wenn man selbst an der Reihe ist, in Ruhe ausreden kann. Solche Regeln geben einer Gemeinschaft Sicherheit und erleichtern das Zusammenleben, weil man sich besser aufeinander verlassen kann.

In der Vergangenheit haben Menschen diese Erfahrung auch gemacht. Die Bibel erzählt, dass das Volk Israel vor 3000 Jahren von Gott aus der Sklaverei in Ägypten befreit wurde. Diese Tat bestimmte das Verhältnis des Volkes zu ihrem Gott neu. Er schenkte den Menschen Freiheit und gab ihnen dazu die Zehn Gebote.

> **Info**
>
> Der **Dekalog**, griechisch = zehn Worte, ist die Bundesurkunde zwischen Gott und dem Volk Israel. Nachlesen könnt ihr ihn in der Bibel Ex 20,1–17. Eine leicht veränderte Fassung findet ihr in Dtn 5,6–21.

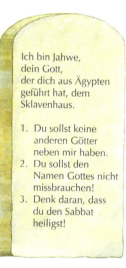

Ich bin Jahwe, dein Gott, der dich aus Ägypten geführt hat, dem Sklavenhaus.

1. Du sollst keine anderen Götter neben mir haben.
2. Du sollst den Namen Gottes nicht missbrauchen!
3. Denk daran, dass du den Sabbat heiligst!
4. Du sollst Vater und Mutter ehren.
5. Du sollst nicht töten!
6. Du sollst nicht die Ehe brechen!
7. Du sollst nicht stehlen.
8. Du sollst nicht falsch gegen deinen Nächsten aussagen!
9. Du sollst nicht begehren deines Nächsten Frau.
10. Du sollst nicht begehren deines Nächsten Hab und Gut!

Aufgaben

1 Gebote schützen die Freiheit. Damit der Mensch in Freiheit leben kann, braucht er Regeln: Lest den Dekalog und überlegt den Sinn der Anordnung auf den Steintafeln. Findet eine zusammenfassende Überschrift für die linke und die rechte Steintafel.

2 Überlegt, was das achte Gebot fordert und findet Situationen aus eurem Schulalltag, in denen dieses Gebot eingehalten werden soll. Beschreibt, inwiefern dieses Gebot die Freiheit des einzelnen schützt und ob dieses Gebot auch Grenzen hat. Bereitet dazu eine Pro-Kontra-Diskussion vor.

Das wichtigste Gebot

Schon viele Menschen haben sich gefragt, welches Gebot das wichtigste ist. Für Jesus sind die Gottes- und Nächstenliebe die Hauptgebote, von denen sich alle anderen Gesetze und Regeln ableiten sollen. An ihnen sollen die Menschen ihr Leben ausrichten.

> Du sollst den Herrn, deinen Gott, lieben mit ganzem Herzen, mit ganzer Seele und mit all deinen Gedanken. Du sollst deinen Nächsten lieben wie dich selbst.
> (Mt 22,37.39)

Hände, die schenken

Hände, die schenken, erzählen von Gott;
sie sagen, dass er mich erhält.
Hände, die schenken, erschaffen mich neu;
sie sind der Trost dieser Welt.

Worte, die heilen, erzählen von Gott;
sie sagen, dass er zu mir steht.
Worte, die heilen, befreien mich heut;
sie sind das Licht dieser Welt.

Augen, die sehen, erzählen von Gott;
sie sagen, dass er auf mich schaut.
Augen, die sehen, sie öffnen die Tür;
sie sind die Hoffnung der Welt.

Lippen, die segnen, erzählen von Gott;
sie sagen, dass er mich erwählt.
Lippen, die segnen, sind Freude für mich;
sie sind die Zukunft der Welt.

Info

In fast allen Religionen kennt man die sogenannte **Goldene Regel** als Ergänzung zum Gebot der Nächstenliebe. Interessant sind die verschiedenen Variationen, unter denen sie überliefert wird. So lautet sie im Volksmund in Deutschland: „Was du nicht willst, das man dir tu`, das füg` auch keinem anderen zu." Jeder Mensch, auch derjenige, der nicht an Gott glaubt, kann diese Regel als allgemeingültige menschliche Umgangsregel akzeptieren.

---

1 Lest zu zweit den Liedtext „Hände, die schenken".
a) Notiert die Stellen in euer Heft, die für euch Nächstenliebe zum Ausdruck bringen.
b) Diskutiert in der Klasse, ob die Handlungen, die ihr notiert habt, tatsächlich „von Gott erzählen".

2 Nächstenliebe ist in einer Klassengemeinschaft ein schwieriger Begriff. Gibt es sie in einer Klasse überhaupt? Sucht in Gruppen Beispiele. Ihr könnt sie den anderen als Rollenspiel vorführen.

3 Lest Mt 7,12 und Tob 4,15. Erklärt einander, worin sich die Goldene Regel im Volksmund von den beiden Formulierungen in der Bibel unterscheidet.

Wenn es zum Streit kommt

Miteinander leben – miteinander streiten

Miteinander leben war noch nie einfach. Auseinandersetzungen gibt es überall, wo Menschen unterschiedliche Interessen haben. Um einen Streit fair beizulegen, muss man gemeinsam nach Kompromissen suchen. Faires Streiten kann sogar neue Perspektiven eröffnen. Voraussetzung hierfür ist freilich, dass die Beteiligten nicht nur auf stures Durchsetzen des eigenen Standpunkts, sondern auf einen Ausgleich aller berechtigten Interessen abzielen.

Häufig sieht es allerdings ganz anders aus:

Tim: Warum darf ich nicht beim Basketballturnier in der Mannschaft mitspielen?

Niklas: Diesmal wollen wir gewinnen. Mit dir geht das nicht. Das hast du doch letztes Mal gesehen!

Tim: Aber deine Freunde sind auch nicht besser als ich!

Niklas: Halt's Maul, das geht dich einen Dreck an, wen ich aufstelle! Vom Basketball verstehst du sowieso nur so viel wie ein Baby vom Radfahren!

Tim: Du bist total unfair! Wie oft hab ich dir schon bei der Mathehausaufgabe geholfen!

Niklas: Das ist doch jetzt egal, für den Sport bist du einfach zu fett und zu doof. Und als Spielführer bestimme ich, wer mitspielt …

Anna: Gestern hab ich bei dir angerufen, ob wir uns treffen können. Nein, du musst lernen. Heute höre ich von Manuela ganz beiläufig, dass du gestern zwei Stunden bei ihr warst. Warum lügst du mich so an?

Laura: Was willst du blöde Zicke eigentlich noch von mir, ich versteh mich mit Manuela eben jetzt besser als mit dir!

Anna: Fast zwei Jahre sind wir die besten Freundinnen und jetzt willst du nichts mehr von mir wissen?

Laura: Du bist für mich eine Streberin, du schleimst dich bei den Lehrern ein, hau ab, ich will nichts mehr mit dir zu tun haben!

Anna: Aber zum Abschreiben der Hausaufgaben war ich immer gut für dich, oder?

Laura: Zisch ab, dumme Gans!

Aufgaben

1 Klärt in Gruppen, warum es jeweils zum Streit kommt. Achtet dabei auf die Gefühle und Interessen der am Streit Beteiligten.

2 Wie geht es weiter? Entscheidet euch für eine der beiden Szenen. Um euch besser in die Situation der Streitenden hineinversetzen zu können, spielt die Szene nach. Bereitet ein Rollenspiel vor und überlegt: Was tun bzw. wie reagieren die Streitenden? Was lösen sie damit bei den anderen aus? Wer verfolgt welches Interesse? Welche fairen Lösungen des Streits sind denkbar? Woran könnt ihr erkennen, ob die Wahl der Lösung richtig war?

Konflikte lösen – Faires Streiten

Wenn wir streiten, würden wir dem anderen manchmal am liebsten alles an den Kopf werfen, was wir über ihn denken oder worüber wir wütend sind. Andere in seiner Wut zu beschimpfen, zu schlagen oder ihr Eigentum zu beschädigen, kann nie eine langfristige Lösung für ein Problem sein.

Ich- und Du-Botschaften

Eine Konfliktsituation können wir positiv beeinflussen, indem wir unsere eigenen Gefühle in Worte fassen – das nennt man eine „Ich-Botschaft". In einer „Ich-Botschaft" sage ich dem anderen, *was ich fühle. Ich teile ihm die Gründe für dieses Gefühl mit und meine Erwartungen.* Ich kritisiere auf diese Weise den anderen, ohne ihn abzuwerten oder anzugreifen. Ein Beispiel: „Das ist nicht die Wahrheit. Ich bin enttäuscht von dir."

Mit „Du-Botschaften" hingegen wird der andere angegriffen. Sie sind beschuldigend und verschärfen eher den Konflikt. Ein Beispiel: „Du lügst mich immer an."

Deshalb gilt: Wenn jeder, der am Konflikt beteiligt ist, seine Gefühle begründet und deutlich macht, dass er an einem Lösungsversuch interessiert ist, fühlen sich alle gerecht behandelt. Jetzt besteht die Chance zu einer fairen Lösung des Streits.

Adrian: Du Idiot! Kannst du nicht aufpassen? Nur weil du so blind herumrennst, hast du jetzt meinen Füller kaputt gemacht. Den musst du mir zahlen.

Jan: Dann pack doch deinen Müll weg! Selbst schuld, wenn du alles fallen lässt und nichts wegräumst!

Adrian: Hei, ich bin wütend, wenn du ohne zu schauen an meinem Platz vorbeigehst. Dabei ist mein Rucksack runtergefallen. Und jetzt kriege ich eine Menge Ärger mit meiner Mutter, wenn ich schon wieder nach einem neuen Füller frage.

Jan: Tut mir leid. Ich hatte es eilig und hab' einfach nicht genau geschaut. Ich …

---

1 a) Welche Aussage in dem Dialog ist eine Du-Botschaft? Welche eine Ich-Botschaft? Besprecht, welche Wirkung die Du- und Ich-Botschaften jeweils haben.
b) Wie könnte die Szene weitergehen?

2 Übt zu folgenden Situationen im Rollenspiel Ich-Botschaften ein:
a) Du wartest am Bäckerstand, bis du an der Reihe bist. Da drängt sich jemand vor.
b) Du verleihst dein neues Fahrrad. Als dein Freund es zurückbringt, hat es einen Platten.
c) Du gehst nach der Pause an deinem Mitschüler vorbei. Da zischt er dir eine Beleidigung zu.
d) Du kommst nach Hause und willst ein schönes Stück Kuchen holen. Du stellst aber fest, dass ein Familienmitglied die letzten zwei Stücke gegessen hat.

3 Klärt in der Klasse, wo Ich-Botschaften hilfreich sind. Welche Regeln für faires Streiten braucht es sonst noch? Welche kennt ihr?

4 Untersucht den Streit, der auf S. 130/131 dargestellt wird. Ihr könnt ihn in zwei Varianten nachstellen: mit Ich- und mit Du-Botschaften. Vielleicht erinnert ihr euch noch, wie ihr ihn gespielt habt, als das Thema im Unterricht behandelt wurde? Vergleicht die verschiedenen Varianten miteinander.

Kapitel 10

Miteinander trauern

Und plötzlich ist nichts mehr wie es war
Seit der Nachricht vom plötzlichen Tod ihrer Oma fühlt sich Julia wie gelähmt. Sie war immer so fröhlich gewesen, hat mit ihr Kuchen gebacken und viele Geschichten erzählt. Nun hat Julia Angst, dass ihr Opa auch bald sterben könnte … Saschas bester Freund Lukas ist bei einem Verkehrsunfall in den Sommerferien ums Leben gekommen. Erst kann er die Nachricht gar nicht glauben, dann aber ist er wütend und rast wie ein Verrückter mit dem Fahrrad durch den Ort …

Jemand hinterlässt eine Lücke in unserem Leben
Ein Todesfall oder Verlust eines Menschen löst in uns ganz verschiedene Reaktionen aus. Manche von uns sind traurig, geschockt oder haben Angst. Andere werden krank, haben Schuldgefühle, sind zornig oder ziehen sich in sich selbst zurück. Weil die Reaktionen so vielfältig sind, ist auch der persönliche Umgang mit Trauer so unterschiedlich. Trauert eine ganze Klasse um eine Mitschülerin, einen Mitschüler, eine Lehrerin oder einen Lehrer oder aber eine Person aus der Klasse hat in der Familie einen Todesfall, dann kann es in einem ersten Schritt sehr hilfreich sein, gemeinsam etwas zu tun, unseren Gefühlen Ausdruck zu verleihen und sich über das eigene Empfinden auszutauschen. Auf diese Weise entdecken wir, dass wir mit unseren Gefühlen nicht alleine sind, dass es noch andere Personen gibt, die ähnlich fühlen und dass es auch normal ist, die traurigen Gefühle zu haben.

> GOTT,
> wir können es nicht fassen,
> einer von uns ist nicht mehr da,
> sein Platz ist leer,
> nicht für ein paar Tage wie sonst,
> sondern für immer.
> Wir wollen ihn nicht vergessen,
> seinen Namen,
> sein Gesicht,
> sein Wesen.
> Wir werden ihn lange nicht vergessen.
> Du aber, o Gott, schreib seinen Namen ins Buch des Lebens,
> damit er bleibt in Ewigkeit.
> Amen
>
> *(Quelle unbekannt)*

Aufgaben

1 Bildet einen Stuhlkreis und sprecht über eure Gefühle, über das, was euch angesichts einer Todesnachricht gerade bewegt.
2 Sammelt unter der Überschrift „Wir denken an …" Erinnerungssätze. Ihr könnt sie auch den Eltern des/der Verstorbenen schicken.
3 Formuliert Wünsche für den/die Verstorbene/n, seine Eltern und Geschwister und entzündet dabei für jeden Wunsch ein Teelicht.
4 Überlegt euch Symbole, die zum/r Verstorbenen passen. Malt oder zeichnet sie und beschreibt, warum gerade diese Symbole zum/r Verstorbenen passen.
5 Erinnert ihr euch an eine Situation, in der ihr etwas der/dem Verstorbenen zuliebe gemacht habt? Sprecht darüber.

Miteinander trauern

1. Von guten Mächten treu und still umgeben, behütet und getröstet wunderbar, so will ich diese Tage mit euch leben und mit euch gehen in ein neues Jahr;
2. Noch will das alte unsre Herzen quälen, noch drückt uns böser Tage schwere Last, Ach Herr, gib unsern aufgeschreckten Seelen das du uns geschaffen das Heil, ur-das du uns geschaffen hast
3. Und reichst du uns den schweren Kelch, den bittern, des Leids, gefüllt bis an den höchsten Rand, so nehmen wir ihn dankbar ohne Zittern aus deiner guten und geliebten Hand.

Je schöner und voller die Erinnerung
desto schwerer ist die Trennung.
Aber die Dankbarkeit
verwandelt die Qual der Erinnerung
in eine stille Freude.

Man trägt das vergangene Schöne
nicht wie einen Stachel
sondern wie ein kostbares Geschenk in sich.
(Dietrich Bonhoeffer)

☞ Ideen, wie du mit deiner Trauer umgehen kannst: Fotos der verstorbenen Person betrachten und anderen von gemeinsamen Erlebnissen berichten, Musik hören, für Bewegung an frischer Luft sorgen, malen oder Gedichte schreiben oder lesen, weinen, schreien, lachen, mit Freunden spazieren gehen, mit jemandem über deine Trauer sprechen …

☞ Ideen, wie ihr als Klasse eure Trauer ausdrücken könnt: Blumen basteln und den Angehörigen schenken, Kondolenzkarte gestalten, Erinnerungskerze gestalten, Bäumchen mit Erinnerungssätzen schmücken, gemeinsame Teilnahme an der Beerdigung oder Besuch des Grabes, Platz der verstorbenen Person besonders schmücken, eine Gedenkwand herrichten.

☞ Angesichts eines Todesfalls haben die Zurückgelassenen oft das Gefühl, dass sie der verstorbenen Person noch nicht alles gesagt haben. Gestaltet ein Kondolenzbuch, in das alles eingetragen, geschrieben, gemalt, geklebt, gedichtet und gebastelt werden kann, was ihr der verstorbenen Person noch sagen möchtet. Vielleicht könnt ihr es ihrer Familie schenken.

Mobbing – nicht mit mir!

Ich mag dich nicht! Mobbing in der Schule

> **Info**
>
> **Mobbing** ist englisch und leitet sich von dem englischen Wort *to mob* ab, was soviel bedeutet wie schikanieren oder anpöbeln. Von Mobbing spricht man, wenn eine oder mehrere Personen einen Einzelnen über eine längere Zeit gezielt und mit Druck oder Gewalt ausgrenzen und in eine unterlegene Position bringen. Man kann unterscheiden zwischen **verbaler Gewalt** (etwa durch falsche Anschuldigungen, hinterhältige Anspielungen oder Demütigungen), **körperlicher Gewalt** (Quälereien, Verprügeln, Sachbeschädigung) oder sog. **„stummen Mobbing"** (Nichtbeachten, Links-Liegenlassen). Häufig können Kinder, die gemobbt werden, keinen konkreten Grund nennen, warum sie gemobbt werden.

Wenn andere zu Außenseitern gemacht werden
Die Schulglocke läutet. Es ist erste Stunde. Philipp hat jetzt schon Kopfschmerzen. Seit Beginn der 5. Klasse wird er von den anderen gehänselt. Er ist ratlos; er weiß nicht, was er getan hat oder was an ihm nicht stimmt. Begonnen hat alles, als die Mitschüler anfingen, über ihn im Sportunterricht zu lästern. Philipp ist kleiner als die anderen und in Fußball nicht so gut. Erst sagten sie, er sei nur ein Schwächling und kein richtiger Mann. Aber seit etwa zwei Monaten schubsen, schlagen und treten sie ihn auch. Vielleicht liegt es daran, dass er von einer anderen Grundschule als seine Mitschüler kommt oder weil er sich nicht so sehr für Fußball interessiert. Schlimm ist auch, dass kein Mitschüler ihm hilft. Lust auf die Schule hat er keine mehr und seine Noten werden immer schlechter. Wenn er könnte, würde er die Mitschüler gerne verprügeln. Vor Kurzem hat er sich getraut, der Klassenlehrerin davon zu erzählen. Es hat ihn zwar viel Mut gekostet, aber sie hilft ihm. Zusammen überlegen sie nun, wie sie das Problem lösen können. Nächste Woche soll es ein Gespräch mit den Schülern geben.

Lisa ist 12 und weiß nicht mehr weiter. Ständig wird über sie getuschelt und gelästert. Erst haben einige in der Klasse es hinter ihrem Rücken getan, aber seit drei Monaten machen sie es offensichtlich. Sie tun so, als wäre sie das Thema Nummer 1 in der Klasse. Als ob es nichts Wichtigeres für sie gäbe. Begonnen hat alles nach einem Referat, das sie vor der Klasse gehalten hat. Jetzt wird, sobald sie etwas in der Klasse sagt, gestöhnt oder gelacht, wenn sie etwas falsch ausspricht. Ab und zu verteidigt sie einer aus der Klasse, aber das ist selten. Im Internet haben sie jetzt auch schon böse Sachen über sie geschrieben. Seit einem Monat schläft Lisa schlecht, hat starke Bauchschmerzen und morgens vor der Schule muss sie sich übergeben. Schon der Weg in die Schule ist für sie ein Martyrium. Ihre Eltern haben sie besorgt gefragt, ob es ihr nicht gut gehe. Ihren Eltern kann und will sie aber nicht von ihren Sorgen erzählen. Daher ist sie froh, im Internet auf eine Seite gestoßen zu sein, wo gemobbte Schüler Hilfe finden können. Es tut gut, sich mit anderen betroffenen Schülern auszutauschen und von Profis Tipps zu bekommen.

Aufgaben

1. Welche Formen von Mobbing findet ihr im Text?
2. Überlegt, welche Auslöser das im Text geschilderte Mobbing gehabt haben könnte. Wie reagieren die Betroffenen darauf?
3. a) Wie sieht Mobbing an eurer Schule aus? Kennt ihr Beispiele von Mobbing? Schreibt sie auf. Beschreibt auch, wie es abgelaufen ist. Gab es eine Lösung? Falls ja, berichtet, wer oder was dabei geholfen hat.
   b) Überlegt, ob an einer Schule auch Erwachsene gemobbt werden. Wer könnte an eurer Schule betroffen sein?

Zunehmender Druck auf ein Mobbingopfer

Beschimpfen, Beinstellen, Sachen auf den Boden werfen
auffällige Bemerkungen, kleinere Beleidigungen
abfällige Blicke und Gesten
Imagekampagnen, Verleumdungen und Gerüchte
Verweigerung der Kommunikation
Ausgrenzung
Drohung mit Gewalt
psychische und physische Gewalt

Als Klasse gegen Mobbing – was wir tun können

Hinschauen!
Jeder ist froh, wenn er nicht gemobbt wird. Aus Angst, selber Opfer werden zu können, schauen viele weg und tun so, als gäbe es kein Mobbing in ihrer Klasse.

Ansprechen!
Redet mit der betroffenen Schülerin bzw. dem betroffenen Schüler. Fragt ihn, was ihr für ihn tun könnt. Zeigt ihm, nicht nur mit Worten, sondern auch mit Taten, dass ihr das Verhalten der Täter nicht akzeptiert. Sprecht dazu die Täter an. Bezieht Position und sagt ihnen offen, dass sie damit aufhören sollen.

Klassenregeln aufstellen und einfordern!
Stellt gemeinsame Regeln für das Verhalten in eurer Klasse auf. Nachdem ihr sie gemeinsam erarbeitet habt, müssen alle sich daran halten. Wenn jemand es nicht tut, macht ihn darauf aufmerksam.

Wie ich mich gegen Mobbing wehren kann

Stelle den Täter zur Rede!
Mache zunächst der Person klar, dass du das Verhalten nicht wünschst. Wenn du es nicht sagen kannst, dann schreibe es ihr. Warte nicht, sondern handle sofort.

Mache es öffentlich!
Täter wollen nichts lieber, als in Ruhe gelassen zu werden. Daher brich das Schweigen und erzähle anderen, z. B. Mitschülern, Lehrern, Eltern, davon. Wende dich an den Vertrauenslehrer oder die Schulleitung. Glaube nicht, dass es an dir liegt und du alleine mit der Situation fertig werden musst. Es tut gut, wenn andere dir sagen, dass das Verhalten der Täter nicht richtig ist.

Schreibe ein Mobbing-Tagebuch!
Schreibe jeden Übergriff auf. Wer gemobbt wird, vergisst oder verdrängt die Situationen, in denen er gemobbt wurde. Ein Tagebuch hilft dir, auch nach längerer Zeit genaue Informationen geben zu können. In deinem Tagebuch sollte neben Datum und Uhrzeit stehen, was geschehen ist und wer beteiligt war. Notiere auch deine Gefühle dabei.

Kapitel 10 Impulse zum Weiterdenken

Ismael hat mehrere Probleme. Da ist einmal: sein Name. Seinen Namen mag er nicht – und die Geschichte, die zu seinem Namen gehört, auch nicht. Und da ist Barry Bagsley.

Der australische Autor Michael Gerard Bauer erzählt in „Nennt mich nicht Ismael" die Geschichte eines Mobbingopfers. Ismael wird gemobbt und hat sich daran gewöhnt.

Aber ist es eine Lösung, unsichtbar zu werden? Hat Ismael noch eine Wahl?

Bald war allen (…) klar, dass es nur zwei Verhaltensweisen gab, wenn man seinen Aufenthalt im St Daniel's Boys College halbwegs unbeschadet überstehen wollte: Entweder man ging Barry Bagsley unter allen Umständen aus dem Weg, wofür sich die Mehrheit entschied, oder man riskierte die seltener gewählte Variante und suchte die trügerische Sicherheit von Barry Bagsleys innerem Kreis von „Freunden".

Für mich war Aus-dem-Weg-Gehen die einzige Option.

Ich begriff sehr schnell, dass alles in Ordnung war, solange ich größtmöglichen Abstand von Barry Bagsley hielt und nichts Dummes tat – etwa im Unterricht eine Frage stellen oder beantworten; ungewöhnliche Laute von mir geben, wie Rufen, Lachen oder Sprechen; mich freiwillig für etwas melden; meinen Namen auf eine Liste setzen; eine Sportart ausprobieren; einen Gegenstand an einem Ort lassen, wo er bewegt, beschrieben oder als Wurfgeschoss verwendet werden könnte; den Blick in die Nähe von Barry Bagsley oder seinen Freunden richten oder sonst etwas tun, das darauf hindeuten könnte, dass ich tatsächlich existierte.

Im Grunde war die wichtigste Lektion, die ich letztes Jahr lernte, ein möglichst kleines Ziel abzugeben. Ich entwickelte mich zum wahren Meister darin. Für Barry Bagsley und seine Kumpel wurde ich praktisch unsichtbar. Manchmal konnte ich mich selbst kaum erkennen. Mein erstes Jahr an der weiterführenden Schule verbrachte ich also mehr oder weniger – in Deckung.

Wenn ich gelegentlich widerstrebend ans Licht der Öffentlichkeit gezerrt wurde, weil ich zum Beispiel nicht umhinkonnte, die Frage eines Lehrers zu beantworten, stellte ich mich innerlich auf unvermeidliche Kommentare ein wie „Was stinkt hier nach Fischmehl?" oder „Wer hat Pissmael gesehen?" oder „Mein Gott! Es ist Stinki aus dem Piss-oir". Aber auch diese Beleidigungen verloren ihren Stachel. Vielleicht hatten sie ja auch recht. Vielleicht stank ich tatsächlich. Sagte das nicht schon mein Name? (…)

Es war der erste Schultag. (…) Ein nagelneues Jahr. Ein nagelneues Klassenzimmer. Eine nagelneue Klassenlehrerin. Und ein neuer Anfang.

„He, Stinkstiefel – schmeiß mal einen roten Stift rüber. Du bist doch bestimmt gut im Sch-m-eißen, oder, Stinki?"

Immer noch der alte Barry Bagsley. Ich finde, man musste ihm einfach geben, was er verlangte.

(Michael Gerard Bauer, Nennt mich nicht Ismael, München: dtv, 2009, S. 30 f.)

Methode Kapitel 10

Gesprächsregeln

Menschen reden – von morgens bis abends. Menschen sind kommunikative Wesen. Selbst wenn wir nicht reden, teilen wir anderen etwas mit. Wo wir auf Worte verzichten, kann ein Lächeln, ein Blick, eine Geste anderen etwas signalisieren. Man kann nicht nicht kommunizieren, hat der Wissenschaftler Paul Watzlawik einmal gesagt.

Sind Gesprächsregeln überflüssig – wenn man doch ohnehin immer mit anderen kommuniziert? Muss man etwas regeln, was man ohnehin die ganze Zeit tut, ohne überlegen zu müssen?

Genau das ist aber möglicherweise ein Problem: dass man sich keine Gedanken mehr macht, wie man miteinander spricht. Gesprächsregeln helfen gegen die Gedankenlosigkeit beim Miteinander-Sprechen.

Daher ist es gut, wenn sich eine Gruppe, die viel miteinander spricht, wie dies in einer Klasse normal ist, immer wieder die Frage stellt: „Wie wollen wir eigentlich miteinander umgehen und vor allem reden?" Gemeinsam entworfene Gesprächsregeln können dabei ein Ergebnis dieser Diskussion sein.

Gesprächsregeln helfen, Missverständnisse und Streitigkeiten untereinander zu vermeiden. Wenn sich die Gesprächspartner an die vereinbarten Regeln halten, können sich alle mehr auf den Inhalt eines Gespräches konzentrieren und entsprechend mitdenken. Jeder hat die Sicherheit, dass die anderen zuhören und jede Meinung gehört wird. Gerade in Diskussionen, in denen es „heiß" hergeht, weil es viele verschiedene Meinungen gibt, schaffen Gesprächsregeln einen Rahmen für ein respektvolles Miteinander.

Daher sind Gesprächsregeln auch nicht nur im Religionsunterricht wichtig, sondern in allen Bereichen unseres Alltags, in denen wir mit (vielen) Menschen reden. In allen Gruppen, in denen wir sind, gelten bestimmte Regeln, wie wir miteinander reden wollen und sollen. Sie in der Klasse aufzustellen und einzuüben, ist also sinnvoll …

Beispiel für Gesprächsregeln
1. Jeder entscheidet, wann er was und wie viel er sagt!
   Niemand wird zum Reden gezwungen. Aber nur wer etwas sagt, kann seine Gedanken einbringen!
2. Jeder darf ausreden und nur einer spricht!
   Niemand wird unterbrochen, wenn er gerade spricht!
3. Wer reden möchte, verständigt sich mit den anderen!
   Niemand spricht einfach los, ohne zu schauen, ob nicht jemand vor ihm dran ist.
4. Wir werten nicht ab und lachen uns nicht gegenseitig aus!
   Niemand soll sich komisch vorkommen, wenn er etwas nicht so genau weiß oder etwas falsch gesagt hat.
5. Wir vertrauen uns gegenseitig!
   Niemand soll Angst haben müssen, dass das, was zur Sprache kommt, überall herumerzählt wird.

Kapitel 10 Rückblick und Ausblick

Miteinander leben und miteinander lernen …

ist im Schulalltag nicht immer einfach. Gute Leistungen kann man nur erbringen, wenn sich jede und jeder in der Klassengemeinschaft wohlfühlt. Jeder möchte so angenommen und verstanden sein, wie er ist. Das verlangt von jedem Einzelnen, den anderen gelten zu lassen, auch wenn er eine andere Meinung, andere Bedürfnisse oder Gewohnheiten hat. Deshalb ist es nötig, sich offen und respektvoll darüber auszutauschen, was der Einzelne denkt oder fühlt. Auf diese Weise findet ihr heraus, wie ihr gut miteinander auskommen könnt.

Nicht nur offene **Gespräche** sind unerlässlich für ein gutes Miteinander, sondern auch gemeinsame **Regeln**, vorausgesetzt, dass sich jeder daran hält. Verbindliche Regeln gewährleisten, dass alle sich in der Gruppe sicher fühlen können, weil nur ein bestimmtes Verhalten zugelassen ist. Der Umgang mit anderen in der Gruppe wird dadurch leichter. Im Alten Testament empfängt Mose von Gott die **Zehn Gebote (Dekalog)**, die auch heute noch für das Zusammenleben der Menschen grundlegend sind.

Trotzdem wird es immer wieder zu Streit mit Mitschülerinnen oder Mitschülern kommen. Damit jeder gut in der Schule arbeiten kann, ist es wichtig, dass man lernt, **Konflikte zu lösen**. Wie in jeder Gemeinschaft mit anderen Menschen gilt auch in der Klasse, dass man füreinander auch Verantwortung übernimmt und sich gegenseitig unterstützt. **Mobbing** darf darin keinen Platz haben, weil dadurch Einzelne, gegen die man Vorurteile hat, ausgeschlossen werden.
Auch in den jungen christlichen Gemeinden kennt man das Problem: Wie können so viele ganz unterschiedliche Menschen eine Einheit bilden? Der **Apostel Paulus** benutzt ein Bild: Jeder Einzelne gehört wie ein Glied zu einem großen Leib. Alle zusammen bilden sie die Kirche, in der jeder einen Platz hat. Und **Jesus** gibt für das Zusammenleben der Menschen das Gebot: Alle sollen einander lieben, d.h. einander annehmen mit allen Schwächen und Stärken.

Niemand lebt und lernt allein. In einer Gemeinschaft übernimmt jeder für jeden **Verantwortung**. Christinnen und Christen sind aufgefordert, den Blick über den Tellerrand hinaus in die Welt zu heben und anderen zu helfen.

Stichwortverzeichnis

A
Abraham 12–16, 26
Advent 106 f., 120
Altar 154
Ambo 154
Apostel 66, 140
Apostelgeschichte 123, 126 ff.
Apostelkonzil 128
Aschermittwoch 110

B
Bar/Bat Mizwa 56
Barock 157
Beichtstuhl 154
Berit Mila 56
Beten 22, 28, 36, 38, 40
Beten → Grundgebete
Bibel 68–75
Bibel, sich zurechtfinden 79
Bilder sehen lernen 119
Bittgebete 38 f.
Bischof 32, 107, 152
Bodenbild 177
Brauch/Bräuche 120
Bund Gottes 68

C
Christen 18 f., 34, 36, 58, 130–137
Christenverfolgung 136 f.
Chuppa 54
Chanukka 54, 118

D
Damaskuserlebnis 126 f.
David 65, 108 f.
Dekalog 55, 186 f., 196
Diakonia 145
Dialog, jüdisch-christlicher 98
Diözese 152
Diwali 118

E
Eid ul-Fitr 118
Elija 168
Ephesus 128 f.
Eucharistie 116 f., 120, 148
evangelisch 148

Evangelist 74, 108, 122
Evangelium 68 f.
Exodus 52

F
Fatiha 20
Fastenzeit 110
Fastnacht 110
Festkalender, jüdischer 54
Frohe Botschaft 66, 122

G
Gebet 22, 26, 30, 42
Gesalbter 83, 100
Gesprächsregeln 195
Glaubensbekenntnis 20
Gotik 156
Gottesbilder 8 f.
Gottesdienst 22 f., 26, 99
Gotteshaus 158 f.
Gottesvorstellungen 8 f.
Glaubensbekenntnis 20
Gründonnerstag 99
Grunddienste der Kirche 144 f.
Grundgebete 34 f., 42

H
Haggada 52
Hebräisch 36, 44 f., 48, 51
Heilsgeschichte 68

I
Interview 161
Isaak 15–17
Israel 53 f., 58, 67, 69, 70, 86

J
Jerusalem 29, 48, 58, 122, 140
Jesus 83 f., 115
Jiddisch 44
Jom Kippur 54
Juden 18 f., 44–59, 83
Judentum 43–59
Judenverfolgung 58 f.

K
Karfreitag 96, 112 f.

Katakombe 135
Katholisch 148
Ketubba 57
Kippa 46 f., 50
Kirche 144 ff., 152 f.
Kirche, katholisch 148
Kirche, evangelisch 149
Kirche, orthodox 159
Kirche, Kirchengebäude 154–157
Koinonia 145
Konfession 150 f., 158
Konflikte lösen 189
Konstantin, Kaiser 138
Koran 77
Koscher 47

L
Lerntagebuch 41
Liturgie 36, 144

M
Martyrium 138, 144, 153
Mazzen 52
Mesopotamien 12 f.
Messias 83, 109
Mesusa 45
Metapher 166–169, 171
Mobbing 192
Mohel 56
Moschee 159
Muslime 18 f.
Mythos 24

O
Ökumene 150 f.
Orthodox 150
Osterkerze 115, 154
Ostern 97, 110, 114 f., 120

P
Papst 29, 58, 62, 100
Papyrus 70 f.
Paulus 66, 69, 126–129, 140, 185
Pentateuch 68
Pessach 52–54
Petrus 124 f., 153

Pfingsten 122 f., 140
Pharisäer 89, 126 f.
Plakate gestalten 61
Propheten 107 f.
Proselyten 123
Psalm 30, 42, 64 f., 68 f.
Psalter 64
Purim 54

Q
Qumran 70

R
Rabbiner 48
Regel, Goldene 187
Reich, Römisches 86, 132 f.
Rom 132, 136, 140, 153
Romanik 156
Rosenkranz 28
Rosh ha-Schana 54

S
Sabbat 50 f.
Sadduzäer 89

Sakrament 103
Sara 12 f.
Schawuot 54
Sch'ma Israel 46
Schrift, Heilige 68 → Bibel
Schriftgelehrter 89
Sederabend 52 f.
Shoah 58
Simchat Tora 54 f.
Sonntag 103 f.
Speisegebote 47, 58
Sukkot 54
Symbol 170–175
Synagoge 48, 51, 158
Synagogengottesdienst 48, 51

T
Tabernakel 154
Taizé 31
Tallit 46
Tanach/Tenak 76
Tasbih 28
Taufe 56, 103, 130, 148 f., 154
Tefillin 46

Tempel, in Jerusalem 48, 58, 66
Testament, Altes/Neues 68 f.
Theologie 25
Tod 94 f., 190 f.
Tora 55, 56 f., 62, 76
Toraschrein 48, 76

V
Vaterunser 22

W
Weihnachten 108 f., 120
Weihwasserbecken 154
Werbung 172
Wurzel, gemeinsame 62, 73, 80, 100

Z
Zehn Gebote → Dekalog 48, 186 f.
Zeichen 171
Zelot 89

Text-, Lied- und Bildnachweis

Textnachweis
9 Fynn: Anna schreibt an Mister Gott. Neues von Anna über Gott und den Lauf der Welt, übers. v. Jörg Andreas, Fischer TB, Frankfurt a. M. 2001; **23** Irischer Segen, aus: Möge das Glück dich begleiten, Herder, Freiburg 2005, S. 58; **24** Edda-Zitate nach: E. Mudrak (Hrsg.): Nordische Götter- und Heldensagen. Ensslin&Laiblin, Reutlingen 1961, S. 11 ff.; **33** Lied der Trommel: aus: Haas/Stonis (Hrsg.): Was Mut macht, Religion 3/4, Lahr/Frankfurt a. M., Ernst Kaufmann 1986, S. 119; **38** Albert Biesinger: Hört Gott mir zu, wenn ich bete? In: A. Biesinger/H. Kohler-Spiegel, Gibt's Gott? Kösel, München 2007, S. 45–52; **39** Das bucklige Männlein, in: Clemens Brentano: Des Knaben Wunderhorn, Frankfurt a. M., 1976; **57** Hans Peter Richter: Damals war es Friedrich, dtv, München 1996; **60** Clara Asscher-Pinkhof: Schwerer Gang, aus: dies.: Sternkinder, Oetinger, Hamburg 1986, S. 50–52; **66** Cornelia Funke: Tintenherz, Dressler, Hamburg 2003, S. 24 f.; **90** Michael Tilly: So lebten Jesu Zeitgenossen: Alltag und Frömmigkeit im antiken Judentum, Bibelkompass, Mainz 1997; **137** Tertullian: Wenn der Tiber. Zit. Nach: Tertullian: Apologeticum. Verteidigung des Christentums. Lateinisch und deutsch. Hrsg., erl. u. übers. v. Carl Becker. Kösel Verlag München, 1992 (4), S. 40; **163** Rudolf Otto Wiemer: Es müssen nicht Männer mit Flügeln sein, aus: Rudolf Otto Wiemer, Der Augenblick ist noch nicht vorüber, Kreuz Verlag, Stuttgart 2001, © Rudolf Otto Wiemer Erben, Hildesheim. Mit freundlicher Genehmigung der Rudolf Otto Wiemer Erben; **164** Peter Bichsel: Ein Tisch ist ein Tisch, Suhrkamp, Frankfurt a. M., 1995; **166** Zeitungsartikel: Auszüge aus dem Bericht der WAZ vom 12.02.2007, nach dpa; **176** Michael Ende: Momo, Thienemann, Stuttgart 1993; **187** Hände, die schenken: T: Claus-Peter März M: Kurt Grahl.

Liednachweis
31 Schweige und höre © Taizé; **37** Ich steh vor dir mit leeren Händen: T: Huub Oosterhuis 1964, M: Bernard Huijbers 1964; **93** T: Claus-Peter März, M: Kurt Grahl; **107** O Heiland, reiß die Himmel auf, Text: Friedrich Spee, 1622, Melodie: Augsburg 1666; **124** Komm Heil'ger Geist: © Klaus Okonek und Jo Raile, Melodie aus Israel Rechte bei den Autoren; **173** Ein Licht, in dir geborgen, Text/Musik: Gregor Linßen, in: Unter die Haut, 1992, © tvd-Verlag, Düsseldorf; **191** Dietrich Bonhoeffer: Von Guten Mächten, Dietrich Bonhoeffer Werke, hg. v. Eberhard Bethge u. a., Kaiser, Gütersloh 1986–1999, Bd. 8, S. 607 f.

Bildnachweis
Umschlag Chistè, Hilde, Absam; **2** © ars liturgica Buch- & Kunstverlag MARIA LAACH, Nr. 5766; **2** Süddeutsche Zeitung Photo (Sambraus), München; **2** AKG, Berlin; **3** Steiger, Ivan, München; **3** Ullstein Bild GmbH (Granger Collection), Berlin; **3** Albrecht, Bernhard, Engen; **4** Schwabenverlag AG, Ostfildern u. Sieger Köder - Stiftung Kunst und Bibel Ellwangen [Sieger Köder, Pfingsten (Ausschnitt)]; **4** Schweizerischer Verlag für Kirchliche Kunst, Belp; **5** Ohlbaum, Isolde, München; **5** Fotolia LLC (Podfoto), New York; **7** © ars liturgica Buch- & Kunstverlag MARIA LAACH, Nr. 5766; **8** Klett-Archiv (Lucia Tomberg), Stuttgart; **9** S. Fischer Verlag GmbH, Frankfurt am Main; **10** Fotolia LLC (Crystal), New York; **10** Klett-Archiv, Stuttgart; **13** © Gerhard Richter 2010; **15** AKG, Berlin; **17** Artothek, Weilheim; **19** Klett-Archiv, Stuttgart; **19** Klett-Archiv (Lucia Tomberg), Stuttgart; **21** aus: Sempé So ein Zufall Copyright © 1981 by Sempé Copyright der deutschsprachigen Ausgabe © 1982 Diogenes Verlag AG Zürich; **21** Wikimedia Foundation Inc. (PD - Orsi Battaglini), St. Petersburg FL; **27** Süddeutsche Zeitung Photo (Sambraus), München; **28** Fotolia LLC (Fatih Kocyildir), New York; **28** Fotolia LLC (ZTS), New York; **29** Thinkstock (photos.com), München; **29** Fotolia LLC (Jasmin Merdan), New York; **29** KNA-Bild GmbH (REUTERS/Eric Cabanis/Pool), Bonn; **31** Picture-Alliance (dpa/Godong), Frankfurt; **32** Wikimedia Foundation Inc. (Daderot - CC-BY-SA-3), St. Petersburg FL; **32** KNA-Bild GmbH (Katharina Ebel), Bonn; **32** Süddeutsch-österreichische Provinz der Dominikaner, Augsburg; **33** Klett-Archiv, Stuttgart; **34** Ullstein Bild GmbH (Reuters), Berlin; **35** Artothek, Weilheim; **38** Quelle: www.pfarrbriefservice.de - Bernhard Riedl, Brilon; **40** Kunze, Gretel, Markdorf; **41** Fotolia LLC (Petro Feketa), New York; **43** AKG, Berlin; **45** Religionspädagogisches Seminar, Regensburg; **46** Fotolia LLC (IM-Schulz), New York; **47** Religionspädagogisches Seminar, Regensburg; **47** Ullstein Bild GmbH (Minehan), Berlin; **48** Picture-Alliance (Godong), Frankfurt; **49** Picture-Alliance (dpa/Sören Stache), Frankfurt; **49** Steg-Bayer, Beate, Gailingen; **50** Bananastock, Watlington/Oxon; **50** Picture-Alliance (dpa/ZB), Frankfurt; **51** KNA-Bild GmbH, Bonn; **52** Picture-Alliance (Robert Fishman), Frankfurt; **53** AKG, Berlin; **54** Religionspädagogisches Seminar, Regensburg; **55** Ullstein Bild GmbH (Israelimages), Berlin; **56** Picture-Alliance (dpa/Godong), Frankfurt; **56** Thinkstock (Comstock), München; **57** DTV GmbH & Co. KG (Jorge Schmidt und Tabea Dietrich), München; **57** laif (Gerhard Westrich), Köln; **58** Wikimedia Foundation Inc. (PD), St. Petersburg FL; **59** © VG Bild-Kunst, Bonn 2010; **63** Steiger, Ivan, München; **65** AKG (Musée National Marc Chagall), Berlin; **67** Klett-Archiv, Stuttgart; **68** Klett-Archiv (Gretje Witt), Stuttgart; **69** Wikimedia Foundation Inc. (Andreas Praefcke), St. Petersburg FL; **70** AKG (Israelimages), Berlin; **70** Wikimedia Foundation Inc., St. Petersburg FL; **71** shutterstock (Lynn Watson), New York, NY; **71** Klett-Archiv, Stuttgart; **71** Wikimedia Foundation Inc. (PD), St. Petersburg FL; **71** kbv Verlag, Stuttgart; **72** KNA-Bild GmbH (Harald Oppitz), Bonn; **72** Bibelgalerie Meersburg GmbH, Meersburg; **72** Wikimedia Foundation Inc. (PD), St. Petersburg FL; **73** Klett-Archiv (Gretje Witt), Stuttgart; **74** Klett-Archiv, Stuttgart; **74** Ullstein Bild GmbH (Wodicka), Berlin; **74** AKG, Berlin; **75** KNA-Bild GmbH, Bonn; **75** KNA-Bild GmbH (Wolfgang Radtke), Bonn; **76** Ullstein Bild GmbH (Israelimages), Berlin; **77** shutterstock (Distinctive Images), New York, NY; **78** Axel Springer AG, Berlin; **78** Zentralverband des Deutschen Handwerks (ZDH), Berlin; **81** Ullstein Bild GmbH (Granger Collection), Berlin; **82** Ullstein Bild GmbH (ullstein bild-00664023-Preview.JPG), Berlin; **82** Ullstein Bild GmbH (Photo12), Berlin; **83** Klett-Archiv (Peter Hipp), Stuttgart; **84** BPK (Hamburger Kunsthalle (Elke Walford)), Berlin; **85** AKG (Erich Lessing), Berlin; **86** Klett-Archiv, Stuttgart; **87** Dorling Kindersley Ltd., London; **88** Klett-Archiv (Gretje Witt), Stuttgart; **88** Klett-Archiv, Stuttgart; **89** Klett-Archiv (Gretje Witt), Stuttgart; **90** Fotolia LLC (klickit), New York; **91** laif (Plambeck), Köln; **91** Fotolia LLC (crabshack photos), New York; **91** KNA-Bild GmbH (Wolfgang Radtke), Bonn; **92** Missio Internationales Katholisches Missionswerk e (K. H. Melters), Aachen; **92** Klett-Archiv (Gretje Witt), Stuttgart; **94** Avenue Images GmbH (Image Source), Hamburg; **94** Klett-Archiv (Teresa Hipp), Stuttgart; **95** Wikimedia Foundation Inc. (Settembrini - CC-BY-SA-3), St. Petersburg FL; **96** KNA-Bild GmbH (Wolfgang Radtke), Bonn; **97** shutterstock (Leighton Photography & Imaging), New York, NY; **98** Klett-Archiv (Peter Hipp), Stuttgart; **99** Klett-Archiv (Peter Hipp), Stuttgart; **101** Albrecht, Bernhard, Engen; **102** KNA-Bild GmbH (Erika Rebmann), Bonn; **103** Fotolia

LLC (id-foto.de), New York; **103** KNA-Bild GmbH (Günter Vahlkampf), Bonn; **104** KNA-Bild GmbH (Wolfgang Radtke), Bonn; **104** Artothek (WLMKuK), Weilheim; **104** JupiterImages photos.com, Tucson, AZ; **104** MEV Verlag GmbH, Augsburg; **105** Fotolia LLC (Kexchen), New York; **105** Getty Images (SSPL), München; **105** Picture-Alliance, Frankfurt; **105** Ullstein Bild GmbH (Imagebroker.net), Berlin; **105** Fotolia LLC (Federico Fiorillo), New York; **105** Wikimedia Foundation Inc. (PD), St. Petersburg FL; **105** Picture-Alliance (Ingo Wagner), Frankfurt; **105** Ullstein Bild GmbH (CARO/Kruppa), Berlin; **105** Picture-Alliance (KNA), Frankfurt; **105** Wikimedia Foundation Inc. (Thomas Steinel - CC-BY-SA-3), St. Petersburg FL; **106** akg-images Archiv für Kunst und Geschichte/© Salvador Dalí, Fundacio Gala-Salvador Dalí/VG Bild-Kunst, Bonn 2010; **107** AKG, Berlin; **108** Wikimedia Foundation Inc. (Andreas Wahra - CC-BY-SA-3), St. Petersburg FL; **108** Klett-Archiv (Gretje Witt), Stuttgart; **110** Logo, Stuttgart; **111** Klett-Archiv (Dr. Markus Tomberg), Stuttgart; **112** KNA-Bild GmbH (Harald Oppitz), Bonn; **113** Artothek, Weilheim; **114** Mauritius Images, Mittenwald; **115** Ullstein Bild GmbH (Imagebroker.net), Berlin; **117** JupiterImages photos.com, Tucson, AZ; **118** Picture-Alliance (dpa), Frankfurt; **118** KNA-Bild GmbH, Bonn; **119** AKG (Erich Lessing), Berlin; **121** Schwabenverlag AG, Ostfildern u. Sieger Köder - Stiftung Kunst und Bibel Ellwangen [Sieger Köder, Pfingsten (Ausschnitt)]; **122** Peternek, Günther, Tettnang; **123** Chistè,Hilde, Absam; **123** Wikimedia Foundation Inc. (PD), St. Petersburg FL; **125** Thinkstock (istockphoto), München; **125** AKG (© VG Bild Kunst, Bonn 2010), Berlin; **126** Fotolia LLC (Tupungato), New York; **127** AKG, Berlin; **129** Picture-Alliance (Georg Göbel), Frankfurt; **131** Klett-Archiv, Stuttgart; **132** BPK (Scala), Berlin; **133** Klett-Archiv (Gretje Witt), Stuttgart; **133** Landesbildstelle Saarland (Joachim Lischke), Saarbrücken; **135** Ullstein Bild GmbH (Granger Collection), Berlin; **136** AKG, Berlin; **136** Klett-Archiv, Stuttgart; **137** BPK (Ägyptisches Museum und Papyrussammlung, SMB), Berlin; **138** AKG, Berlin; **139** Klett-Archiv (A. Zabler), Stuttgart; **141** Schweizerischer Verlag für Kirchliche Kunst, Belp; **142** Thinkstock (Stockbyte), München; **142** Thinkstock (iStockphoto), München; **142** Klett-Archiv (Herbert Birzele), Stuttgart; **142** Fotolia LLC (Franz Pfluegl), New York; **142** Picture-Alliance (Oliver Berg), Frankfurt; **143** Fotolia LLC (fuxart), New York; **143** Fotolia LLC (babsi_w), New York; **143** Thinkstock (Photodisc), München; **144** KNA-Bild GmbH, Bonn; **144** KNA-Bild GmbH (Martin Stollberg), Bonn; **145** KNA-Bild GmbH (Romano Siciliani), Bonn; **145** Fotolia LLC (Gina Sanders), New York; **146** Diözese Rottenburg Stuttgart, Rottenburg a.N.; **146** Wikimedia Foundation Inc. (PD), St. Petersburg FL; **146** Thinkstock (iStockphoto), München; **147** Wikimedia Foundation Inc. (CC-BY-SA-3.0), St. Petersburg FL; **147** Wikimedia Foundation Inc. (PD), St. Petersburg FL; **147** Corbis (Leif Skoogfors), Düsseldorf; **147** Ullstein Bild GmbH (AP), Berlin; **148** Klett-Archiv (Christian Neubauer), Stuttgart; **149** Klett-Archiv (Christian Neubauer), Stuttgart; **150** Logo, Stuttgart; **150** KNA-Bild GmbH, Bonn; **151** KNA-Bild GmbH (Harald Oppitz), Bonn; **151** Verband der Diözesen Deutschlands, Bonn; **151** Logo, Stuttgart; **151** Diakonisches Werk der EKD Archiv (Arbeitsbereich TelefonSeelsorge), Berlin; **151** TransFair e.V. (Harald Gruber), Köln; **152** Klett-Archiv (Gretje Witt), Stuttgart; **153** Klett-Archiv (Gretje Witt), Stuttgart; **154** KNA-Bild GmbH (Martin Stollberg), Bonn; **155** Fotolia LLC (Petr Nad), New York; **155** shutterstock (Sz Akos), New York, NY; **155** shutterstock (Andre Blais), New York, NY; **155** Fotolia LLC (Lagom), New York; **155** Fotolia LLC (Esther Hildebrandt), New York; **155** Wikimedia Foundation Inc. (Andreas Praefcke - CC-BY-SA-3), St. Petersburg FL; **155** Wikimedia Foundation Inc., St. Petersburg FL; **155** Picture-Alliance (Godong), Frankfurt; **155** Fotolia LLC (Kwerensia), New York; **155** Ullstein Bild GmbH (Imagebroker.net), Berlin; **155** shutterstock (Ron Zmiri), New York, NY; **155** Wikimedia Foundation Inc. (3268zauber - CC-BY-SA-3), St. Petersburg FL; **156** Picture-Alliance (IMAGNO/Gerhar), Frankfurt; **156** KNA-Bild GmbH (Markus Nowak), Bonn; **156** Picture-Alliance (Bildagentur-o), Frankfurt; **156** Picture-Alliance (Helga Lade Fotoagentur), Frankfurt; **157** Picture-Alliance (Bildagentur Huber), Frankfurt; **157** Picture-Alliance (dpaweb), Frankfurt; **157** KNA-Bild GmbH (Wolfgang Radtke), Bonn; **157** Picture-Alliance (Romain Fellens), Frankfurt; **158** Fotolia LLC (herreneck), New York; **159** shutterstock (Liubomir), New York, NY; **159** Ullstein Bild GmbH (Hackenberg), Berlin; **160** KNA-Bild GmbH (Harald Oppitz), Bonn; **163** Ohlbaum, Isolde, München; **164** Klett-Archiv (Gretje Witt), Stuttgart; **165** Fotolia LLC (Sven Hoffmann), New York; **165** Fotolia LLC (Bernd_Leitner), New York; **167** Klett-Archiv, Stuttgart; **168** Bild Silke Rehberg aus: Renate Günzel-Horatz, Meine Schulbibel © 2003, Kösel-Verlag, München, in der Verlagsgruppe Random; **169** Artothek (Wilfried Bahnmüller), Weilheim; **170** Klett-Archiv (Gretje Witt), Stuttgart; **170** Masterfile Deutschland GmbH, Düsseldorf; **171** Fotolia LLC (Harald Lange), New York; **171** Thinkstock (Hemera), München; **171** Fotolia LLC (Tortenboxer), New York; **171** iStockphoto (Deborah Cheramie), Calgary, Alberta; **171** © Gerhard Richter 2010.; **171** Fotolia LLC (styleuneed), New York; **172** Fotolia LLC (Ervin Monn), New York; **172** Klett-Archiv (Hunze), Stuttgart; **173** Thinkstock (istockphoto), München; **173** Klett-Archiv (Hunze), Stuttgart; **174** Fotolia LLC (Pierre-Alain Dutheil), New York; **175** Wikimedia Foundation Inc. (PD), St. Petersburg FL; **175** Ullstein Bild GmbH (AP), Berlin; **177** Klett-Archiv, Stuttgart; **177** Klett-Archiv (Guido Hunze), Stuttgart; **179** Fotolia LLC (Podfoto), New York; **180** iStockphoto (Prill), Calgary, Alberta; **180** Corbis (Dennis Kunkel Microscopy, Inc./Visuals Unlimited), Düsseldorf; **180** Fotolia LLC (kab-vision), New York; **180** iStockphoto (adamkaz), Calgary, Alberta; **181** Fotolia LLC (kai-creativ), New York; **182** Thinkstock (Hemera), München; **183** Avenue Images GmbH (Banana Stock), Hamburg; **184** Klett-Archiv (Christian Dobmeier), Stuttgart; **185** Action Press GmbH (SPAZIANI, STEFANO), Hamburg; **186** Klett-Archiv, Stuttgart; **187** Fotolia LLC (Yong Hian Lim), New York; **188** Mauritius Images, Mittenwald; **188** Klett-Archiv (Monika Mulzer-Adam), Stuttgart; **190** Fotolia LLC (Thomas von Stetten), New York; **192** Mauritius Images, Mittenwald; **193** iStockphoto (Robert Churchill), Calgary, Alberta; **194** Michael Gerard Bauer, Nennt mich nicht Ismael! Übersetzt von Ute Mihr © 2008 Carl Hanser Verlag, München; **195** Klett-Archiv (Monika Mulzer-Adam), Stuttgart

Sollte es in einem Einzelfall nicht gelungen sein, den korrekten Rechteinhaber ausfindig zu machen, so werden berechtigte Ansprüche selbstverständlich im Rahmen der üblichen Regelungen abgegolten.